本书的出版得到上海市浦江人才计划资助（项目编号：2

上海区级融媒体中心建设发展调研报告
（2019—2020年）

· 主　编 / 石力月

上海社会科学院出版社

编 撰 说 明

全书框架和统稿由石力月完成。

R1 上海市 16 个区级融媒体中心建设发展调研总报告由石力月、戴冉、柳童、朱雅文撰写。

R2 上海市长宁区融媒体中心建设发展调研报告由石力月、戴冉撰写。

R3 上海市虹口区融媒体中心建设发展调研报告由石力月、朱雅文撰写。

R4 上海市嘉定区融媒体中心建设发展调研报告由石力月、柳童撰写。

R5 上海市黄浦区融媒体中心建设发展调研报告由石力月、戴冉撰写。

R6 上海市金山区融媒体中心建设发展调研报告由石力月、戴冉撰写。

R7 上海市松江区融媒体中心建设发展调研报告由石力月、朱雅文撰写。

R8 上海市杨浦区融媒体中心建设发展调研报告由石力月、朱雅文撰写。

R9 上海市徐汇区融媒体中心建设发展调研报告由石力月、柳童撰写。

R10 上海市青浦区融媒体中心建设发展调研报告由石力月、柳童撰写。

R11 上海市普陀区融媒体中心建设发展调研报告由石力月、柳童撰写。

R12 上海市闵行区融媒体中心建设发展调研报告由石力月、戴冉撰写。

R13 上海市奉贤区融媒体中心建设发展调研报告由石力月、戴冉撰写。

R14 上海市宝山区融媒体中心建设发展调研报告由石力月、朱雅文撰写。

R15 上海市静安区融媒体中心建设发展调研报告由石力月、戴冉撰写。

R16 上海市崇明区融媒体中心建设发展调研报告由石力月、朱雅文撰写。

R17 上海市浦东新区融媒体中心建设发展调研报告由石力月、柳童撰写。

前　　言

　　我和团队从正式进入田野到调研报告完成,前后经历了整整一年的时光。前一半时间每周都泡在田野,后一半时间则撰写调研报告。未曾料想的是,前一半与后一半工作的分界线竟然是新冠疫情的爆发——2020年1月14日,我们结束了最后一场深度访谈,数日之后新冠疫情登上全球媒体头条。这使得我们一方面庆幸16个区的调研已经在疫情防控要求出台之前全部完成,但另一方面也遗憾无法针对各个融媒体中心在疫情中的实践继续进行实地调研。所以,在疫情爆发后这大半年的时间里,我和团队始终保持对这16个区级融媒体中心App相关内容表现的跟踪与分析,并调整了原定报告的结构,将"抗击新冠肺炎疫情中的突出表现"作为一个专门的部分呈现出来。

　　当初我之所以打算做这个调研主要基于两方面的原因。一是自己从十年前写作博士论文开始就始终关注媒体融合这个议题,但是读博期间以及毕业后工作的前几年主要是做中外媒体融合史方面的研究,对当下的研究并不多,即使有所涉及也主要依据各类文献资料。然而,随着近几年的关注点从历史转到当下,我迫切地感受到,如果没有一手调研作为基础,研究是存在问题的。因为实践中的复杂性与变化性只有通过调研才有可能被捕捉和理解,缺少对复杂性和变化性的把握,研究就有可能会出现偏差甚至谬误。

　　二是我过去对媒体融合史的研究主要是从公共服务的视角开展的,运用政治经济学的理论及方法论,纳入了城乡关系的维度,但这些研究主要是基于文献史料,我对鲜活的基层社会实践的体验和理解是比较有限的。就当下研究来说,仅仅通过既有文献史料得来的认知已不足以支撑我对这个议题展开纵深研究。因此,当2018年9月看到国家启动县级融媒体中心建设战略的消息,并且在此背景下,我所居住的上海也于2019年6月和9月先后分两批建成了区级融媒体中心,我就下决心要进入田野,为展开当下研究夯实根基。

　　于是,2019年8月,我带着几位研究生走进了上海市长宁区融媒体中心,开始了第一场调研。这场调研带给我的震撼怎样描述都是不为过的,整整3个小时的深度访谈为我和团队成员打开了一个新世界。一方面,我深感自己过去对于县级媒体的了解如此匮乏,对于一个传播研究者来说,这种匮乏会影响自己对整个传播生态的理解;另一方面,我深感上海的基层媒体从业者对于国家建设县级融媒体中心战略的初衷、自身实践的目标方向以及与广阔基层社会互动的潜力之认知是如此深刻而前沿。在此之后的每一场调研、每一次访谈与观察,都带给我新的触动和思考。因为做过一些历史研究,我清楚地看到了这场实践里面的历史回响——不同区的实践不完全一样,但他们都有提炼与激活有益的历史经验,用以拆解和突破当下一些难题。

上海是一座市级媒体和商业化媒体都十分发达的城市,这意味着区级融媒体中心从它开始建设的那天起,就需要面对一个与其他地区县级融媒体中心所处不一样的内部传播生态。就如何处理事业单位与市场的关系,如何在新媒体环境中激发传统媒体的活力与生机,如何在以互联网为结构性基础设施的传播格局里成为具有影响力的新型主流媒体,如何助力于优化基层社会治理以及推进国家治理体系和治理能力现代化等一系列重点难点问题,上海区级融媒体中心在短短一年的初步实践里已经给出了不少有益探索和亮眼创新。

这份调研报告是我们对上海区级融媒体中心第一年建设的记录,它包括1个总报告与16个分区报告,每个分区报告都包括"相关区情简介""融媒体中心建设的基本情况""人事制度改革与创新""流程再造与技术支持""核心平台——融媒体客户端的建设""年度特色内容""抗击新冠肺炎疫情中的突出表现"等7个部分。不过就丰富的实践而言,报告难以做到面面俱到。调研报告是我们对实践的观察和记录,它是我们进一步深入开展学术研究的基础。在此基础上,我和团队成员戴冉已经合作完成《基层公共服务精准供给:区级融媒体中心建设路径研究——以上海实践为例》一文,并于2020年9月在CSSCI期刊《现代传播》上发表。

区级融媒体中心的建设日新月异,从田野回来的这半年我们一边整理报告,一边不断更新内容,直到向出版社交付书稿的前一刻还在更新各个中心的最新实践。然而即便如此,调研也总是滞后于实践的。所以我们希望这份报告只是一个开始,它的出版能够鞭策我们把这项工作继续做下去,当未来不同时期的点连接成线,我们就能够由整条轨迹得出更为清晰的实践样貌。

因此,首先要感谢上海市16个区级融媒体中心的大力支持,没有他们的热情接待和积极配合,我们不会有这么多收获。由于新冠疫情的突如其来,我们只能通过线上渠道补充更新相关内容,难以将区级融媒体中心后续所有重要实践都纳入报告。不过如前所说,这个遗憾我们会通过继续追踪和深入研究来弥补。其次要感谢团队的几位小伙伴。调研既是个脑力活也是个体力活,这16个区级融媒体中心的调研都是她们跟我并肩作战共同完成的,即使疫情期间天各一方我们也始终保持线上讨论,有时讨论持续几个小时,直至深夜,因此这份报告也承载了她们大量的心血。最后还要感谢上海社会科学院出版社的支持与帮助,尤其在疫情打乱了许多工作安排的情况下依然尽全力使得这本书能够在2020年出版,非常不易,由衷感激。这是很不平静的一年,我们以这样的方式留下一份记录。

石力月

2020年深秋于上海

目 录

Ⅰ 总报告

R1 上海市16个区级融媒体中心建设发展调研总报告 …………………… 3

Ⅱ 分报告

R2 上海市长宁区融媒体中心建设发展调研报告 …………………… 31
R3 上海市虹口区融媒体中心建设发展调研报告 …………………… 45
R4 上海市嘉定区融媒体中心建设发展调研报告 …………………… 61
R5 上海市黄浦区融媒体中心建设发展调研报告 …………………… 73
R6 上海市金山区融媒体中心建设发展调研报告 …………………… 86
R7 上海市松江区融媒体中心建设发展调研报告 …………………… 101
R8 上海市杨浦区融媒体中心建设发展调研报告 …………………… 115
R9 上海市徐汇区融媒体中心建设发展调研报告 …………………… 128
R10 上海市青浦区融媒体中心建设发展调研报告 …………………… 140
R11 上海市普陀区融媒体中心建设发展调研报告 …………………… 153
R12 上海市闵行区融媒体中心建设发展调研报告 …………………… 163
R13 上海市奉贤区融媒体中心建设发展调研报告 …………………… 177
R14 上海市宝山区融媒体中心建设发展调研报告 …………………… 189
R15 上海市静安区融媒体中心建设发展调研报告 …………………… 206
R16 上海市崇明区融媒体中心建设发展调研报告 …………………… 221
R17 上海市浦东新区融媒体中心建设发展调研报告 …………………… 233

Ⅰ 总报告

R1　上海市16个区级融媒体中心建设发展调研总报告

2018年,习近平总书记在全国宣传思想工作会议上强调"要扎实抓好县级融媒体中心建设,更好引导群众、服务群众",使得长期以来处于行业边缘的县级媒体进入发展改革的快车道。与此同时,对标"基层主流舆论阵地、综合服务平台、社区信息枢纽"三大建设目标,县级融媒体中心建设需要深入基层,担负起媒体协同社会治理的职能。在这一背景之下,2019年6月28日,黄浦、徐汇、长宁、虹口、杨浦、嘉定、金山、松江、青浦、奉贤等上海首批10个区级融媒体中心挂牌成立;2019年9月16日,浦东、静安、普陀、宝山、闵行、崇明等6个区级融媒体中心第二批挂牌成立。至此,上海全市16个区级融媒体中心全部建成,并同步推出了各区融媒体客户端。

为深入了解上海区级融媒体中心建设的具体状况,本课题组对这16个区级融媒体中心开展了实地调研,通过深度访谈各中心的主要负责人,了解包括融合进程、组织架构、业务流程、人员队伍建设、绩效考核、技术支持、核心平台App建设、公共服务与社会治理举措等多方面情况。调研于2019年8月20日开始,历时半年,具体安排见表1-1。

表1-1　　上海16家区级融媒体中心调研时间表

区名	时间	区名	时间
长宁区	2019年8月21日	青浦区	2019年11月1日
虹口区	2019年8月22日	普陀区	2019年11月15日
嘉定区	2019年8月23日	闵行区	2019年12月5日
黄浦区	2019年8月27日	奉贤区	2019年12月6日
金山区	2019年8月29日	宝山区	2019年12月16日
松江区	2019年9月27日	静安区	2019年12月26日
杨浦区	2019年10月25日	崇明区	2020年1月6日
徐汇区	2019年10月30日	浦东新区	2020年1月14日

需要说明的是,从调研结束到本报告正式出版有一个不短的周期,在这段周期里,区级融媒体中心的发展日新月异,尤其是突如其来的新冠疫情催生了一些变化和新型实践,本课题组对此过程始终保持关注,并尽可能地做了一些内容更新和补充。因此,本书包含了上海区级融媒体中心成立之初一年多的时间里不同阶段的状况以及我们的观察和分析,其未来的发展与实践我们会继续保持跟踪研究。

一、上海区级融媒体中心建设的发展背景和意义

(一) 中华人民共和国成立后县级媒体发展历程简要回顾

20世纪50年代,大量县级报纸应社会主义改造与建设的动员需要而创刊。这一时期,创办最早的县报是1954年5月由中共临海县委创办的《临海报》。[1] 但到了60年代初三年经济困难时期,县报出现了陆续停刊的现象,直至70年代末未有明显变化。

1983年3月,为迅速提高广播电视的覆盖面,当时的广播电视部召开的第十一次全国广播电视工作会议提出,凡具备条件的省辖市、县也可开办广播电视台,除转播中央和省台电视节目外,可播出自办节目,并提出"四级办广播、四级办电视、四级混合覆盖"的广电体制[2],县级广播电视台数量迅速增加。1985年,全国县级电视台有61座;全国电视台从1980年的29座到1991年的543座,增量主要集中在地市县电视台[3]。

20世纪90年代,随着市场经济的不断发展,县市报掀起了"复刊""创刊"的高潮。1992年,县市报数目发展到200多家,1993年达300余家,1994年460余家[4]。然而广电、报纸数量的激增带来了各种问题,于是,针对乱象的"治散治滥"被提上议事日程。

1995年,国家广播电影电视部发布《关于对各级无线和有线广播电台、电视台进行检查的通知》《关于进一步加强各级无线和有线电台、电视台以及电视差转台节目播出管理的通知》等文件,整顿非法批台、建台、乱播滥放现象。1999年9月,国家广播电影电视总局(简称"国家广电总局")发布《关于加强广

---

[1] 李骏:《浙江县报百年史纲》,《社会科学战线》2013年第11期。
[2] 黄勇:《中国广播电视事业发展和体制改革》,《中国广播》2006第5期。
[3] 陈国权:《县级融媒体中心建设的历史渊源考察》,《新闻论坛》2019第2期。
[4] 刘晋:《县市报的调整、改革与发展》《青年记者》,2007第11期。

播电视有线网络建设管理意见》，要求公共频道取代县级电视台的自办节目，只留一定时段供县级电视台播出本地新闻和专题节目[①]。2002年7月1日，省级电视公共频道统一开播，县级电视台的自办电视频道取消，主要职能改为转播中央、省和市级电视台节目。县级报刊的治理整顿也随之而来。2003年7月，根据《中共中央办公厅、国务院办公厅关于进一步治理党政部门报刊散滥和利用职权发行，减轻基层和农民负担的通知》的要求："县（市、旗）和城市区不再办报刊，已经办的要停办。对个别影响大、有一定规模的县市报，可由省级党报或地市级党报进行有偿兼并，或改为地市级党报的县市版。"从此以后，县级媒体的发展受到一定的限制，其与基层社会的关联随之减少。

（二）近年来媒体融合的战略部署与政策推进

21世纪第一个10年之后，传统媒体的中心地位逐渐动摇，各类依托于互联网的新型传播平台成为社会舆论的主战场。2014年8月18日，中央全面深化改革领导小组第四次会议审议通过了《关于推动传统媒体和新兴媒体融合发展的指导意见》，媒体融合成为国家战略。该意见指出，要着力打造一批形态多样、手段先进、具有竞争力的新型主流媒体，建成几家拥有强大实力和传播力、公信力、影响力的新型媒体集团，形成立体多样、融合发展的现代传播体系。

媒体融合第一阶段的主体主要集中于中央和省市级的大型传媒集团。第二阶段则强调了自2018年8月21日全国宣传思想工作会议之后所推进的县级融媒体中心建设。第二个阶段并非对第一个阶段的取代，而是对其的深化，是媒体融合整体战略迈向深度融合的关键之举。2018年11月14日，中央全面深化改革委员会第五次会议审议并通过了《关于加强县级融媒体中心建设的意见》，进一步指出组建县级融媒体中心有利于整合县级媒体资源、巩固壮大主流思想舆论。2019年1月15日，中宣部和国家广电总局联合发布《县级融媒体中心建设规范》，明确了县级融媒体中心是"整合县级广播电视、报刊、新媒体等资源，开展媒体服务、党建服务、政务服务、公共服务、增值服务等业务的融合媒体平台"。[②] 由此，县级媒体迎来了新的历史发展机遇。

[①] 国务院办公厅：《国务院办公厅转发信息产业部国家广播电影电视总局关于加强广播电视有线网络建设管理意见的通知》，1999年9月13日，国办发〔1999〕82号。
[②] 《县级融媒体中心省级技术平台规范要求》，国家广播电视总局网站2019年1月15日，http://www.nrta.gov.cn/art/2019/1/15/art_2081_43372.html，2020年9月15日。

综上,2014年以后在中央及省市级媒体层面开展的媒体融合实践主要是出于新技术驱动下媒体生产转型的需要,重点为媒体内部资源优化重组和业务流程再造。而作为媒体融合战略的深化之举,2018年开始的县级融媒体中心建设则在此基础上突破了传统媒体业务,将政务与服务功能融合在一起,其"新闻+政务+服务"的目标定位不仅符合媒体自身发展的需要,更是新时代治国理政、巩固新闻舆论阵地、提升社会治理水平的需要。

(三)讲好上海故事,助力城市治理

就全国实践来看,上海区级融媒体中心的成立不算早,但其城市的复杂性与独特性决定了区级融媒体中心建设具有样本的意义。上海是一个拥有16个市辖区、107个街道、106个镇、2个乡的超大城市,且各区发展程度不一,基层治理方式与水平也有差异。若以"精细化"为目标,使得社会治理能够有效地由市级层面深入到城市的"神经末梢"——全市的街、镇、乡甚至各个社区并不容易。

上海的市级线上服务平台功能强大,较大程度地覆盖了各区市民的基本需求。目前上海市着力推进"一网通办"和"一网统管"建设,它们是城市运行与服务建设智慧化、数字化创新发展的集中体现,用"数据跑路"代替"群众跑腿",通过部门数据的开放、聚合,快速高效处置居民、企业的各项服务难题。然而,即便如此,上海依旧面临如何彻底高效贯通"市—区—街镇—居村"四级链条的难题。本课题组通过调研后认为,要达成以上目标只靠完善技术网络与数据治理是不够的,还要建立一套稳定可靠的部门联动与群众参与机制。区级融媒体中心就是这样一个理想的平台,它既能够通过市级统一技术平台形成融媒体行业大数据,作为城市治理、应急联动防控的新型行业数据的重要来源[①],又能够一定程度上突破层级化和部门化的行政壁垒,促成职能部门的科学决策和协作供给。

然而,在传统的媒体格局中,上海区级媒体无论在资本还是资源上都比较有限,上有实力雄厚的市级电视台,下有紧贴居民日常生活的社区报,此外还有各类层出不穷的新媒体和自媒体,区级媒体的发展空间非常有限,也难以激活其与城市生活应有的关联。16个区级融媒体中心的成立,盘活并整合优化了区内的政务服务资源,能够对市级治理平台进行必要的补充,这是提升区级

---

① 徐世平:《县级融媒体中心建设的上海模式》,《网络传播》2020年第2期。

媒体影响力、助力城市治理的契机。

二、上海区级融媒体中心的建设现状与特征

(一)主流新兴媒体"东方网"承建统一技术平台

随着16个区级融媒体中心的建成(移动客户端全部上线),上海区级融媒体中心全市统一技术平台也同步运转。而早在2018年,全国多个省份就已拉开县级融媒体中心建设的序幕,并在实践中探索出了多样化的建设模式。常见的有以下几类:一是与中央级、省市级(主要是省会城市)的党报集团或广播电视台共建。例如,江苏省采用县级广电和省级广电双方战略合作的方式来推进县级融媒体中心建设,把江苏省广播电视总台的"荔枝云"作为全省县级融媒体中心建设统一的技术平台。二是与传统媒体下属的媒体技术公司共建,例如隶属人民日报社的人民日报媒体技术股份有限公司、河南日报报业集团旗下的大河网等,前者为北京延庆区融媒体中心平台提供了技术服务,后者与安阳县委宣传部共建安阳县融媒体中心。三是与商业性媒体技术公司合作搭建平台,主要有北大方正、华栖云科技、南京厚建、拓尔思、中科大洋、凡闻科技等。四是多方共建,比如四川广播电视台、中国电信四川公司、成都索贝数码科技股份有限公司共同签署三方合作协议,联合发布《县级融媒体中心建设整体解决方案》,打造专门服务区县级融媒体中心的"熊猫云"平台。

然而,在实际建设过程中,不少省份前期都出现了县级融媒体中心"多云并存"的现象,其中既有报业集团与广电分别开发系统竞争县级融媒体中心平台建设主导权的情况,也有商业公司参与抢夺承建份额的情况。以江苏为例,尽管省委宣传部确定由江苏广电总台为各县(区)统一提供"荔枝云"平台,但具体到实践过程,由于各地媒体基础、建设起步、县域经济状况不一,"苏北县区基本采用的是统一的平台,而苏南县域多拥有自己独立的融合平台,如吴江区依托苏州广电的自建系统、宜兴采用的是索贝系统"。[1] 这就带来很多县域自建平台后期与"荔枝云"平台对接问题。2019年,江西省有66家县级融媒体中心采用江西日报社的"赣鄱云"平台,21家采用江西广播电视台的"赣云"平台,5家与商业技术公司合作建设,南昌市自建6家,新华社建设1家,还有3

---

[1] 俞海、万旭琪:《县级融媒体中心建设的智慧方案探析——以江苏苏南、苏北部分县区为例》,《中国广播电视学刊》2020年第4期。

个县同时使用"赣鄱云"与"赣云"平台。① 所以,江西省后期也面临不同平台融入"赣鄱云"省级统一平台的问题。而这种前期平台多样化、后期逐渐统一,技术上操作起来比较困难,也易出现资源浪费的情况。

2019年1月15日,国家广播电视总局发布《县级融媒体中心省级技术平台规范要求》,明确了"一省一平台"的标准。随后全国各省份开始推进统一平台工作。与上述几类模式都不同的是,上海采取了"主管部门和主流新兴媒体共建统一技术平台"②的模式,即市委宣传部通过购买东方网的服务支持区级融媒体中心市级统一技术平台(简称"上海平台")建设。上海平台有两个显著特点:

首先,东方网是国内重点省级地方新闻网站,通过独立发展成为新型主流媒体集团,与河南大河网、海南南海网等省份级传统媒体(集团)主办控股的新闻网站有所不同。和传统媒体相比,脱胎于新媒体的东方网音视频处理、新媒体开发运营、大数据分析、人工智能分发等能力较强,承建平台时面临的技术转型难题较少,也更契合"移动优先"的原则。虽然与商业技术公司相比,东方网优化平台功能的能力还有待进一步加强,但上海区级融媒体中心平台的一个关键职能是接入智慧城市的城市大数据中心,把产生的数据作为城市治理的重要来源,同时更好地提供各项指尖上的公共服务。出于数据安全、服务资源等方面的考虑,东方网比商业技术公司更适合建设统一平台。

2020年5月29日,上海东方网集团和上海报业集团宣布"联合重组",上海市国资委将所持东方网43.63%股份无偿划转至上海报业集团。这是国内媒体融合历史上首次省级报业集团和省级新闻网站(集团)实现重组合并。此次联合重组将上海主要国有新媒体资源集聚同一平台,东方网与上海报业集团将在技术和内容方面共融互通、互补优势。这对区级融媒体中心建设来说无疑有好处。东方网集团和上海报业集团合并有利于技术的整体改造,可以将平台建设得更适合区级融媒体中心的采编流程,更便于记者、编辑的日常使用。同时,这一上海市级新型主流媒体集团和区级融媒体中心的深度合作,也能进一步提升内容上的舆论引导能力,巩固壮大主流思想阵地。

其次,上海统一建立市级技术平台,各区级融媒体中心直接"拎包入住",从源头上避免了平台的重复性建设问题。不过,截至调研之日,移动客户端的

---

① 陈国权:《江西县级融媒体中心建设的赣鄱云现象》,《中国记者》2019年第9期。
② 徐世平:《县级融媒体中心建设的上海方式》,《网络传播》2020年第2期。

建设并没有"一刀切",有些区在成立区级融媒体中心以前已经开发了移动客户端,融媒体中心成立后就在保留原有平台基础上进行升级改造;有些区的移动客户端是由商业公司或者自有技术部门开发设计,需要把全部数据对接到东方网统一技术平台;其余区的客户端开发工作则由东方网完成。这种做法比较灵活,既不浪费前期基础和投入,也可以有效保证数据的安全归集和资源的融合联动,还能为东方网的开发工作提供一些参考经验。不过,东方网在提供统一技术支持方面也存在一些困难。16个区的融媒体客户端开发、改进等系列对接工作对东方网来说挑战较大,每个区的情况都不一样,不断碰到新问题,加上东方网人手有限,业务压力比较重。统一技术平台和各区融媒体客户端尚处于一个反复调试、不断磨合的状态,一些特色服务设想与技术落地之间还存在一定的时间差,客户端的用户体验还需要进一步优化。

(二)上海区级融媒体中心建设的亮点

1. 因地制宜,与区内市民生活实质相"融"

虽然目前区级融媒体中心客户端页面设置差异不大,但各区也在进一步探索特色化的内容生产,通过精准对接区情,加强市民媒体使用的交互性,打造与市民生活实质相"融"的平台。

(1)把握区内人群特征,定制特色线上便民服务

上海16个区的区情各异,城区和郊区之间的区别尤其明显。因此,16个区级融媒体中心在建设平台时都有根据各区的特点开发针对性服务。例如:静安区商业服务业发达,通勤和跨区消费人口流动大,同时人口老龄化特征也明显,融媒体中心便针对区内"两白"(即白领和白发老人)人群特征,重点提供消费性服务和养老服务。白领们对健身等时尚消费需求旺盛,静安区融媒体中心便和区体育局合作,设置"静安体育"端口,嵌入全市首创的"静安体育公益配送"服务,市民可以在线领取体育公益配送优惠券后前往线下场馆消费。而针对老年人的需求,"上海静安"App专门设置了养老周边服务版块,市民可以点击"养老"通道查看就近的乐龄家园助老服务站以及老年人助残服务点、老年人日间服务中心、居家养老服务中心、养老机构/长者照护之家、综合为老服务中心等。长宁区也是人口老龄化程度较高的城区,长宁区融媒体中心表示,计划与民政部门合作开设"大食堂"服务,居家养老的老人们可以在线查看社区食堂或老龄就餐点的菜单选择餐食,并在就餐后就服务、菜品评价提出意见或建议,或与外卖平台合作,为不方便出行的老人们提供助餐服务。

(2) 兼顾不同人群的媒体使用习惯,提供针对性的信息服务

除了在特色指尖服务方面加强与市民生活的联系外,区级融媒体中心还根据区内市民特点优化媒体布局和在地化内容生产。这在郊区表现得尤为明显。金山、青浦、崇明是上海的农业大区,农村人口多。在移动化、智能化、数字化传播成为主流趋势的今天,这3个区级融媒体中心却在传统广播上下了不少功夫,这主要是考虑到区内众多年纪偏大、识字不多的农村人口的媒体使用习惯。农村广播的普及具有重要意义:在平时,区级融媒体中心专门制作特色方言广播节目,连通村级广播系统进行传播,丰富村民的精神文化生活;在特殊时期,区域广播能够确保信息直接、快速、高效抵达基层群众,做好应急防控。崇明区人民广播电台发挥区级"大喇叭"优势,通过滚动播出有关疫情防控音频、通知、公告等内容,将疫情防控政策及防护知识及时传播到千家万户。在"9点新闻播报"直播栏目中开通"防疫新型冠状病毒感染肺炎"特别节目,向村民科普新型冠状病毒日常预防信息。

长期以来,中央级及市级媒体的强势覆盖使得上海的区级媒体存在感较弱,在同类内容生产能力普遍低于上级媒体的情况下,区级媒体想要脱颖而出十分困难。崇明、金山、青浦没有盲目舍弃传统媒体渠道。很多农村老人识字率低,获取新政策、新知识的意愿强烈,看电视视力不行,也不会操作智能手机,或顾虑费用不愿意使用手机,这种情况下广播的重要性凸显。类似情况还有长宁区。区内老年人普遍文化水平较高,习惯阅读报刊,所以长宁区非常重视传统报纸的发展,很好地满足了他们对于信息的需求。由此,上海的区级融媒体中心做到了兼顾不同人群的媒介使用习惯,使得媒体布局更合理,从而提升实际传播效果,体现出强大的公共性。

(3) 生产"问政"节目,高效回应市民意见

区级融媒体中心通过生产"问政"节目,畅通市民意见表达,凸显了在地媒体优势。例如,松江人民广播电台自2019年5月起推出"城市精细化管理·听民意集民智"融媒体特别节目(2020年6月29日起更名为"提升城市品质 听民意·集民智 2020主任镇长访谈")。松江8个委办局的行政主要负责人和17个街镇主任、镇长都会轮番走进广播间直接与市民对话,倾听百姓呼声;金山区融媒体中心开设"决胜小康——2020对话街镇(工业区社区)书记"访谈栏目;闵行区广播电台FM102.7直播闵行栏目推出的"我来帮你忙"节目;等等。

这些节目的共同点是:首先,对接了大量在地政务资源,并且深入街镇一

级。节目组或每期邀请街镇主任、书记、镇长等与观众现场互动,就市民提出的各种急难愁盼问题作出回复;或针对市民提出的投诉、咨询,第一时间联系访问相关部门、单位,要求主要负责人正面回应。市民反映的问题基本覆盖吃、穿、住、用、行各个方面,细微到水电维修、马路改道、旧房改建等。其次,今天的问政节目不再是单一媒体生产,而是全媒跟进,不断增强市民的互动参与。节目以音频、视频、图文等形式传播到各个平台,区级融媒体中心还会在微信公众号等平台开通问题和建议征集渠道,或者通过抽奖活动鼓励市民留言等。再次,这类节目在"问题"解决的有效性方面作用突出。记者持续跟踪报道,向广大市民公开问题解决成效、工作改进的情况等。

区级融媒体中心与区内市民的贴近性决定了其在推进本地治理上有着天然的优势。而"问政"类节目之所以意义重大,不仅因为它建立了畅通市民需求、意见表达的渠道,更在于它能发挥媒体监督效力,督促政府部门更迅速直接地做出反馈,实现问题的高效处置。对政府部门来说,及时了解市民关切、倾听市民呼声,对于日常工作的查漏补缺、提升办事效率有重要作用。正如有学者指出的,区级融媒体中心可以维系地方党委政府部门的密切协同,通过集成域内资源完成原有内容的升级,从而更有效地处置诸多关乎民生的"小事"。[①]

2. 上海区级融媒体中心的创新突破之举

(1)市级统筹下的16个区级融媒体中心高效联动

与其他县级融媒体中心不同的是,上海16个区级融媒体中心经常联动响应,参与重大宣传活动和城市治理。

为庆祝中华人民共和国成立70周年与上海解放70周年,自2019年4月29日以来,推出由上海市委宣传部、市委网信办、市府新闻办主办,上海广播电视台、上海报业集团、东方网承办的上海各区《我和我的祖国》快闪MV、《航拍上海》形象片展播活动。16个区级融媒体中心自制的快闪MV、航拍形象片陆续在东方卫视、东方明珠移动电视等荧屏上展播。从时间上看,《我和我的祖国》快闪MV、《航拍上海》活动几乎与各区级融媒体中心改革同步展开。2019年9月30日,上海人民广播电台联合全市16个区融媒体中心共同推出9小时大联播"我的祖国我的家——上海16区庆祝国庆70周年全媒体接力盛典"特别直播节目。节目以FM93.4、AM990上海新闻广播为主播出平台,从9月

[①] 张诚、朱天:《从"集成媒体的新机构"到"治国理政的新平台"——县级融媒体中心的方位坐标及其功能逻辑再思考》,《四川大学学报(哲学社会科学版)》2020年第2期。

30日9点持续到18点。作为市级平台和16个区级融媒体中心的首次业务联动，国庆主题系列宣传活动已经显现出不同层级媒体的优势，市级层面提供播出平台、统筹策划，由各区级融媒体中心媒体联动区内有关部门，组织本地民众参与。这种媒体纵深链条的贯通，不仅实现资源的集约优化，而且壮大了主流舆论声音。

2020年9月8日，全国抗击新冠肺炎疫情表彰大会举行，一批全国抗击新冠肺炎疫情先进个人和先进集体，全国优秀共产党员和全国先进基层党组织接受表彰，上海16个区的融媒体中心对此推出了各种形式的专题报道。单以微信公众号发文为例，融媒体中心既转载了部分上级媒体的新闻，也着力报道本区抗疫故事。区级媒体和中央及省级媒体报道角度、内容各有侧重，形式多样且层次分明，形成了立体的传播效果。（区级融媒体中心官方微信发文详情见表1-2）

表1-2　区级融媒体中心官方微信致敬抗疫英雄文章列表

官方微信	文章
上海黄浦	黄浦的这家集体，获得了全国抗疫荣誉！
上海静安	今天，以国之名，向他们致敬！（来源上观新闻） 表彰大会后，与这场艰苦卓绝的战斗紧密相连的他们，最想说什么？
上海长宁	以国之名，致敬抗疫英雄！长宁这个集体和个人接受国家表彰！ 今天，向这些上海抗疫英雄致敬！（来源《新民晚报》）
上海徐汇	向英雄致敬！今天，徐汇的代表在北京人民大会堂受表彰 上海的这些个人和集体，获得了全国抗疫荣誉！（来源上观新闻）
上海虹口	今天，以国之名，向他们致敬！（来源上观新闻） 致敬！这位虹口人荣获"全国抗击新冠肺炎疫情先进个人"称号
上海杨浦	致敬抗疫英雄！杨浦的她获国家表彰！ 今天，致敬国之脊梁，致敬每一个为抗疫努力的你
上海普陀	以国之名，致敬抗疫英雄！这位普陀人受国家表彰
今日闵行	今天，一起为他们刷屏！（综合自新华视点、央视、《人民日报》、中新社、上观新闻等） 今天，这些闵行人在人民大会堂接受表彰！
上海松江	致敬抗疫英雄！今天，来自松江的他受到国家表彰 松江战疫答卷！感谢每一位挺身而出的平凡人
上海嘉定	深受鼓舞！习近平总书记在全国抗击新冠肺炎疫情表彰大会上的重要讲话引起嘉定干部群众强烈反响 以国之名，致敬抗疫英雄！今天，来自嘉定的他们受到表彰

续表

官方微信	文章
上海宝山	上海抗疫英雄谱｜三分钟,请记住他们的模样……(来源看看新闻网) 致敬!这位宝山人荣获"全国抗击新冠肺炎疫情先进个人"称号 上海的这些个人和集体,获得了全国抗疫荣誉!(来源上观新闻) 今天,人民为你们颁奖!(来源《新民晚报》)
上海奉贤	今天,以国之名,向他们致敬!(来源上观新闻) 今天,这位奉贤人接受国家表彰!
i金山	刚刚,金山这位医生在人民大会堂见到了习近平总书记 你们都是英雄!向金山的医务工作者致敬!
绿色青浦	致敬!受表彰的青浦"抗疫英雄"回来了!
上海崇明	刚刚,这个崇明人在人民大会堂见到了习近平总书记
浦东发布	今天,浦东这些先进个人和集体获国家表彰! 浦东这个80后获国家表彰,他为何能脱颖而出? 上海的这些个人和集体,获得了全国抗疫荣誉!(来源上观新闻) H5｜向这些上海抗疫英雄致敬!(来源《新民晚报》) 表彰大会上的这几个细节,我们都读得懂(来源澎湃新闻)

除了大型媒体宣传活动外,在抗击新冠疫情的过程中,16个区级融媒体中心也携手联动,在助力城市治理方面有突出表现。2020年2月7日中午12时,16个区级融媒体中心App同步上线《抗击疫情 上海在行动》抗"疫"服务聚合类新媒体产品。抗"疫"服务聚合类新媒体产品由上海市级统一技术平台东方网联合上海16个区级融媒体中心制作,腾讯新闻、阿里云、清博大数据提供支持。2月16日,上海市16个区级融媒体中心全部开通疫情防控工作问题建议征集渠道,面向群众征集疫情防控工作问题建议,统筹梳理基层社会存在的问题,迅速联系有关部门、单位反馈处理。

上海区级融媒体中心的高效联动与这座城市的地理范围、"两级政府、三级管理"的行政格局密切相关,也离不开东方统一技术平台的支持。市级统筹下的16个区级融媒体中心联动,是推进城市"一盘棋、一体化"建设的重要方面,回应了上海智慧城市建设加快形成跨部门、跨层级、跨区域的协同运行体系的目标要求。

(2)打造区级治理枢纽,织密智慧城市两张"网"

作为特大城市,上海的智慧城市建设具有引领性。2019年11月2—3日习近平总书记来沪调研时指出,要抓好"政务服务一网通办"和"城市运行一网统管","推进服务供给精细化,找准服务群众的切入点和着力点,对接群众需求实施服务供给侧改革,办好一件件民生实事"。①

上海市级线上政务服务平台功能强大,很大程度上涵盖了与市民生活、企业办事的服务需求,甚至在区级融媒体中心建成之前,区内一些委办局开发的本地化特色服务就已整合进"一网通办"和"一网统管"平台。而且"上海发布"作为拥有超强影响力的上海市级政务新媒体,其主菜单"市政大厅"版块为市民提供了公交实时到站、航班查询、路况查询等基本公共服务。这对以"综合服务平台"和"社会治理新平台"为定位的区级融媒体中心来说,提出了更高的要求。从实践来看,上海区级融媒体中心发挥了枢纽功能,将自身作为一个数据节点融入智慧城市网络中,并且不断延伸延展开来,织密、织牢"一网通办"和"一网统管"两张网。

首先,16 个区级融媒体中心客户端都接入了"一网通办"网页和"随申办"市民云("一网通办"App)部分办事服务。也有一些区选择接入"一网通办"系统内本区开发的特色服务,例如"上海黄浦"App 服务厅开设"一网通办"专栏,包含行政服务、政务店小二、企业发展服务等区内专属服务项目。区级融媒体中心客户端常见接入的市级服务如表 1-3 所示。

表 1-3　区级融媒体中心客户端常接入的市级服务一览表

栏目	细分服务	平台
公积金查询		上海公积金微信服务系统
医保查询		上海医保
社保查询		上海人力资源社会保障网
纳税查询		国家税务总局上海市税务局官网
发票查询		国家税务总局上海市税务局官网
生活服务	垃圾分类查询	上海市绿化和市容管理局
	餐饮安全查询	上海市食品药品监督管理局
	个人房产税查询	国家税务总局上海市税务局官网
	家电维修信息查询	上海家用电器行业协会
	景区客流查询	上海市 A 级景区实时信息网
	空气质量查询	上海市环境监测中心
	上海天气查询	上海天气

---

① 《习近平在上海考察时强调　深入学习贯彻党的十九届四中全会精神　提高社会主义现代化国际大都市治理能力和水平》,新华网 2019 年 11 月 3 日,http://www.xinhuanet.com/politics/leaders/2019-11/03/c_1125187413.htm,2020 年 9 月 2 日。

续表

栏目	细分服务	平台
教育服务	入学信息查询	上海发布|看看新闻技术支持
	幼儿园入园政策查询	云瓣科技技术支持
	义务教育入学信息	上海教育政务新媒体
	民办机构教育查询	上海民办教育管理系统
	入学信息查询	看看新闻技术支持
	义务教育入学报名	上海教育政务新媒体
	家门口好学校	上海教育政务新媒体
人口服务	户口审批查询	
	身份证办理查询	
	居住证办理查询	
	房产户口查询	上海市公安局人口办
	落户审批查询	
	属地派出所查询	
	新生儿重名查询	
交通服务	路况查询	上海市路政局、上海市城乡建设和交通发展研究院
	交通违法查询	上海交警App
	公交实时到站查询	上海市交通委
	航班查询	上海机场集团有限公司
	交通卡余额查询	上海公共交通卡股份有限公司

注：各个融媒体客户端具体接入情况会略有差别，总体涉及的市级服务项目大致如该表所示。

其次，除了政务服务以外，各区级融媒体中心还探索个性化的公共服务路径，大致可分为以下几类：

一是和各区政务部门合作开发针对性的在地民生服务，在App上线相应小程序或开通端口。例如：杨浦区融媒体中心在App接入"小邻通社区服务"平台，该平台可为市民们提供包括家政服务、房屋维修、上门开锁、搬家服务、清洗保洁在内的近百项社区服务的预约，覆盖了民众日常生活的方方面面。通过"上海杨浦"App预约服务的市民还可以享受95折优惠及优先处理和优先服务保障。"小邻通社区服务"的服务定价、入驻商家都需要经过政府审核。换句话说，区级融媒体中心平台提供的"互联网＋公共服务"不排斥市场力量的参与，但与完全市场化的服务有区别，市场要素在这里是在政府主导下进行配置的。

二是灵活运用"积分商城",激活区内各种服务资源。不少区计划或已经在融媒体客户端推出积分商城,用户签到、浏览资讯、分享链接等能获得一定积分,达到一定数值可在商城在线兑换相应礼品。区级融媒体中心有意识地综合考虑"礼品"的特色与实用性,除了上架一些印有"××区融媒体中心"字样的定制产品(围裙、马克杯、帆布袋、数据线等),还尽可能地突显服务功能。静安区在商城上线了诸多扶贫产品;金山区积分商城首批上线口罩、免洗洗手液、皮肤抗菌液、家居消毒液等抗疫物资作为礼品,之后与金山本土品牌"猪猪家"合作开通美妆专区。普陀区则计划与区内委办局如体育局合作,拿出健身场馆的公共时段供市民兑换,或者与文旅局合作,兑换重要的文艺演出或文化讲座门票等。需指出的是,区级融媒体中心发起的"兑换"是以让线下服务资源高效流通的形式所达成的公共服务,这个性质与商业性的积分商城有根本的不同。

三是在客户端嵌入已有的本地治理小程序/平台系统。典型代表为宝山区和徐汇区融媒体中心。宝山"社区通"作为全国社区创新治理的样板,体现了宝山区融媒体中心在基层社区治理方面的创新。宝山"社区通"由鲸邻科技研发,是基于移动互联网,以居村党组织为核心、以居村委会为主导、以城乡市民为主体,相关各方广泛参与的党建引领社会治理网上平台。宝山区融媒体中心打通了微信端"社区通"与移动客户端"社区通"的数据对接,在"宝山汇"App设置"社区通"入口。"社区通"内设有"疫情防控""宝山大调研""我爱宝山""社区公告""议事厅""居务公开""警民工作室""家庭医生""交流群"等版块,市民不仅能够深入了解社区信息,还能就各项相关议题发表意见,推进问题的高效解决。"汇治理"由上海市徐汇区城市网格化综合管理中心(上海市徐汇区行政服务中心)开发,徐汇区融媒体中心在"上海徐汇"微信公众号及"徐汇通"移动客户端均开通了入口。其中,市民主页栏目包括学生健康登记、学校发热追踪、民生服务检索、短租房服务、个人求职平台、培训复课查询等内容,疫情期间"汇治理"不断优化功能设置,及时更新服务选项。比如,前期增加了"入境护航"栏目,便于机场驻点人员、街镇网格、居委干部等实现从机场人员转送到居家隔离等的精细监管。

3.上海区级融媒体中心建设积极对接国家发展的重大战略

(1)线上打通"两个中心",推动志愿服务工作的创新发展

习近平总书记在全国宣传思想工作会议上强调,要推进新时代文明实践

中心建设,不断提升人民思想觉悟、道德水准、文明素养和全社会文明程度[①]。2019年12月,上海市建设新时代文明实践中心试点工作部署会召开。长宁区、静安区、闵行区、金山区、崇明区5个区列入第二批全国新时代文明实践中心建设试点县(市、区)范围。浦东新区、徐汇区、普陀区、虹口区、杨浦区、黄浦区、宝山区、嘉定区、松江区、青浦区、奉贤区11个区列入上海市新时代文明实践中心建设试点范围。

新时代文明实践中心建设目标之一即推动基层志愿服务工作的创新发展。志愿服务是公共服务体系的一部分,而区级融媒体中心建设的核心任务之一就是要提高基层公共服务供给的精准性。两者都要跨界整合资源、高效匹配供需,把服务真正深入基层。基于此,"两个中心"具有贯通推进的可能性。

上海区级融媒体中心与新时代文明实践中心主要采取以下几种方式共建:一是区级融媒体中心配合区文明办做好重点工作的新闻报道,对区内的好人好事、文明风尚、志愿服务活动等进行宣传。一些区还专门开设专题,如闵行区融媒体中心在专题下设置"榜样的力量"精神文明创建专栏,整理文明实践相关工作成绩。二是区级融媒体中心在客户端上线新时代文明实践中心"云平台"或"信息服务平台"。例如,"宝山汇"App上线了"新时代文明实践管理服务信息平台","上海虹口"App在首页要闻栏目下设置"益彩虹"虹口区新时代文明实践云平台入口。静安区、长宁区等也都在区级融媒体中心客户端开通类似服务平台。

虽然这些平台的具体页面布局各有不同,但内容都差不多,主要发布区内志愿服务招募信息,提供活动报名、场馆预约、实践地图等功能。有些平台还上线了宣讲课程,或展示区内文化风采,或供市民在线学习。通过区级融媒体中心的线上"新时代文明实践中心"平台,市民可以在线"点"服务,经由各区文明实践分中心(分站)派单给社区志愿服务中心,调配志愿者们"送"服务。"云平台"的建立实现了对区内各文明实践阵地的高效管理和对市民的精准服务,成为一种颇具特色的社会治理创新模式。这也是将新时代文明实践中心的建设和区级融媒体中心的建设同步推进的重要目标。两者协作,线上线下共同发力,加强与相关部门沟通联系,推动更多社会服务资源向社区开放,提高基

[①] 《习近平出席全国宣传工作会议并发表重要讲话》,中华人民共和国中央人民政府网站2018年8月22日,http://www.gov.cn/xinwen/2018-08/22/content-5315723.htm,2020年9月15日。

层公共服务的供需匹配度。

2020年6月30日,由上海市文明办联合东方网共同打造的"上海市新时代文明实践综合服务平台"正式上线。上线活动通过东方网、各区融媒体中心平台、"上海志愿者"官方抖音号、"上海市志愿者协会"官方微博进行了现场网络同步直播。其中,平台"互动交流"功能第一部分展示了16个区的新时代文明实践相关工作动态,内容来自各区融媒体中心"新时代文明实践专属页面"。①"平台通过与各区融媒体中心联通融通,构建全市上下贯通、横向联动、内外融通的立体化宣传矩阵,形成同城效应。"②

(2)与"长三角区域一体化""脱贫攻坚""乡村振兴"等国家重大战略的对接

上海区级融媒体中心从建成开始就积极将自身建设融入"长三角区域一体化""脱贫攻坚""乡村振兴"等国家重大战略。

青浦区与江苏省吴江、昆山两市及浙江省嘉善县接壤;金山区西与浙江省平湖市、嘉善县交界,南濒杭州湾。这两个区域处于沪苏、沪杭、沪皖南等多条发展带的交汇点,也是长江三角洲经济圈中心地带。青浦区、金山区在长三角一体化进程中越来越体现出其在地理区位上的优势和重要性,因此这两个区级融媒体中心也有意识强化跨区域传播。青浦区在融媒体客户端上设置"长三角"新闻专题,向市民介绍长三角一体化战略,展现本区经济社会的发展机遇与优势。金山区则注重展开跨省市媒体联动,2019年,上海金山、江苏常熟、浙江诸暨、安徽肥东4家电台联合推出"长三角特色小镇1+1"对农广播融媒体大型跨地行动。

2020年6月8日,由中央广播电视总台新闻新媒体全程指导,中共浙江省委网信办、中共上海市委网信办、中共江苏省委网信办、中共安徽省委网信办联合主办,中共湖州市委宣传部、中共湖州市委网信办、中共长兴县委联合承办,浙江在线以及长三角百家县级融媒体中心共同协办的"你好,长三角——'县级融媒体中心助力长三角一体化国家战略网络文化宣传季'"系列活动启动。长宁、宝山、松江、嘉定4家区级融媒体中心作为上海代表参与其中的百家县级融媒体中心"接力大连麦"活动,和其他县级融媒体中心轮流直播,展示长三角各地在全面建成小康社会和"十三五"规划收官之年的成果,以及在推

---

① 《上海市新时代文明实践综合服务平台上线》,东方网2020年6月30日,http://www.eastday.com/eastday/shouye/07index/enews/u1ai20599843.html,2020年9月3日。

② 同①。

进长三角一体化发展方面作出的贡献。

此外,区级融媒体中心建设与"乡村振兴""脱贫攻坚"战略也有所结合。金山和青浦坚持农业农村优先发展,努力打造长三角乡村振兴先行区。金山区融媒体中心通过多次网络直播本土特色农旅活动,宣介农业、农村资源。"绿色青浦"App专门设置"乡村振兴"新闻专题,向区内市民呈现乡村振兴项目实施进展,解读战略核心思想。

在同样是农业大区的崇明区,融媒体中心积极利用直播手段宣传与销售域内优质农产品。崇明区融媒体中心专门开设"直播崇明"抖音号,市民可在观看视频的同时,直接在该抖音号的商品橱窗内下单购买。上海"五五购物节"期间,崇明区融媒体中心举办了两次直播活动,由区领导现场"带货",出售商品均为本土特色农产品和区内企业生产的产品。

区级融媒体中心的"直播+电商"活动不仅带动本地优质农产品销售,也为对口援助贫困区县的脱贫工作提供了有益思路。"上海共对口全国7个省区市、20个地州市、101个县市区的脱贫工作"[①],每个区都有一定的对口支援扶贫任务。静安区专门成立了对口支援地区农特产品展示体验中心,区级融媒体中心联合《新闻晨报·周到》进行直播"带货",推出系列限量优惠活动,带动广大市民消费扶贫,助力打赢脱贫攻坚战。

三、上海区级融媒体中心建设存在的问题与挑战

自2019年6月底挂牌至今,上海区级融媒体中心的建设经历了一年多时间,在取得不少成绩的同时也存在一些问题,主要体现在绩效考核、人才队伍建设、技术支持三个方面。这些问题从根本上说,是当前我国媒体融合发展的新环境、新生态、新要求对传统的管理运营方式以及体制机制所提出的挑战。这些系统性难题一定程度上制约着区级融媒体中心的建设与发展,需要上级部门及系统内各要素形成合力进行调整和优化。

(一)绩效考核与激励机制改革难度较大

1. 人员编制与身份认同的双重困境

成立后的区级融媒体中心不仅将区内原各新闻宣传单位的人员编制数量

---

① 《上海如何帮助对口地区脱贫攻坚? 今天这个会划重点》,第一财经2018年7月12日。

进行整合,大部分区还在原来的基础上进一步扩编。据了解,目前中心城区的区级融媒体中心编制数量为 50—70 个,郊区编制数大约 100 个。不过,不少中心负责人表示,虽然编制数量有所扩充,但目前员工数量仍然紧缺。主要有两方面的原因:首先,即使编制有所扩充,甚至不少区还有空编的情况,但这并不意味着在编员工数量能够迅速增加,因为扩充的编制数不会一次性全都对外开放招聘。其次,融媒体中心作为事业单位,员工想要获得编制必须通过事业单位统一考试;但现实是,考试不一定能够有针对性地选拔出融媒体中心所需人才,而所需人才也不一定能顺利通过统一考试。

此外,根据新闻出版总署《关于 2019 年全国统一换发新闻记者证的通知》(国新出发〔2019〕39 号)、《新闻记者证管理办法》要求,规定只有两类人员可以获得记者证,一类是新闻机构的在编人员,另一类是新闻机构的直聘人员。但在融合之前,区级报社和城区有线电视中心都不属于"新闻机构",因而其采编人员无法获得相关从业资格认证,进而也会影响职称评聘等一系列事项。这个历史遗留问题在区级融媒体中心建设过程中亟待解决,它直接关系到其人员队伍建设以及采编业务改革能否顺利推进。

2. 激励机制的改革与创新

截至调研结束之日,上海区级融媒体中心大多仍然沿用传统媒体时代的激励机制,或者改革比较有限。

首先,各区融媒体中心在成立之前情况不一,较为复杂。在单位性质上,有的区在融媒体中心成立前已成立新闻传媒中心,其中一部分新闻传媒中心属全额拨款事业单位,另一部分属差额拨款事业单位。有的区在融媒体中心成立前区内报社、广播电视台(或有线电视中心)等传统机构尚未融合,各单位也属差额拨款事业单位,除了政府拨款外,还有一部分资金来源于广告等创收。此外,还有的区在原有新闻单位的基础上创办了与之相配套的国有文化传媒有限公司,而有的区则没有。

在区级融媒体中心成立后,除浦东新区融媒体中心为差额拨款事业单位之外,其余 15 家融媒体中心都成了全额拨款事业单位。这就意味着绝大部分区级融媒体中心的绩效总额是确定的,如果提升一部分人的绩效,就有可能会降低另一部分人的绩效。因而,合理的绩效分配就成了一个难题。

其次,区级融媒体中心成立后原有的部门设置被打破,前端的新闻生产模式发生了变化,一个采编组里既有文字和摄影摄像记者,也有不同平台的编辑。不同类型的工种更多,人员结构更复杂,加之每位记者编辑所生产的内容形式更为多样,从而对绩效考核方式提出了挑战。能否很好地解决这些问题,直接关系整个人员队伍与生产体系的稳定。

(二)人才建设"造血"能力有限

区级融媒体中心的建设离不开人才队伍的建设,它既是扩大主流阵地传播力、影响力的强大支撑,也是推动媒体改革、讲好基层故事、提高媒体舆论引导能力的重要保障。但从调研来看,当下区级融媒体中心在人才培养和引进方面还有一定的困难。

1. 新型融媒体人才引进受限较多

区级融媒体中心作为事业单位,需要通过事业单位统一考试招聘员工,门槛较高,但相比市场化的媒体而言,区级融媒体中心员工薪资较低,这使得其吸引人才的能力总体偏弱。

同时,在调研过程中,不少区级融媒体中心负责人都表示,通过事业单位统一考试招聘到的人员普遍理论水平不错,但媒体实践能力或经历比较有限,部分通过统考进入融媒体中心的员工并不是传媒相关专业出身,这就容易导致结果与需求不完全匹配的状况。

此外,不少负责人表示,区级融媒体中心建设还需要引进高层次人才。但由于平台与薪酬待遇有限,且融媒体中心的建设尚处于起步阶段,难以满足高层次人才的职业期望,因此,引进与留住他们都不容易。

2. 人才培养模式需内外"双管齐下"

在人才培养方面,目前不少区级融媒体中心现有员工大多来自区内报纸、广电等传统媒体,原来各自工作的部门之间相对独立,彼此之间沟通交流有限,工种较为单一,但是随着融媒体中心的成立,各部门之间的壁垒被打破,需要不同部门内员工进一步加强沟通交流。

与此同时,融合媒体环境下"策采写编评"流程的变革冲击了原有的新闻生产,"一次采集、多重生成、多元发布"的全媒体矩阵传播格局对员工提出了更高的要求,要求员工具备一定的全媒体思维,成为"既专又能,一体多用"的新型复合人才。不少负责人表示,想要在短时间内将中心所有员工都转型为全媒体人才难度较大,比较可行的做法是在转变他们固有观念及工作思路的同时,将原有业务水平能力较强的员工先往全媒体人才方向培养,以此逐步带动全体员工的转型。

在人才培训方面,不少区级融媒体中心邀请学界与业界专家对中心员工进行相关培训,融媒体中心之间也会组织互访互学,帮助现有员工提升理论水平和实践能力。

(三) 各平台技术力量有限

区级融媒体中心机构整合和流程再造的一大关键在于各个平台搭建,它们离不开技术的支持,但这是目前区级融媒体中心建设中普遍存在的薄弱环节。

1. 统一技术平台的供需矛盾

《县级融媒体中心省级技术平台规范要求》明确指出:"省级技术平台应该覆盖全省,与省域内县级融媒体中心实现互联互通、信息共享、协同互动。"[1]为省域内县级融媒体中心的业务开展提供云端服务和技术能力支撑及基础资源支持。

按照"一省一平台"的要求,在上海全面推进区级融媒体中心建设的过程中,东方网承建包括支持工作人员移动采编需求的"融采编"工作客户端、提供给管理者进行宣传任务下发及数据监测与效果分析查看的"融上海"管理客户端及16个区向用户展示的融媒体客户端平台的搭建任务。这给东方网带来了很大的挑战,如此密集的建设任务使得其与区级融媒体中心之间出现了一定的供需矛盾。

首先,融媒体指挥与操作平台需要满足文字、图片、视频、音频等各种业态的处理要求和专业标准,以及客户端内容的自动上传、"中央厨房"指挥系统的实时反馈等,东方网在此类平台的建设上完善度有待改善,各融媒体中心在使用平台过程中存在一定的问题。从调研来看,目前不少区级融媒体中心在对内工作平台的使用过程中存在一些需要进一步优化的问题,例如:后台数据上传需人工转码或压缩格式等,无形中增加了中心的工作量。

其次,在打造信息服务平台方面,各区融媒体中心客户端最初并不都是由东方网负责开发的,而根据上级要求,2019年年底之前由不同公司开发的移动客户端都要与东方网开发的后台完成对接,在对接过程中,纵向、横向、跨行业的数据接入和输出以及标准的设定都还需要不断试验与改进。

---

[1] 国家广播电视总局:《县级融媒体中心省级技术平台规范要求》,国家广播电视总局网站2019年1月15日,http://www.nrta.gov.cn/module/download/downfile.jsp?classid=0&filename=3226514bc4fd4f2f99b0b57fa5506d7b.pdf,2020年9月15日。

2. 运营维护成本与技术安全的风险保障

除了新技术前期研发的高投入,平台后期运营维护和安全管理也是技术方面的一大难题。

首先,技术平台的运营维护与人员配置紧密相关。目前融媒体中心普遍存在人才短缺的情况,专门的技术部门和专职的技术人员更是普遍不足。

其次,技术安全管理也是各区备感压力的环节,主要体现在生产、播出内容的安全和用户数据安全两个方面。在内容生产安全方面,以直播为例,直播最大的特性即现场状况的同步传播,这对媒体团队的临场指挥能力、反应能力、把关能力、技术操控能力等综合要求极高,不少区级融媒体中心表示,确保直播内容无差错是很不容易的。同时,目前绝大部分融媒体中心的移动客户端支持用户在线发布评论,这同样考验着技术上对用户生产内容的审核能力。

此外,各平台用户的数据安全也是个重要问题。《县级融媒体中心网络安全规范》中对"个人信息保护"方面提出明确要求,即通过对个人公开信息、个人敏感信息的区别存储、使用数据脱敏技术对敏感信息模糊化处理、对个人敏感数据文件内容进行加密储存等方式加强对用户信息的保护。[①] 上海部分区的移动客户端平台是由第三方市场化公司开发,用户在注册账号、浏览信息和发布内容时会产生大量的用户及其行为数据,如何有效保证用户隐私数据的安全以及排除数据安全隐患,是亟待解决的核心问题之一。

因此,如何最大限度地发挥技术的积极作用、运用新技术更好地服务媒体内容生产和舆论引导以及维护信息安全是制约区级融媒体中心建设水平的关键问题。

四、上海区级融媒体中心建设未来展望

(一)着眼自身:优化组织架构,坚持体制机制创新

1. 创新内部组织结构的整合转型

上海区级融媒体中心建设处于初步阶段,应在借鉴其他地区成功经验的基础上根据自身实际情况进行内部组织结构转型。在内部职能设置上应以部

---

① 国家广播电视总局:《县级融媒体中心网络安全规范》,国家广播电视总局网站2019年4月11日,http://www.nrta.gov.cn/module/download/downfile.jsp?classid=0&filename=588563c1cc6443829efc480fc0257729.pdf,2020年9月15日。

门设置与融媒体业务模式相适应、组织架构与各区特点相适应为原则,聚力转型。

在业务部门以"一次采集,多次生成"融合的思路搭建完善的情况下,后勤保障部门也需及时优化。需要根据具体情况精简或增加后勤、财务、人力资源等保障资源,避免资源的重复浪费。在业务平台再造的过程中,多个区级融媒体中心未来将对网络技术安全部门提出更高的要求,将原网络技术部的职能重点从对设备器材等固件的维护转移到对移动平台及数据安全的维护上。有条件的中心还考虑通过购买云储存服务等方式,减少硬件设备带来的损耗,将工作重心转移到软件开发、运营等方面,从而从保障的角度体现"移动优先"的原则。也有部分中心根据自身情况,基本完全依靠东方网提供网络技术支持,也是一个安全、高效的选择。

从不同区域的不同情况来看,郊区原各区级媒体较为独立,建成后的郊区融媒体中心规模较大,多数郊区还设有街镇融媒体分中心、负责经营业务的企业等单位。因此,从组织架构方面来看,郊区融媒体中心相对更适合"职能式"组织架构,即以不同职能为首次划分部门的基础,再在不同职能下划分具体部门。例如:青浦区融媒体中心编辑发布平台下包括电视部、广播部、报纸部和移动媒体部,人力资源部被划分到了绩效考核平台下。以职能为设置组织架构的逻辑,区别于此前以媒体类型进行部门划分,有利于某一职能的统筹与深度开发。中心城区融媒体中心由于人员数量有限,规模不大,加上市级媒体对中心城区新闻内容的强势覆盖,对内容开发方面需求更大。因此,更适合于"矩阵式"组织架构,即在"职能式"组织架构垂直式领导的基础上,增加各部门横向间的平行互动,打破原有区级媒体"条块分割"的局面,如:浙江长兴传媒集团业务部门内打破了不同部门的横向壁垒,设置了一个个小的项目部门,以项目开发的逻辑进行媒体内容的生产。虽然不能完全复制"长兴模式",但上海中心城区融媒体中心可以对此组织架构模式进行一定的学习和借鉴,在人员数量有限的情况下,增加工作的灵活性,同时有利于创新、丰富媒体所发布的内容,缓解中心城区区级媒体因与市级媒体在受众人群、新闻资源等方面有所重合而产生的压力。

2. 探索合理有效的考核与激励制度

各区级融媒体中心未来可以通过创新媒体内容和人员的评价机制,最终探索出有效的人员考核与激励制度。媒体内容方面,由于考核主要由市级平台完成,考核标准需要注重科学性,不仅仅是以流量定胜负。区级融媒体中心可以根据自身情况,考虑建立以受众为中心的考评级别,建立差异化考评体系,通过注册量、受众活跃度等重要指标考量区级融媒体中心具体平台的实际传播力、影响力,同时也要通过具体服务平台使用情况、有效解决受众问题的比例等指标来考量区级融媒体中心各项服务开展的实际情况,避免各区级平台由于"流量为王"带来的评价压力导致对平台内容价值判断的偏离。

在人员考核激励机制上,部分区级融媒体中心未来可考虑在争取上级政策倾斜力度的同时充分创新内部考核激励办法。一方面,中心可以争取如首席岗位评聘、职称评定等政策扶持,激励人员重视专业工作,同时考核人才能力。另一方面,中心可以选择建立适应全媒体融合特点、鼓励"一专多能"人才发展的考核办法。例如,将"考核个人"转变为"考核团队",由团队组长根据人员具体表现,进行组内绩效的分配,同时各组相同工种的人员进行对比竞争。类似的机制可以解决不同工种考核标准无法统一的问题,形成"组内同心协力、组与组之间你追我赶"的良性竞争局面。

长远来看,各区融媒体中心根据自身情况,可以系统化思维统筹考核激励机制,统筹各媒体的基础性薪酬和奖励性薪酬,最终使媒体业务方向的创新性劳动和突破性工作获得更多激励,调动媒体一线从业人员的生产活力和对外部人才的吸引力。通过对融媒体中心评价机制和人员考核激励机制的完善、融合和创新,有效消除区级融媒体中心建设过程中的内部冲突,实现人员和中心的协调发展。

(二)深耕本区:盘活区内服务资源,提高平台用户活跃度

区级融媒体中心应以本区区情为基础,以小见大反映社会新风貌。一方面能够为当地人提供生活服务和业务咨询,面向基层用户需求,增强社区服务的场景适应性,有效提高本地媒体的关系黏性,做有"温度"的融媒体产品,有效提高凝聚力;另一方面,通过建立区级融媒体中心平台来实现将社区服务与区级媒体窗口相融合,使其成为区级融媒体自身融入社会大环境的"敲门砖"。

目前,16个区级融媒体中心服务功能的开发主要依托上海"一网通办"平台的接入以及"上海发布"与上海市各职能部门共同开发的各项服务功能。从表面看,市级平台上百项功能对各区服务进行了全面覆盖,但实际上,对于每个区的具体情况来说仍有很大发挥空间。例如:市级平台提供的医疗服务仅覆盖区内部分医院且提供的服务有限,无法完全满足市民对线上医疗服务的

需求,区级融媒体平台便可以作为"桥梁",联系区内各等级医疗机构(包括社区医院)提供线上服务,以补充市级线上服务。此外,上海各区级融媒体中心可以进一步借助自身平台优势以及区内文化、旅游、体育等资源优势,通过与特色商家、场馆的合作,争取各类项目体验的机会,再通过线上线下平台的一系列活动,以奖品或福利的方式将体验机会赠与区内市民,实现各融媒体平台的推广与服务提供方式的创新。

(三)多层联动:完善同各级各类单位的交流与合作模式

1. 与高校共同培养融媒体人才

在市委宣传部的牵头下,目前上海已有6所部校共建的高校与部分区级融媒体中心进行合作,各高校新闻传播专业将不定期输送学生到区级融媒体中心进行实习。与高校的合作,有利于为区级融媒体中心培养高素质、专业化的融媒体储备人才。新进的融媒体实习生,直接加入到融媒体中心的"实战"过程中,能够生产出更符合融媒体思维的内容,也能成为区级融媒体中心后备的全媒体人才,从而解决人才短缺问题。但由于新闻传播专业高校学子毕业后就业选择较多,前往融媒体中心进行实习的学生未必会留在中心继续工作,在实习期结束之时,中心又可能会面临人才流失的遗憾。为此,16个区级融媒体中心未来可以在区域范围、人才质量的综合考量下,扩大开展合作的高校范围及数量,从而留用更多的专业人才。

此外,各区级融媒体中心还可以与高校开展其他方面的合作。例如,业务骨干走进高校课堂,为新闻传播专业学子介绍业务实践方面的经验,也可以邀请高校教师对中心员工讲授媒体融合专业知识,提升业务人员专业素养。

2. 加强与区域内县级融媒体中心的跨省协同发展

上海16个区级融媒体中心在市委宣传部的统一部署和领导下、统一技术平台的支持下,常以内容联动、服务联动等形式进行相互学习及交流,进而实现中心建设及全市基层治理的体系化。未来在政策支持或需求相符的情况下,上海各区级融媒体中心可以与长三角地区其他县级融媒体开展更多的跨区域协同实践,并建立一些长效的合作机制。

目前,除了此前青浦、吴江、嘉善搭建的作为三地生态绿色发展信息平台的"长三角示范区发布"微信公众号以外,三地还在推进示范区"政务大数据"共享架构体系建设,在政务服务、市场监管、城市管理、社会治理等领域探索开展公共数据共享应用,实现跨区域数据共享和政务服务协同。未来政务服务资源的打通，将有利于市民选择就近区域进行办事，更能在交通、旅游、文化等方面凸显"资源共享"的价值。除此之外，大数据共享的支持，为跨省开展扶贫、共建等项目创造了良好条件。由此可见，上海区级融媒体中心空间广阔，未来可期。

Ⅱ 分报告

R2　上海市长宁区融媒体中心建设发展调研报告

一、相关区情简介

长宁区位于上海市区西部,总面积38平方千米,内辖9个街道、1个镇、185个居委会。长宁区总人口为69.05万,境外居民约占全区总人口的1/10,是上海境外人士居住密度最高的中心城区。"区内有来自150个国家和地区约12.4万名境外人士,27家驻沪领事馆,7 000多家外资企业和外国机构。"①此外,长宁区人口老龄化程度高,养老服务体系建设比较健全完善,老年人床位拥有率持续位居中心城区首位。②

长宁区地理位置优越,交通便捷,毗邻世界最大的综合交通枢纽虹桥枢纽,且处于沪宁发展轴和沪杭发展轴汇合的"Y"形支点。它不仅是国际化城区,也是上海服务长三角经济带的重要窗口。

长宁区历来重视商贸发展,高效的政府办事服务创造了良好的营商环境。近年来长宁现代服务业发展迅猛,"互联网+生活性服务业"、航空服务业、时尚创意产业成为长宁三大重点产业。长宁先后创建全国首个互联网+生活性服务业创新试验区、全国首个网络市场监管与服务示范区。目前,"长宁区集聚4 900多家互联网企业,美团点评、拼多多、携程三家企业入选工信部中国2019年互联网百强企业前20强,对全市互联网经济产值贡献达23.1%。"③

2017年7月21日,长宁区发布《长宁区加快建设创新驱动、时尚活力、绿色宜居的国际精品城区指标体系》,对接上海2040城市总体规划,制定52项

---

① 《这支年轻的多语种志愿者团队成语言防疫新力量》,《光明日报》,2020年5月23日。
② 曹伊湄、高文:《集聚4900多家互联网企业,上海长宁这样诠释高质量发展》,澎湃新闻2020年7月29日,https://www.thepaper.cn/newsDetail_forward_8484899,2020年7月31日。
③ 同②。

指标,计划用 5 年时间打造国际精品城区。到 2021 年,长宁区将建设成一座更具竞争力的开放之城、更具创新引领力的智慧之城、更富魅力的活力之城、更有品质的宜居之城。① 这是上海首个区域性对接国际精品城区的指标体系,为全球卓越城市的先进城区建设迈出了探索性的一步。

信息化基础设施方面,2019 年 7 月 31 日,长宁与市通信管理局签署战略合作框架协议,加快 5G 网络在长宁落地。②"截至 2019 年 11 月底,长宁区累计已建设 5G 基站 568 个,完成率超过 100%;5G 信号道路整体覆盖已完成;龙之梦、高岛屋、古北 SOHO 等有 5G 垂直领域应用的室内也已完成 5G 信号覆盖。"③

二、融媒体中心建设的基本概况

(一) 发展历程

早在 2014 年 3 月,长宁区就整合了报纸和电视两家单位,成立了区新闻宣传中心。在组织架构方面,新闻宣传中心设立三科一室,分别为采访一科(长宁时报)、采访二科(长宁有线电视台)、综合科(新媒体)与办公室。2015—2016 年,长宁区新闻宣传中心就开始酝酿媒体融合。2017 年元旦后,相关工作正式启动。区新闻宣传中心与区委编办等机构协调,统筹制订改革方案,着手展开人员思想动员、队伍编制、内设机构等各方面的工作。这些举措也为 2019 年长宁区建设融媒体中心奠定了坚实的基础。2019 年 6 月 28 日,长宁区融媒体中心挂牌成立,为区委宣传部下属的财政全额拨款的正处级事业单位。

长宁区媒体融合工作起步较早,这既与其改革意识有关,也与区情有关。长宁区属于中心城区,面积较小、人口不多,区新闻宣传中心体量也不大。相对而言,其媒体改革的试错成本较小(中心负责人称之为"船小好调头"),风险可控性较高。前期的媒体融合探索为之后的融媒体中心建设积累了一些经验。2019 年以前的媒体融合主要聚焦于媒体内部资源的优化重组,重点是加

---

① 《长宁发布上海首个国际精品城区指标体系》,上海市人民政府网站 2017 年 8 月 2 日,http://www.sh.gov.cn/nw2/nw2314/nw2315/nw15343/u21aw1248194.html,2020 年 5 月 23 日。
② 上海长宁:《长宁与市通信管理局签署战略合作框架协议 加快 5G 网络在长宁落地》,东方网 2019 年 8 月 1 日,http://city.eastday.com/gk/20190801/u1a15016007.html,2020 年 5 月 23 日。
③ 上海长宁:《速度"嗖嗖"长宁的 5G 时代已经到来》,东方网 2019 年 12 月 23 日,http://shzw.eastday.com/eastday/city/gk/20191223/u1ai20248499.html,2020 年 5 月 23 日。

强传统媒体与新媒体在内容和渠道上的深度融合,回应了技术驱动下媒体生产转型的需要。2019年开启的区级融媒体中心建设则突破了"媒体"概念,遵循顶层设计,强调与政务、服务资源的融合(即媒体+)。

(二) 组织架构

据长宁区融媒体中心负责人介绍,新成立的融媒体中心取消了原先的三科一室,设立了"四部四组":全媒体编辑部、全媒体运营部、全媒体舆情部和综合保障部。全媒体编辑部负责各媒体平台的新闻采编播发工作;全媒体运营部承担媒体产品推广与融媒体中心的运营、外联工作;全媒体舆情部的任务则是每天及时收集、上报区内舆情,其人员关系隶属区融媒体中心,委派到宣传部办公便于部里统筹指挥;综合保障部则负责办公室服务保障、技术沟通、人员后勤等综合保障工作。此外,融媒体中心在新闻采集端还成立了4个采访组,每组5人形成"小型全媒体中心",向报纸、电视、网站(新闻中心宣传网页)、微信、微博、移动客户端6大发布平台提供稿件。2020年,长宁区融媒体中心进一步调整了组织架构,共有7个内设机构,包括:办公室、采访部、编辑部、创意部、技术部、运营部和舆情部。

长宁区融媒体中心"部组式"的架构设计打破了传统科室制的壁垒,更符合互联网时代的媒体采编要求,结构精简、分工明确,不仅利于建立"采编分离、一岗多能、联动互助"的业务运行模式,也便于设计针对该模式的绩效考核体系。

图2-1 长宁区融媒体中心组织架构示意

(三) 平台布局

2017年,长宁区通过"六个一"的工程建设,"形成了《长宁时报》、长宁有线电视、'上海长宁'官方微信、官方微博、移动客户端(App)、门户网站新闻中心网页六大发布平台,初步实现了矩阵式、立体式、滚动式的全媒体传播形式。"①截至调研之日,长宁区融媒体中心主要平台布局为"报、电、两微、一端",长宁区门户网站由长宁区政府负责运营。

此外,"上海长宁"还入驻了人民号、网易号、头条号、澎湃号、上观号、腾讯号、一点号等第三方信息发布平台,初步具备了全平台发布的融合传播能力。

《长宁时报》是中共上海市长宁区委宣传部主办的刊物,赠阅发行。2014年发行量为5万多份,同年9月长宁区委办、区宣传部和新闻宣传中心3个单位联合调研并制订报纸增量发行方案。2015年《长宁时报》增量发行至10万份。2018年元旦以后,为照顾区内众多老年读者阅读需求,《长宁时报》由原来的四开小报改版成对开大报,再次增量发行。截至调研之日,长宁时报发行量达31.06万份,基本实现区域全覆盖。

区级报纸如此之高的发行量在上海16个区中比较罕见。长宁区融媒体中心对纸媒建设的重视与区内人口特征有一定关联——区内人口老龄化程度高,大多数老年人不熟悉或不习惯智能手机的操作,仍倾向于阅读报纸获取信息。对老年人媒体使用习惯的回应,体现了区级融媒体中心的公共属性。

长宁区有线电视中心承担了对长宁区内电视新闻的采集和发布工作。由于中心城区均无独立的区级广播电视台,《长宁新闻》借用上海电视台七彩戏剧频道,每晚8点在行政区范围内插播半小时节目内容,东方有线电视用户可调至该频道收看。此外,长宁区融媒体中心还向上海广播电视台"新闻坊"栏目供稿。但这样的格局可能会在一定程度上削弱区级电视机构在市民心中的存在感。此外,与郊区不同的是,城区内市民倾向于认为自己是"上海人"而非某区人,这种身份认同也会影响其对区内新闻的收视。

"上海长宁"微博于2010年12月10日上线,截至2020年8月,拥有粉丝15.3万余人。"上海长宁"官方微信公众号于2014年3月28日上线,2014年年底新闻办将其转交给长宁区新闻宣传中心时仅有3 300名粉丝,截至2020年6月,粉丝人数已超12万,占长宁常住人口的17.4%。②"上海长宁"微信公众号从2018年9月7日起每天3次推送,考虑到区内重大突发事件的传播需要,尽可能保留1次发布机会,现在推送频率为一天2—3次,根据区内当天实际情况灵活调整。

---

① 上海长宁:《上海市长宁区融媒体中心正式挂牌成立》,东方网2019年6月28日,http://city.eastday.com/gk/20190628/u1a14936969.html,2020年6月16日。
② 长宁区融媒体中心:《今天,"长宁区融媒体中心"成立一周年啦!(文末有惊喜)》,"上海长宁"微信公众号2020年6月28日,https://mp.weixin.qq.com/s/ZFRD78eOtnSKPtjfjFd_EA,2020年6月30日。

"上海长宁"微信公众号菜单页设有"便民大厅""我要问政""微资讯"3个版块,具体栏目设计和内容详情如表2-1所示。其中长宁区微信端"便民服务大厅"于2016年9月正式上线,此后不断改造升级,以优化用户使用体验。该系统功能强大,能够为区内企业、市民提供便利的线上服务。"微网厅"则主要连接市级一网通办服务平台,"微资讯"分门别类地整理汇总了教育、医疗、文化、就业、健身等最新资讯,"微服务"栏目涉及园区巴士、实时公交、违章查询等23项便民功能,"微地标"整理了政府机构、居家养老、医疗卫生、学习教育、停车场、休闲旅游、体育健身场所等的地址和电话信息。

表2-1　　　　　　　　"上海长宁"微信公众号菜单详情页

版块	栏目	备注
便民大厅	微网厅 微资讯 微服务 微地标 智能服务	长宁区微信端便民服务大厅程序由江苏国泰新点软件有限公司开发,2016年9月正式上线
我要问政	防控建议 督查 走基层 解难事 多倍镜	疫情防控工作问题建议征集平台 中国政府网国务院"互联网+督查"平台 上海大调研"多倍镜"
微资讯	微矩阵 长宁企业风采	10个街道、镇;45个委办局;18个其他机构

注:由于"上海长宁"微信公众号内容持续更新,该表仅反映截至2020年8月的微信菜单布局。

2017年12月20日,"上海长宁"移动客户端上线,实现信息滚动发布,有效解决了"长宁有线电视""上海长宁"微信公众号在播出时间和推送次数上受限的问题。同年,长宁区新闻传播中心加入新媒体联盟,入驻腾讯、今日头条、抖音等平台。根据市委网信办公布的榜单,2019年以来长宁区融媒体中心政务新媒体表现突出,始终保持着较强的传播力与影响力(如图2-2)。截至2020年6月,"上海长宁"App总下载量为64 864人次,日活率18.3%。[①]

[①] 长宁区融媒体中心:《今天,"长宁区融媒体中心"成立一周年啦!(文末有惊喜)》,"上海长宁"微信公众号2020年6月28日,https://mp.weixin.qq.com/s/ZFRD78eOtnSKPtjfjFd_EA,2020年6月30日。

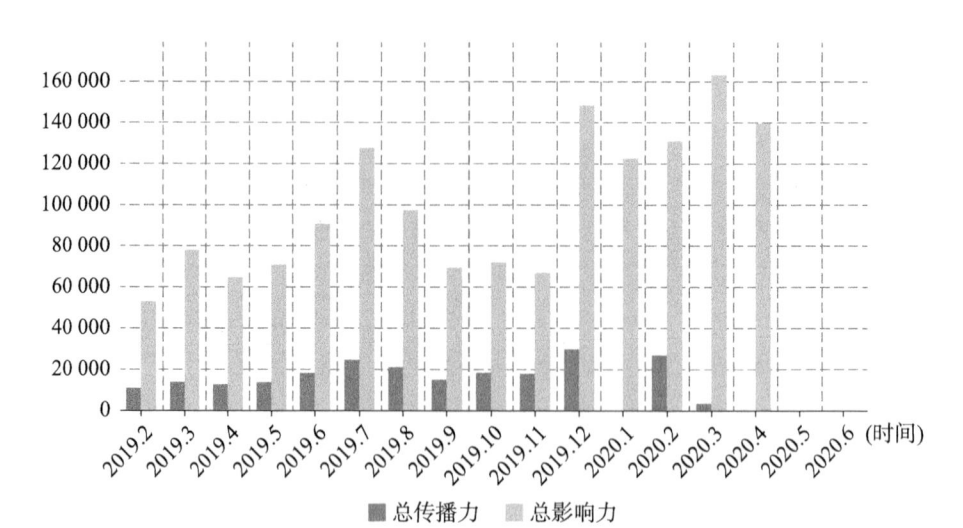

图 2-2　长宁区政务新媒体总传播力与总影响力示意

注：数据缺失代表当月未进入榜单前10；"政务新媒体"指该区官方微信和微博。
资料来源：上海市网信办政务新媒体传播影响力评估平台。

据负责人介绍，未来长宁区将加强与新华社、上观新闻等媒体合作，加强全媒体发展运营工作，形成富有长宁品牌特色的产品矩阵。

三、人事制度改革与创新

（一）人员队伍建设

截至调研之日，长宁区融媒体中心有30多名在编员工，融媒体中心成立后编制数额有所增加，未来将逐步解决采编人员的从业资格认证、职称评定等问题。现阶段长宁区融媒体中心面临融媒体人才短缺的问题。一方面融媒体中心员工招聘多面向社会普招，非专业出身的应聘者实操能力有限；另一方面，员工知识、技能培训比较难跟上。对此，融媒体中心积极引导现有员工逐步转型，早日实现一专多能，同时开始有针对性地招聘有专业学习或职业经历的融媒体记者，从而不断优化调整队伍结构。

据负责人介绍，区融媒体中心未来将加强同市级媒体、其他区级媒体以及知名高校的合作，展开人才培训、招聘等工作，并力求在日常管理制度、策划制度、审稿制度、调度制度等方面有所突破。

（二）绩效分配改革

在绩效考核方面，长宁区融媒体中心兼顾"量"与"质"的标准，根据不同平台的发稿要求，综合考量点击量、阅读量、影响力、传播力等指标，按照优、良、中、差 4 个等级对稿件评分。融媒体中心采取"考组"的方式，先考评不同组别的表现。具体到组内成员的分配，中心拿出 70% 用于组内每个人的托底，另 25% 则综合个人发稿数量、质量、采访表现等取得的等级排名予以分配，剩余的 5% 则交由各组组长调控。

如何设置一套科学合理的绩效考核方式是所有区级融媒体中心建设的一大难点。理想情况下区级融媒体中心记者一专多能，可以胜任不同媒体平台的发稿需求，但在现实中很难完全实现这一目标，不同记者技能的转变学习不是一蹴而就的。而且不同媒体形式的稿件衡量标准难以统一，比如 1 篇 1 000 字左右的文字稿和 5 分钟的视频稿如何比较和评分？复杂的状况使得考核个人的标准很难做到绝对合理的精细量化。团队考核方式的优点在于可以比较组与组之间相同工种的记者。

此外，为提高员工积极性，长宁区融媒体中心还建立了新媒体红榜制，整理公示出每个月"上海长宁"在上海市排榜或者阅读量前 10 的优秀作品，年底评优时将每月红榜上好文章的作者与得票数结合起来考量，力求协调好公平与效率之间的关系。

此外，长宁区新闻宣传中心自 2014 年起就取消了劳务派遣，以项目合作的方式开展工作，项目合作人员与单位在编记者、编辑人员同工同酬、同稿同分。这种做法更有利于媒体管理，采编工作属于创造性劳动，在在编员工十分有限的条件下，努力平衡编制内外人员的考核、分配标准可以提高工作积极性。当然，长宁区融媒体中心在绩效考核方面也遇到一些困难，例如：一篇稿件经过编辑后发表在报纸、微信、App 等多个平台，如何对其打分；当前"考组"的本质还是同工种记者之间（如摄像和摄像记者、报纸和报纸记者）的比较，未来如何通过改革优化考核制度逐步引导员工完成全媒体业务转型也是一个关键问题。

四、流程再造与技术支持

（一）流程再造

2014 年长宁区新闻宣传中心成立后，其报纸与电视仍保持业务分离的状态。采访一科负责报纸采编工作,采编二科承担电视新闻采制任务,选题分配由负责人统一布置。这容易造成不同部门人员重复采访、资源浪费的问题。长宁区融媒体中心按照互联网思维创新了一套全媒体采编机制,加强办公室的统筹调度能力,以实现"资源共享,一次采集、多种生成、多元发布"建设目标。

(二)技术支持

遵循"统一标准体系、统一技术平台、统一安全防护、统一运营维护监管"建设要求,上海市委宣传部通过购买东方网服务的方式建设上海区级融媒体中心市级统一技术平台。东方网为16个区级融媒体中心提供两个对内工作用的客户端:"融采编"工作客户端用以支持融媒体记者采编工作;"融上海"管理客户端用以监测数据、评析传播效果等。

长宁区融媒体客户端由北大方正开发建设,后台数据已全部接入了上海市统一技术支持平台东方网。不过,长宁区融媒体中心客户端建设也面临一些技术困难。例如,北大方正擅长文字数据的处理,但在网络视频数据处理上还有待提高,这给融媒体中心记者的日常采编使用带来了一些不便。

五、核心平台——融媒体客户端的建设

"上海长宁"App是长宁区融媒体中心全面升级的融媒体移动客户端,整合了长宁新闻资讯以及政务信息、便民服务类信息,分为"我的""新闻""政务"和"服务"4个版块,具体页面设置如表2-2所示。

其中,"我的"版块设置了全民寻宝活动,用户通过高德地图扫描二维码即可获得萌宝兑换奖品。这增强了用户体验的趣味性,激励用户积极参与。

新闻版块包含"头条""区情""视频""生活""社区""教育""商圈""专题""图片""国际""政情""财经""城事""文化""天下"15个栏目。其中,"政情""财经""城事""文化""天下"5个栏目的新闻报道全部转自上观新闻,内容涵盖面广;"区情""视频""生活""社区""商圈""图片""国际"栏目内容则为长宁区融媒体中心全媒体记者原创;"视频"栏目主要用于投放"长宁新闻"电视视频;专题频道梳理整合了以往有关长宁区的报道,围绕当前重大时政、党建宣传和社会热点,包括图片、广播电视、报纸专版等。

头条栏目下设立"热点新闻""长宁推荐""法治城区"进行时等栏目,以及

表2-2　　　　　　　　"上海长宁"App设置一览

版块	栏目		版块	栏目	
新闻	头条	热点新闻	服务	实时公交	
		宁融媒		上海天气	
		宁视频		家政服务	
		宁宁号		入学信息	
		宁学堂		交通出行	实时公交
		企业之窗			停车场
		新时代文明实践中心			交通卡余额
		四史学习教育			路况查询
		长宁推荐(长宁战疫、大调研、防控建议)			航班查询
	区情	图片		智慧生活	实时菜价
	视频	国际			空气质量
	生活	政情			居家养老
	社区	财经			上海天气
	教育	城事			餐饮查询
	商圈	文化		综合服务	重名查询
	专题	天下			入学信息
政务	为你推荐	公积金查询、个税查询、出入境办理、养老保险			文明实践
					云课堂
	为你精选		我的	办事问答	
	政务大厅	社保、税务、出入境、公积金、交通法规、便民大厅、四史学习、问政		现金提现	
				全民寻宝	
				用户须知	
	政务资讯			我的账户	

注：由于"上海长宁"App内容持续更新，该表仅反映截至2020年8月的App布局。

"宁融媒""宁视频""宁宁号""宁学堂""企业之窗"5个入口。"宁宁号"入口聚合了长宁区10个街镇的官方微信，"凝聚长宁""文明长宁""长宁国资"等45个"机关"微信公众号以及"区疾控"等26个"重要机构"的微信公众号，成功打造微信矩阵。"宁视频"包括"直播""专题片""微课堂""短视频"4个栏目。

"政务"和"服务"的版块提供入学信息、实时公交、交通卡余额、上海天气、社保等查询服务,点击之后页面会自动转至市级统一查询平台。此外,"上海长宁"App还特别开发了针对市民日常的养老、教育、菜价、停车、家政等服务。服务版块详情见表2-3。

表2-3　　　　　　　长宁区"服务"版块一览

栏目	服务	平台
实时公交		上海市交通委和中国上海
上海天气		因技术原因截至本报告完成时系统故障
家政服务		长宁便民服务平台
入学信息		上海发布制作,看看新闻提供技术支持
交通出行	实时公交	上海市交通委和中国上海
	停车场	长宁便民服务平台
	交通卡余额	上海交通卡股份有限公司
	路况查询	上海市路政局、上海市城乡建设和交通发展研究院
	航班查询	上海机场集团有限公司
智慧生活	实时菜价	长宁便民服务大厅
	空气质量	上海市环境监测中心
	居家养老	长宁便民服务平台
	上海天气	截至本报告完成时无法显示
	餐饮查询	长宁便民服务平台
综合服务	重名查询	上海市公安局人口办公室
	入学信息	上海发布制作,看看新闻提供技术支持
	文明实践	长宁区
	云课堂	截至本报告完成时无法显示

六、年度特色内容

(一)深入民生领域,开发养老、教育、家政等服务

2019年长宁区融媒体中心成立后,在原先"上海长宁"App的基础上融入服务。在公共服务方面，"上海长宁"App接入了长宁便民服务大厅，为本地市民日常提供居家养老、医疗卫生、停车场、休闲旅游、体育健身、民生服务、文化科普等特色服务。值得一提的是，家政服务涵盖了钟点工、窗户专项清洗、除尘除螨、深度清洁、大扫除等服务项目，市民可以查看具体的服务内容、服务时间、收费标准并进行电话预约。长宁区老年人口多，做家务清洁比较吃力，上班族工作繁忙无暇打扫卫生，值得信赖、可靠的家政服务渠道受到普遍欢迎。

不过，现阶段融媒体客户端版本受制于技术等方面的原因，一些服务功能还不能很好地实现。中心负责人表示，未来长宁区将进一步优化App服务体验，一方面盘活区内资源，开发更多符合市民需求的服务；另一方面，将已有服务深入下去，例如为老年人居家养老提供食堂服务，老人可以在线查看菜谱评价菜品，留言提出改进建议等。

（二）打造"问政"平台，提供精细化政务服务

在"新闻＋政务"方面，长宁区融媒体中心在App上开通办事功能，由政府部门直接回应市民的咨询、投诉；借鉴北京、天津等地区级融媒体中心经验，着力打造"问政"平台，畅通政府与市民的沟通渠道，鼓励市民及时反映城区网络化管理中没有解决的、解决慢的种种问题，由融媒体中心搜集整理流转给相关部门，督促要求其及时回复，反馈进度。

2020年"上海长宁"App在"政务大厅"版块上线了"问政"栏目，该栏目通过连接上海市长宁区人民政府官网首页的"市民咨询平台"，为市民提供政策咨询、意见投诉等服务。长宁区融媒体中心还不断尝试探索融入社区治理，切实提高公共信息传播的有效性，让公众有效参与与切身相关的公共事务，推动政府管理的民主化、决策的科学化。例如，市民可以点击"我为国务院大督查提建议"专题在线反映政府措施不落实、政府管理不到位相关情况，积极主动参与社会治理；通过在"大调研"专题的"多倍镜"栏目下留言，对长宁区调研工作提出意见建议；针对市民关心的小区改造、老房加装电梯、电动车在楼道乱停乱放等问题，长宁区融媒体中心也积极报道，联系有关部门加以解决。

（三）助力打造国际精品城区，提供多样化内容资讯服务

长宁区是上海唯一一个以"国际精品"为定位的城区，也是上海第一个告别成片二级以下旧里的城区。如前文所述,以"互联网+生活企业"为代表的高端现代服务业在该区经济转型升级中扮演着关键角色。[①] 独具区位禀赋的长宁拥有十分丰富且与众不同的城区气质,考验着区级融媒体中心在切实提供媒体服务方面的智慧。

"上海长宁"App栏目众多,内容和形式丰富,可满足市民多样化的信息需求。长宁区拥有中山公园、新虹桥—天山商业中心、虹桥第五大道等众多商圈,融媒体中心特别开设"商圈"栏目,为市民推荐区内各类有趣店铺和网红美食。此外,鉴于长宁区有驻外领事馆境外人员多,"上海长宁"App专门设置国际栏目实现对外传播,以英文、韩文、日文等发布长宁区内事务的报道,内容涉及经济、民生、文化等。负责人表示,未来还将增加俄语、阿拉伯语等在长宁使用相对比较多的外语。如日文报道《可愛くて、上品で、今絶賛中!天山商業地域のこれらのおしゃれの店、何度と訪れても飽きない!》和韩文报道《넘귀엽고우아!천번을봐도질리지않는텐산상권(天山商圈)의세련된상점들!》都介绍了入驻天山商业圈的精致时尚小店。此外,还有关于长宁政策的新闻,如英文报道《Changning pilots policy to reduce certification requirements》(长宁试点政策降低认证要求)。这些对外报道努力塑造长宁开放繁荣、大气友好、文明进步的城区形象,配合上海建成全球城市的步伐,积极展示长宁风采。长宁的社区栏目深入10个街镇,着重讲述身边的长宁故事,增强区内市民的归属感和凝聚力,如图文报道《"85后"理发师陈英豪的公益路》。"上海长宁"注重全球和在地的融合,内外共振传播长宁之声。

(四)开展"美天红五月"活动,为社区居民提供菜场优惠服务

菜场人流量大、信息沟通多,是定向推广App平台的绝佳场所。长宁区融媒体中心和九华商业集团联合开展了"美天红五月"活动,在线下16家美天菜场设置"上海长宁"App二维码海报。市民只要扫码下载"上海长宁"App,连续5天签到打卡,就可参与每周抽奖活动。礼品为价值不等的美天菜场"储值福利卡",可在九华集团旗下7家2.0版的菜场消费,同时享受9.8折优惠。此外,用户签到积分也可以兑换相应礼品。

九华集团是长宁区非常有影响力的国有企业,与云南、青海等地的贫困

[①] 文汇报:《长宁:有温度的日常"研磨"国际精品》,上海市长宁区人民政府网站2017年8月21日,http://www.shcn.gov.cn/art/2017/8/21/art_3991_422779.html,2020年6月16日。

县、村签订了村企结对帮扶协议,持续开展产业扶贫、消费扶贫行动。融媒体中心与该企业的合作,不仅能保证"礼品"特色与实用性,还能带动一些对口扶贫地区的农特产品销售。

七、抗击新冠肺炎疫情中的突出表现

2020年新冠肺炎疫情期间,上海16个区级融媒体中心联合东方网在各融媒体客户端上线"抗击疫情 上海在行动"抗"疫"服务聚合类新媒体产品,涵盖了口罩在线预约、上海定点发热门诊导航、上海本地疫情通报等功能。这些服务直击痛点,深入民心,对接疫情之下市民的切实需求。除联合开设的项目外,长宁区融媒体中心结合区情,在抗击新冠肺炎疫情中还有以下几个特色表现。

(一)在"上海长宁"微信、微博和App端全面上线防控建议征集栏目

长宁区融媒体中心在多个平台征集市民对疫情防控工作问题的建议。自2020年2月15日起,全面覆盖"上海长宁"微信、微博和App端。"上海长宁"政务微信主页上的"督查调研"菜单改为"我要问政",并在下面开设"防控建议",同时在"上海长宁"App主页增设"防控建议"栏目。此外,市民还可以在"上海长宁"政务微博上@"上海长宁"或私信反映相关问题。长宁区沿用舆情派单机制,及时把市民反映的问题流转至相关部门和各街镇单位,确保24小时内处置完成,并由区融媒体中心向市民反馈流程。

(二)做好境外返沪人员的防疫宣传工作,构建抗疫共同体

针对长宁区境外人士居住密度大的特点,长宁区融媒体中心在"上海长宁"App国际栏目上多种语言发布长宁以及全国防疫信息,如发布《Stricter policies for arrivals from countries hard hit by coronavirus》《창닝제2차후베이지원의료팀의3인의심리치료사들, "광창병원"에서환자와의료종사자들카운셀링!》《本当に良かった!無接触配送知能棚は長寧のこの街道に姿を現した!》等文章,讲述长宁区点滴防疫故事,平复境外人员的恐慌情绪,协助区内政府部门做好境外返沪人员的疫情防控工作。

(三)发起"来长宁'购'优惠"活动,促进线下消费复苏

突如其来的新冠疫情极大地影响了线下消费,国内疫情有所好转以后,

2020年5月,上海在全市范围推出大规模消费节庆活动——"五五购物节,全城打折季"。不少区级融媒体中心都利用直播等方式帮助商家、企业进行促销,做好服务。长宁区融媒体中心联合区商务委特别推出为期一月的"来长宁'购'优惠"活动,凡是在长宁区域内单次消费满50元的市民,都可将"购物小票"拍照上传至"上海长宁"App"录小票抽大奖"版块参与抽奖活动。融媒体中心成功整合区内行政、企业等多方力量,加强活动运营,既有效带动了区内消费复苏,也有效增强了自身与市民的互动。

R3 上海市虹口区融媒体中心建设发展调研报告

一、相关区情简介

虹口区位于上海市中心城区东北部,境内原为东海之滨的滩地,多河道港汊,总面积23.45平方千米。上海港国际客运中心位于虹口区北外滩地区,是国内邮轮停靠母港之一。该区下辖四川北路、欧阳路、嘉兴路、曲阳路、提篮桥、广中路、凉城新村、江湾镇8个街道,街道下设212个居民委员会。截至2019年年底,区内户籍人口为71.09万人。①

虹口区是上海市区历史最悠久、人文底蕴深厚的区域之一。习近平总书记在上海工作期间曾将虹口文化概括为"海派文化的发祥地,先进文化的策源地,文化名人的聚集地",简称"文化三地"。长久以来,虹口区都致力于挖掘区内文化底蕴和文化内涵,加强对区内文化资源的利用,通过对区内历史文化场馆进行扩建和修缮、打造"四川北路红色文化生态示范区"、举办全国"鲁迅文化周"活动等各类举措打响虹口区文化品牌。②

2020年虹口区政府工作报告指出:2020年,虹口区的目标是基本建成上海国际金融中心和国际航运中心重要功能区、具有影响力的创新创业活力区、开放多元的海派文化传承发展区、宜居、宜业、宜游的高品质

---

① 上海市虹口区人民政府:走进虹口,"上海红口"政府门户网站,http://www.shhk.gov.cn/shhk/zjhk/,2020年9月1日;上海市虹口区统计局:《2019年虹口区国民经济和社会发展统计公报》,"上海虹口"政府门户网站2020年4月22日,http://xxgk.shhk.gov.cn/hkxxgk/Depart/showinfo.aspx?InfoID=239c0e97-579b-4ee1-98dc-5d2ef2bbd09e&CategoryNum=002003003001,2020年9月1日。
② 朱贝尔:《围绕"文化三地"打响文化品牌 上海虹口文化强区"大有可为"》,东方网2019年2月15日,http://shzw.eastday.com/eastday/city/gk/20190215/u1ai12251909.html,2020年9月1日。

城区。① 其中,国际金融中心和国际航运中心建设目标的基础是北外滩地区的发展,它位于苏州河和黄浦江交汇处,作为中心城区唯一一块可成片规划、深度开发的黄金地段,早在 2009 年,该地区的建设就已被提上议事日程。近年来,商贸服务业逐渐成为北外滩地区重点发展产业之一,随着航运与金融双重承载区建设的推进,它已成为上海全球资产管理中心和金融科技中心的核心地区之一,其集聚效应正在逐渐显现。②

二、融媒体中心建设的基本情况

(一)发展历程

早在 2005 年,虹口区委宣传部就将《虹口报》和虹口有线电视中心整合,挂牌成立虹口区新闻传媒中心,这是全市第一个在形式上实现"媒体融合"的区。整合后报、台记者合署办公,信息共享。

在此基础上,《虹口报》、虹口有线电视中心和"上海虹口"微信公众号、"上海虹口"微博也陆续进行整合,使得区新闻传媒中心的平台更加丰富,逐渐形成全媒体传播矩阵,为日后融媒体中心的建设打下了基础。

2019 年 6 月 28 日,作为全市第一批挂牌成立的融媒体中心之一,虹口区融媒体中心挂牌成立,"上海虹口"App 同步上线运营。

(二)组织架构

虹口区融媒体中心下设 8 个部门,分别是办公室、总编室、编辑部、采集部、运营部、技术部、网站管理部和网络舆情部。其中,办公室主要负责融媒体中心内部行政事务;总编室负责新闻统筹策划的整体协调;编辑部下分设新媒体事业部、电视新闻部和报刊编辑部,负责新闻作品的编辑与刊播;采集部负责新闻素材采集;运营部负责策划组织线上线下活动;技术部负责技术支持和系统维护;网站管理部负责网站新闻的上传与管理;网络舆情部负责舆情监测

---

① 上海市虹口区人民政府:《2020 年上海市虹口区人民政府工作报告》,"上海虹口"政府门户网站 2020 年 1 月 13 日,http://www.shhk.gov.cn/shhk/xwzx/20200113/002003_86b99721-9767-45b8-b55c-55d19f897cb8.htm,2020 年 9 月 1 日。
② 王一棋:《上海北外滩"世界级"规划浮出水面》,东方网 2009 年 9 月 22 日,http://sh.eastday.com/qtmt/20090922/u1a633172.html;孙洁静:《企业数量攀升　财税贡献增大北外滩航运与金融双重承载区集聚效应逐渐显现》,《虹口报》2013 年 3 月 4 日,第 2 版。

R3 上海市虹口区融媒体中心建设发展调研报告 / 47

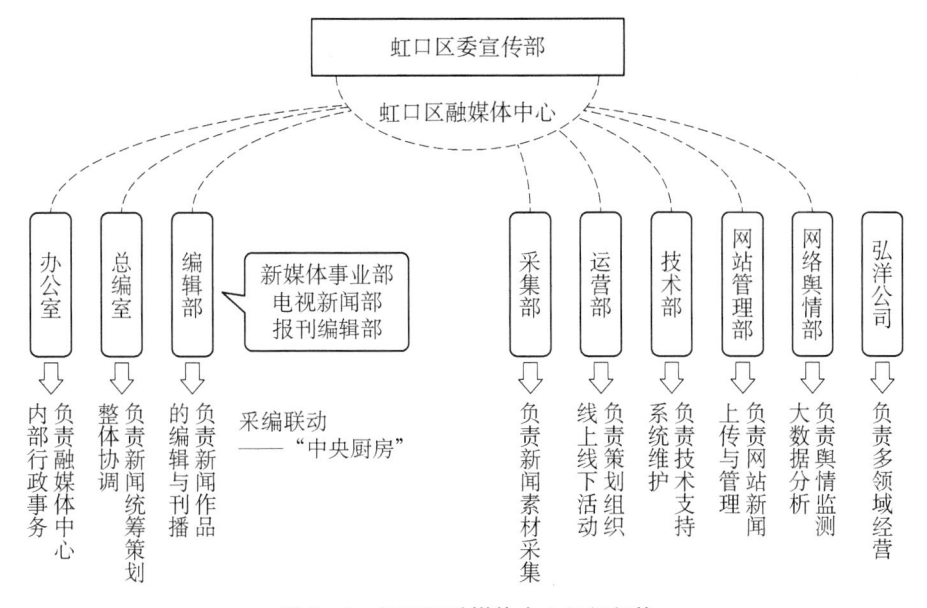

图 3-1 虹口区融媒体中心组织架构

资料来源：虹口区融媒体中心。

和大数据分析，具体组织架构如图3-1所示。

从组织架构上看，融媒体中心将编辑部进一步细分为新媒体事业部、电视新闻部和报刊编辑部，并将微博微信等新媒体形态单独成立一个部门，以适应目前"移动优先"的传播趋势。编辑部需根据不同媒体的形态和传播特点编辑相应的稿件；采集部则通常派一名记者外出采集新闻素材，在提供文字稿件的同时也要提供部分图片和视频资料，这种全媒体采集的模式与传统媒体有明显的不同，一定程度上节省了人力物力，真正做到了"一次采集、多次生成"。

而运营部是传统媒体新闻生产环节中不多见的。区级融媒体中心设立运营部表明其不仅是一家新闻机构，更是一个综合信息枢纽，可以组织各类线上线下活动。这样的组织架构从整体上打破了原新闻传媒中心的业务及空间壁垒，更有助于提升区级融媒体中心的运行效率。

网络舆情部是此次融媒体中心成立后新设立的部门，截至调研之日，该部门尚未开始实际运作。据负责人介绍，虹口区委宣传部考虑到其下属的网络舆情科员工数量有限，且工作量较大，因此将该科室内数据分析及舆情报告撰写等基础工作划入融媒体中心，网络舆情科未来将主要负责与上级部门对接。

除此之外,虹口区早在2001年10月就注册成立了上海弘洋文化传播有限公司,负责多领域的经营。在融媒体中心成立前,该公司隶属于虹口区新闻传媒中心,负责影视节目制作、报纸版面编辑,主要承接政府部门的专题片制作和直播等工作。

(三) 平台布局

目前,虹口区融媒体中心形成了"报、台、网、微(两微)、端"为一体的融媒体矩阵。

《虹口报》是中共上海市虹口区委机关报。从1993年11月22日创刊至今,《虹口报》历经26年发展,多次改版升级,成为一份全方位聚焦区内经济社会发展的党政机关报。《虹口报》每周制作2期,每期发行4万份,对开四版,以赠阅的方式发行。截至2019年10月,《虹口报》已制作发行1600余期。融媒体中心成立后,除了纸质版外,在"上海虹口"App内也可查看其电子版。

虹口有线电视中心于1993年6月3日成立,从1994年2月26日起开播[1],由于上海中心城区均无独立的广播电视台,其自制的新闻节目"虹口30分"借用上海电视台七彩戏剧频道,每晚8点在行政区范围内插播半小时节目内容,东方有线电视用户可调至频道收看。同时,这半小时整体节目还会上传至看看新闻网。

在"两微"平台的建设方面,2010年12月17日,原上海市虹口区新闻办开通"上海虹口"官方微博,截至2020年8月,该微博粉丝数为39万人。2013年5月15日,"上海虹口"官方微信公众号开通,截至2020年7月3日,虹口区融媒体中心启动揭牌成立一周年之际,该微信公众号粉丝近10万人。[2]

从市委网信办对区政务新媒体的考核数据来看,虹口区融媒体中心自成立以来,其"两微"平台的总传播力和总影响力都有明显提升(如图3-2所示)。2019年10月,虹口区政务新媒体传播力更达到了全市第二。虽然在2020年1—2月未进入全市前10,但是3—6月,虹口区政务新媒体传播力和影响力均有所上升。2020年6月,其总传播力排名全市第10,总影响力排名

---

[1] 《虹口区志》,上海市地方志办公室2001年12月18日,http://www.shtong.gov.cn/Newsite/node2/node4/node2249/node4418/node20210/node21921/node62895/userobject1ai9333.html,2020年9月1日。

[2] 《365天,我们一直都在!》,"上海虹口"微信公众号2020年7月3日,https://mp.weixin.qq.com/s/07df14Pm1PDUPij2iudA-Q,2020年9月1日。

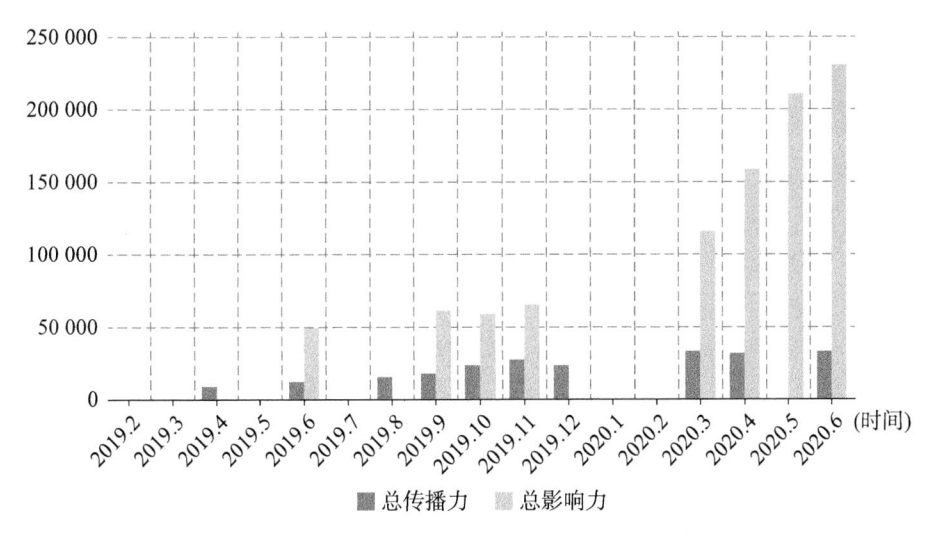

图 3-2 虹口区政务新媒体总传播力与总影响力情况示意

注：数据缺失代表当月未进入榜单前10；"政务新媒体"指该区的微信和微博。
资料来源：上海市网信办政务新媒体传播影响力评估平台。

全市第8。

"上海虹口"App是融媒体中心成立后全新打造的新闻客户端，它由东方网提供技术支持，截至2020年7月3日，虹口区融媒体中心启动揭牌成立一周年之际，客户端下载量为11.5万，注册用户1.4万。[①]

此外，虹口区融媒体中心还入驻了各类新媒体平台。目前，已开通"上海虹口"抖音号、"上海虹口"上观号、"上海虹口"人民号、"上海虹口"头条号、"上海虹口"网易号、"上海虹口"百家号等，形成了内部移动传播矩阵。其中，"上海虹口"抖音号于2019年3月开通，截至2020年8月，已发布650个小视频，获5.8万个赞，2871名粉丝。

三、人事改革与创新

（一）人员队伍建设

2005年，《虹口报》与虹口有线电视中心的整合主要是打破了物理空间上

---

① 《365天，我们一直都在！》，"上海虹口"微信公众号2020年7月3日，https://mp.weixin.qq.com/s/07df14Pm1PDUPij2iudA-Q，2020年9月1日。

的壁垒,但没有真正将报、台内容生产相融合。2016年左右,虹口区尝试了报、台在内容生产方面的融合,但在融合的过程中遇到了报纸记者与电视台记者在采访形式和绩效考核标准上的差异问题。报、台内容融合的优势在于信息共享的畅通性,节约了人力物力,但是短平快的社区电视新闻稿件与报纸深度稿件之间的差异性较难调和。

为解决这一矛盾,虹口区曾在一段时间内尝试过以下内容生产模式:针对同一条新闻线索,报、台仅派出一名记者,要求其完成采访后,能提供短平快的社区电视新闻稿件,也能提供深度的报纸稿件,对当时区级记者提出了全新的要求——同时掌握两种不同形态新闻稿件写作的能力。但是囿于业务能力有限,真正能做到同时供稿的记者不多,于是在此基础上,虹口区也专门安排了单独为报纸写深度稿件的记者作为补充。这样的内容生产模式是虹口区尚未建成融媒体中心之前针对全媒体记者培养模式的有益探索。

目前,虹口区融媒体中心目前的编制数为65个,一线采编人员的数量在30—40人,但是要完成报、台、网、微、端各个平台的内容生产以及区内重要的宣传任务,现有员工数量仍然偏少。目前,虹口区融媒体中心的招聘对象大多是刚从高校毕业的大学生或自媒体从业者。中心相关负责人表示,就以往经验来看,区级媒体平台很难成为大多数优秀高校毕业生和人才的首选,即使选择,也往往看重区级媒体作为事业单位的正规性,将其当成积累经验和学习技能的"跳板",而区级媒体往往需要花费1—2年的时间和精力去带教培训新人,但最终由于薪资、前景等问题难以解决而无法避免人才流失。这一点能否在区级融媒体中心成立以后有所改观,将直接影响其未来的发展。

区级融媒体中心不仅是新闻机构,更是综合性较强的信息服务平台,但目前中心员工普遍欠缺市场经营管理的经验,因此虹口区融媒体中心期望在未来能引进一些经营型人才。不过目前仍处于转型初期,其人才引进的要求和相关保障政策仍在探索之中。

在与高校合作方面,虹口区融媒体中心已与上海出版印刷高等专科学校签约共建实习基地,中心希望日后能有更多来自不同院校的优秀学生前来实习,并延长实习时间。这样不仅有助于培养学生全方面的能力,也能为融媒体中心打造人才"蓄水池"。

(二)绩效分配改革

融媒体中心员工的薪酬绩效与区级财政挂钩,因此各区具体绩效的总量各不相同,有吸引力的薪资也会成为留住人才的重要因素。

由于尚处于建设初期,加之全媒体记者所生产的内容形态之间的差异,截至调研之日,虹口区融媒体中心还未出台详细的绩效考评方案。相关负责人认为,如果绩效考评机制不够合理,就难以调动员工的生产积极性。因此,对员工合理的绩效考评机制是业务实质融合、深度融合达成的重要前提,是融媒体中心长远健康发展的重要保证。

四、流程再造与技术支持

(一) 流程再造

虹口区融媒体中心成立后对生产流程进行了结构性革新。据负责人介绍,中心在整个采编内容生产的最前端设立了总编室例会制度,将原来电视、报纸、新媒体、摄影4个部门的负责人聚集在一起,每天召开例会,对不同条线的新闻线索集中讨论分析,按照新闻线索的重要程度及实际情况有针对性地配备采访队伍。针对一些比较简单的新闻线索,经总编室讨论后仅需派一名记者就可以完成现场文字、图片和视频的采集工作;而对于需要多条线配合的新闻线索,总编室会派出综合实力较强的文字记者和摄影摄像记者共同跟进。鉴于目前融媒体中心采编人员有限,尤其缺乏足够的全媒体人才,因此总编室例会制度尤其重要,它就像是安装在采编条线的"路由器",加强了前端的统筹功能。

在具体的内容生产方面,虹口区融媒体中心目前实行了采编分离的内容生产模式,将报纸记者、电视记者、摄像、微信微博的采编人员等共同集中在前端的采编队伍里,尽可能地融合在一起。为贯彻"移动优先"的要求,记者将新闻素材采集回来后,需先统一上传至内部系统,再由编辑根据新闻内容和不同媒体平台端口的特性来进行二次分配和编辑,最后由各个端口的专业人员把关审稿后发布。

强化前端的统筹功能,而后端则相对有统有专,这样的内容生产流程能够充分调动内容生产前端和后端的能动性,在目前采编人员数量有限的情况下最大程度地保证内容生产的效率和质量。

(二) 技术支持

在上海建设区级融媒体中心的过程中,东方网承建了一个平台、2+16个客户端。其中,一个平台即"上海平台",包括采集中心、指挥中心、文稿中心、素材中心、发布中心、运营中心、数据中心和用户中心,满足各中心从舆情分析、线索资源汇聚、稿件策划、采编发流程支撑、采编力量协同、全媒体内容生产、内容智能写作、全媒体资源管理、内容多渠道发布、传播效果监测反馈、绩效考核、领导决策指挥等环节的全业务需求;"2"指对内工作用的 2 个客户端,即支持员工移动采编需求的"融采编"工作客户端和辅助管理者下发宣传任务和查看数据监测与效果分析的"融上海"管理客户端;"16"是指 16 个区面向用户使用的融媒体客户端。[1]

虹口区融媒体中心平台建设经费由区政府财政拨款保障。目前"上海虹口"App 绝大部分功能还是以统一模板为主。

无论是移动客户端的建设还是媒体平台操作系统的搭建,都离不开技术支持,相关负责人表示,目前中心在技术方面所遇到的困难主要有以下三个方面:

第一,由于缺乏足够的资金招聘专业技术人才,中心自身技术力量比较薄弱,提升技术能力比较困难。

第二,虽然可以提前向上级部门申请拨款用以开发程序或软件,但是由于上级部门采购计划需提前安排,并且财政审批也有一套十分规范的流程;而新媒体平台的建设重视时效性,往往等资金批下来时,设备功能或已过时。这对于各个区级融媒体中心来说应该是个共性问题。

第三,目前客户端平台的建设遇到一些技术瓶颈。相关负责人表示,客户端平台的建设需要为市民提供多样化的本地服务,表面上看似是内容生产和布局,其实离不开背后技术的支持。没有技术作为保障,许多个性化的功能和栏目便无法呈现。例如:客户端内的"平价菜"服务功能,由于没有完全与"三角地微菜场"微信公众号的端口对接,"平价菜"功能仅能跳转至微信购买页面,而没有真正实现客户端线上购买功能。

基于上述状况,虹口区融媒体中心计划在东方网搭建平台的基础上,借助区政府门户网站技术人员的力量来提升整个中心的技术水平。据此,在整体组织架构中设立了技术部。截至调研之日,相关技术人员还未入驻该部门。同时,中心也表示,在客户端开发等技术方面希望得到市级相关部门的支持。

---

[1] 徐世平:《县级融媒体中心建设的上海方式》,《网络传播》2020 年第 2 期。

五、核心平台——融媒体客户端建设

随着虹口区融媒体中心的成立,"上海虹口"App 也同步上线,其是虹口区融媒体中心全新打造的融媒体移动客户端,分为"首页""政务""服务""视听"和"我的"五大版块,具体内容架构如表3-1所示。

表3-1 "上海虹口"App 设置一览

版块	栏	目
首页	要闻	福利
		视频
		记忆
		周游
	推荐	
	北外滩	
	社区	
	教育	
	文娱	
	健康	
	新时代大讲堂	经济
		政治
		法治
		科技
		文化
		教育
		民生
		生态
		党建
		理论

续表

版块	栏 目	
首页	《虹口报》	
	《虹口应急管理》	
	融媒矩阵	
政务	热门推荐	热点回应
		政策解读
		政府公报
		依申请公开
	我要问政	区委领导信箱
		区政府领导信箱
		委办局信箱
		街道镇信箱
		人民建议征集
		投诉受理信箱
	政务信息	
服务	平价菜/菜场招租	
	各类查询与预约	公积金查询
		医保查询
		纳税查询
		社保卡申领
		婚姻预约
		发票查询
		出入境办理
	各类服务	生活服务
		教育服务
		人口服务
		交通服务

续表

版块	栏目	
视听	短视频	
	视觉	
	直播	
我的		

注：由于"上海虹口"App内容持续更新,该表仅反映截至2020年8月的App布局。

"首页"设有"要闻""推荐""北外滩""社区""教育""文娱""健康"和"新时代大讲堂"等栏目,内容均与区内新闻资讯、民生百事、生活讯息、党团建设等密切相关。其中,"要闻"中开设了"福利""视频""记忆"和"周游",呈现与虹口区历史文化及旅游景点相关内容。

"视听"细分为"直播""视觉"和"短视频"。"直播"是区内重要活动的现场回放;"视觉"通过新闻摄影作品呈现当地新闻;"短视频"中主要都是时长控制在1—3分钟的小短片。

"政务"和"服务"则是由东方网制作的统一模板,"服务"版块连接了上海市"一网通办"的便民功能,为市民提供包括生活服务、教育服务、人口服务、交通服务及各类查询。"政务"版块包括"热门推荐""我要问政"和"政务信息"三项内容,聚焦于政府信息公开及搭建市民与政府沟通的桥梁。

在客户端的内容建设上,中心负责人认为,区级媒体想要与市级媒体和市场化媒体竞争,其最大的优势在于深耕社区,体现在地优势,为区内市民提供本地化特色服务。但由于区级层面的新闻资源和服务资源有限,且条块结合的工作模式导致能主动向融媒体中心提供服务内容的区内委办局并不多,因此目前客户端上呈现的服务功能多来源于市级"一网通办"的相关服务,区级层面的各类服务纳入的相对较少。

负责人表示,未来考虑开发一些创新内容,例如:与本区对口支援的部分贫困地区的精准扶贫项目相结合,或与区内国有集团合作提供一些特色服务等。

六、年度特色内容

(一)同频共振,同向同行——助力新时代文明实践中心建设

2019年12月11日,上海市建设新时代文明实践中心试点工作部署会议

召开,将包括虹口区在内的 11 个区列入上海市新时代文明实践中心建设试点范围。

融媒体中心和新时代文明实践中心两者的建设都需要充分调动区内各类资源,打通上下渠道。虹口区融媒体中心创新性地开辟了新时代文明实践中心建设的线上云平台,将两个中心的建设在线上同步推进。

在"上海虹口"App 内,有一个"益彩虹"虹口区新时代文明实践云平台的入口。这一平台既面向有志于提供服务的志愿者,又面向有需求的广大市民,不仅志愿者们可以在线报名参加志愿活动,市民也可以在线"点服务",目前开设的"点服务"涵盖个人健康、房产交易、养老咨询、金融知识、理发、物业维修等诸多领域,提供服务方多是医院、区摄影师协会、区内美容厅、区党建服务中心、区内邮政局等单位的专业人士。

虹口区是海派文化的发祥地、先进文化的策源地、文化名人的聚集地,虹口区新时代文明实践中心也组建了"文化三地"志愿者宣讲团,打造"文化三地"人文行走路线,同时面向社会发出招募令,任何有热心公益、热爱讲解工作的志愿者都可以报名参加,为志愿者开设了便捷的报名通道。此外,在该平台上,还提供了新时代大讲堂、时代新风、共享空间等功能,可供市民在线学习并对外展示区内文化活动风采。

(二) 两微平台聚焦北外滩发展

根据新一轮北外滩发展规划,它将朝着新时代都市发展新标杆、核心功能重要承载地、新发展理念实践区方向发展。近年来,虹口区北外滩地区迎来了大开发、大建设的黄金时期,区域内集聚了大量的金融企业和航运企业。相关数据显示:2020 年一季度虹口区北外滩地区累计引进重点投资项目资金近 300 亿元,其中已落地注册投资 1 000 万元以上项目 67 个。2020 年 4 月 16 日,根据北外滩大开发规划建设的需要,虹口区成立北外滩开发建设专家委员会。[1]

基于此,虹口区融媒体中心在"上海虹口"App 和微信公众号上同步开设了"北外滩影像日志""夜读北外滩""聚力北外滩"和"爱上北外滩"四大栏目以记录和展示北外滩发展历程。

---

[1] 袁玮.《虹口区成立北外滩开发建设专家委员会 黄融等 5 位知名专家受聘担任委员》,东方网 2020 年 4 月 16 日,https://n.eastday.com/pnews/1587016541014519,2020 年 9 月 1 日。

其中,"北外滩影像日志",每期推送一个与北外滩建设发展相关的主题,以日历的形式加以呈现并配以相关图文,市民扫描图片上的二维码即可深度阅读相关文章;"夜读北外滩",介绍了不少相关历史故事及包括外白渡桥、上海大厦在内的著名建筑,并通过图片、文字和音频的形式呈现;"聚力北外滩",介绍和宣传了虹口区消防救援支队、"小北维权工作室"、"企航北外滩"圆桌沙龙、区商务委热议规划、街坊修缮等大城小事,虹口区融媒体中心也制作了不少宣传视频在该栏目播放;"爱上北外滩",主要展示偏向文化休闲类的内容,例如建投书局和北外滩街头巷尾的美食等。

与传统的文字报道不同,融媒体中心利用融媒矩阵全方位地跟进与展示北外滩建设的进程,使原本看似宏观的政府规划更日常化,也更接地气,拉近了普通市民与北外滩建设之间的距离,使其能够更好地了解北外滩的历史风貌和现代化建设进程,也一定程度上提升了市民的区域认同感。

(三)开展各类线上互动活动,吸引市民参与

虹口区融媒体中心在建设过程中十分注重与市民之间的互动。"上海虹口"微信公众号曾发起评选2019年度十大民生类新闻,并选出一部分参与投票的市民给予话费奖励,曾举办"品牌·虹口"最强榜评选活动为市民提名心仪的品牌单位,形成了区内企业良性竞争机制。

为吸引市民关注并增强其使用黏性,虹口区通过多种途径推广客户端。除较为常规的下载参与抽奖之外,也和区内电影院合作赠送电影兑换券,同时只要市民通过客户端订阅《虹口报》即可获得10元话费奖励。

除此之外,融媒体中心客户端内"福利"和"周游"两个栏目不仅推荐区内特色书店、美食店、美术馆及旧地标等去处,也提供与吃喝玩乐相关的活动福利。同时,"上海虹口"微信公众号也推出了"小虹"在线教学网红奶香小油条、蛋黄酥、新加坡叻沙米粉以及自制简易口罩的短视频。这些内容轻松活泼,能够吸引市民关注和参与。

(四)新媒体助力老城区历史文化焕新颜

山阴路、甜爱路、多伦路、内山书店……对这些标志性地标背后的历史了解的人并不多。虹口区作为上海颇具历史文化底蕴的老城区,是许多文人名流曾经工作与居住的地方。"上海虹口"App"记忆"栏目以精美图文的形式记录了不少区内历史悠久的标志性地标和其背后的历史人物故事,对外展示了虹口区充满历史文化厚重感的形象。

据负责人介绍,这一灵感来源于《虹口报》中"虹口记忆"版面,该版面专门刊登一些虹口的历史人物故事。这些内容原本仅刊登在报纸上,形式较为单一,受众十分有限,但融媒体中心将其与客户端这一新媒体平台相结合,形式更为灵活,也增强了传播力。

(五)以新时代大讲堂为平台,打造党员干部群众的理论宣讲新阵地

"新时代大讲堂"是宣传习近平新时代中国特色社会主义思想所开设的区委讲师团栏目,分为线下、线上两个会场开展宣讲工作。其中,线下主会场设在虹口区工人文化宫大礼堂。2020年5月,区委宣传部和融媒体中心依托"上海虹口"App推出"虹口区新时代大讲堂"线上主会场,涵盖了经济、政治、法治、科技、文化、教育、民生、生态、党建、理论等十大领域,定期发布宣讲资源,包括区委讲师团、部门专业宣讲团、街道市民宣讲团的专题辅导报告,以及区委宣传部"虹口的红色回响&海派记忆"、区教育局"一师一优"、区司法局"法治虹口"、区文旅局"一楼一故事""没有围墙的博物馆"、区卫健委"国医讲堂"、高顿教育金融知识"趣味金融实验室"等主题系列资源。

新时代大讲堂的开设作为面向全区党员干部群众的理论宣讲新阵地,能够满足其对思想、法律、文化、教育、健康、理财等各方面的需求。同时,融媒体中心与区委宣传部合作,整合各单位资源,这种跨部门和跨领域的合作也进一步增强了融媒体中心的平台效应和传播效应。

七、抗击新冠肺炎疫情中的突出表现

2020年新冠肺炎疫情期间,上海16个区级融媒体中心联合东方网在各融媒体客户端上线"抗击疫情 上海在行动"抗"疫"服务聚合类新媒体产品,涵盖了口罩在线预约、上海定点发热门诊导航、上海本地疫情通报等功能。这些服务直击痛点,深入民心,对接疫情之下市民的切实需求。除联合开设的项目外,虹口区融媒体中心结合区情,在抗击新冠肺炎疫情中还有以下几个特色表现。

(一)发布虹口区疫情防控志愿者招募令

疫情防控期间,虹口区融媒体中心与虹口区精神文明建设指导委员会办公室（简称"区文明办"）合作，在客户端上开设了防疫志愿者报名入口，同时公布了各街道志愿服务工作联系人的联系方式，市民不仅可以通过填写报名表参与志愿服务，也可以直接联系所属街道，减少了联络之间的障碍。

融媒体中心在为区文明办招募志愿者搭建有效畅通平台的同时，也为志愿者提供了官方可靠的报名渠道，最大程度地调动起志愿者参与防疫的积极性。

（二）打造社区书记Vlog与小虹Vlog

虹口区融媒体中心在疫情期间推出的"小巷总理一线札记"系列报道，将区内各基层居委书记的口述记录下来，以此展现他们在抗疫期间为民服务的点滴故事。同时，中心依托当下盛行且符合新媒体传播规律的Vlog，开设了社区书记Vlog版块，其中包括：《社区防线最前沿的守护者》《石库门里的小喇叭》《你看姆妈酷不酷》《机关干部驻守社区一线》等，这些Vlog讲述的是小故事，却充分展现了基层党员干部严守疫情防控第一道防线的整体形象。相比传统文字报道，短视频的呈现更为生动。

同时，融媒体中心也在微信公众号上开设了小虹Vlog版块，在疫情期间推出了《现场直击虹口疾控中心》《823路公交车挺有"味"》《社区防疫怎么样，看了才知道》《还在囤菜，那你就out了》等节目，这些小视频覆盖疫情当下市民日常生活的各个方面，不仅体现了虹口区内各部门在防疫工作中的付出，也向市民科普了不少防疫小常识。

（三）刊载赴武汉医疗队员前线日记及战疫系列报道

自2020年2月1日起，虹口区融媒体中心与虹口区卫生健康委员会（简称区卫健委）合作，在微信公众号中推出"虹口区赴武汉医疗队员前线日记"栏目，记录区内援鄂医护人员在武汉的工作与生活。他们来自上海市第四人民医院、上海市中西医结合医院、虹口区江湾医院、虹口区精神卫生中心等区内医院。这些前线日记以视频或图文的形式呈现，让逆行者的心声被更多人听见。驰援武汉的医护人员返沪后，虹口区融媒体中心及时推出了"武汉战疫故事"系列报道，向市民宣传了不少一线医护人员在武汉发生的感人事迹。

2020年8月初，融媒体中心依托第三个中国医师节的契机，与区卫健委共同策划，在微信公众号内推出了"逆行战'疫'的日子"系列报道，以问答的形式记录虹口区援鄂医疗队员的口述，并配套为其制作个人形象海报，以"短视频＋图文"的形式呈现及传播,效果良好。

(四) 直击需求痛点,平台直播云赏花

春季本该是外出踏青赏花的好时节,因为疫情的原因不少公园实行了严格的限流举措。鉴于此,虹口区融媒体中心于3月10日下午在官方微博直播间和移动客户端"视听"版块直播中同时举办了"春花烂漫何处望,小虹邀你云里赏"在线云赏花活动,中心广泛运用直播技术呈现区内春景,市民在家就可以跟随记者的镜头,欣赏到和平公园和鲁迅公园内的春花,避免了外出到人流密集场所交叉感染的风险。

R4 上海市嘉定区融媒体中心建设发展调研报告

一、相关区情简介[①]

嘉定区别名嚜城,位于上海市西北部,东与宝山、普陀两区接壤;西与江苏省昆山市毗连;南襟吴淞江,与闵行、长宁、青浦三区相望;北依浏河,与江苏省太仓市为邻。嘉定区总面积463.55平方千米。区内下辖3个街道、7个镇,另设1个管委会、1个工业区。截至2019年年末,嘉定区常住人口为159.60万人,其中,户籍常住人口69.12万人,较上年增加0.41万人,同比增长0.6%;外来常住人口90.48万人,较上年增加0.30万人,同比增长0.3%。

自1958年,上海市委、市政府提出嘉定建设"上海科技卫星城"以来,嘉定区已有50多年的科技发展积淀。2001年,上海市委、市政府作出了在嘉定区建设上海国际汽车城的重大战略决策,并在2005年进一步明确了"汽车嘉定"的功能定位,嘉定已成为上海乃至中国重要的以汽车产业为特色的先进制造业基地,经济发展处于郊区前列。近年来,在长三角一体化参与全球竞争的区域环境下,嘉定区在全市战略定位和发展路径下对本区进行系统研究,并在"多规合一"的背景下,依据市级相关要求,开展城乡总体规划,力求把嘉定建设成为大上海西北区域的现代化新型城市,打造汽车嘉定、科技嘉定、教化嘉定、健康嘉定、美丽嘉定[②]。2019年,嘉定区实现地区生产总值2 608.1亿元,可比增长1.1%,其中:第二产业实现增加值1 567.0亿元,第三产业实现

[①] 本部分资料来源:《2019年上海市嘉定区国民经济和社会发展统计公报》,上海市嘉定区人民政府网站2020年3月23日,http://www.jiading.gov.cn/tongji/publicity/tjsj/tjgb/124065,2020年6月3日。

[②] 《上海市嘉定区总体规划暨土地利用总体规划(2017—2035年)》,上海市嘉定区人民政府网站2019年10月21日,http://www.jiading.gov.cn/publicity/jcgk/ghjh/qyztgh/118612,2020年6月3日。

1 037.6亿元。全区实现财政总收入932.1亿元,一般公共预算支出356.5亿元,财政支出侧重于民生方面。

与此同时,嘉定区信息基础设施建设覆盖面不断扩大,为坚持转型升级、强化区内特色优势奠定了硬件基础。2019年,全区家庭宽带覆盖率100%,实际在网用户总数52.4万户;全区范围内,"光纤到户"覆盖率100%,实际在网用户数52.1万户;全区累计建成5G移动通信室内分布系统67处,极大提升了移动通信网络深度覆盖能力;全区在网手机用户总数265.5万户,同比增长2.4%。年内实现电信业务收入10.1亿元,同比增长3.1%;电信CDMA移动用户新增2.9万户,同比增长4.7%;宽带用户39.3万户,IPTV用户规模24.5万户。

二、融媒体中心建设的基本概况

(一)发展历程

嘉定区的媒体融合开始于区内不同平台微信公众号的整合。2018年3月15日,原嘉定广播电视台、嘉定报社以及嘉定发布三个微信公众号整合成为"上海嘉定"公众号。与此同时,各平台编辑部也实现了融合,并集中于区委宣传部新闻办公室办公。

2019年6月28日,作为上海市首批10家区级融媒体中心之一的嘉定区融媒体中心正式挂牌成立,移动客户端"上海嘉定"同步上线,各平台由此进入了深度融合阶段,影响力与传播力也得到了提升。《2019年上海市嘉定区国民经济和社会发展统计公报》显示,2019年"上海嘉定"App共发布稿件3 953条,客户端总下载量54 539次。"上海嘉定"微信粉丝量28.4万,发布稿件3 400条。中心新闻稿件被央视录用24条,被上视新闻频道录用1 024条,在上视发稿综合积分位列郊区第2名[①]。

(二)组织架构

嘉定区融媒体中心挂牌成立之后,内部组织架构由新闻采访部、新闻编辑部、新闻专题部、广播部、设计制作部、大型活动部、节目编播部、技术运营部、信息服务部、组织人事部等组成(见图4-1)。

---

① 《2019年上海市嘉定区国民经济和社会发展统计公报》,上海市嘉定区人民政府网站2020年3月23日,http://www.jiading.gov.cn/tongji/publicity/tjsj/tjgb/124065,2020年6月3日。

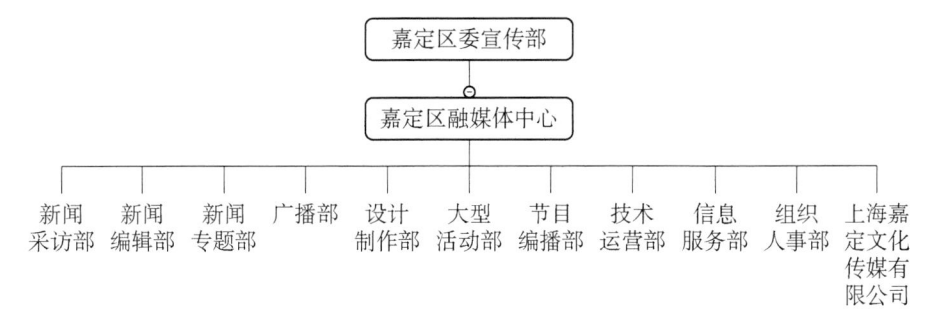

图4-1 嘉定区融媒体中心组织架构

　　由于常有对外宣传及承办大型活动的需求,除了常规的新闻采编部门与相关支持部门以外,中心还专门设有新闻专题部、设计制作部与大型活动部。这样的架构改变了原本资源分散、条线分割的局面,破除了传统媒体与新兴媒体之间的壁垒,将不同平台的内容采编进行整合,优化了资源的使用。此外,在区级融媒体中心的基础上,嘉定的12个街镇也建立了融媒体中心服务站,实现统筹调度、资源共享,将服务触角延伸到基层。

　　与此同时,嘉定区融媒体中心还组建了上海嘉定文化传媒有限公司,于2019年11月19日注册成立,是嘉定区国资委下属的国有控股有限责任公司,经营许可项目主要包括广播电视节目制作经营、电影发行、出版物批发和零售;一般项目包括文化艺术交流策划、广告代理,广告制作等。在"一事一企"的模式下,嘉定文化传媒有限公司的成立一方面能为区内活动的筹备提供保障,另一方面也能为融媒体中心人才的输送提供渠道。

(三) 平台布局

　　嘉定区有独立的广播电视台,在融合前属于区文化和旅游局管理。嘉定人民广播电台调频广播(FM100.3兆赫)每天播出13个小时,包括"养生堂""戏曲茶馆""百家讲坛"等8个栏目。嘉定电视台每天9点开始播出节目,播出频道为东方有线"区新闻高清"频道(频道号219),2014年年底"嘉定新闻"节目开始实行高清制作;2015年节目改版时,完全实现高清播出[1]。全天节目当中,"嘉定新闻"能够同时在移动客户端及"上海嘉定"公众号收看,该栏目周

---

[1]《关于促进嘉定区高清电视发展的通知》,上海市嘉定区人民政府网站2014年8月19日:http://www.jiading.gov.cn/publicity/jcgk/zdgkwj/gbmwj/16377,2020年6月3日。

一到周六为自采新闻,周日则是以新闻汇聚版的形式播出。此外,嘉定电视台还为市级媒体(如上海电视台"新闻坊"栏目)各平台供应稿件。2019年,整合后的嘉定区融媒体中心在上海电视台各档新闻栏目中,共播发稿件1 035条①。《嘉定报》每周发行一期,除纸质版报纸外,还通过"嘉定报数字报刊平台"(www.jiadingbao.cn)线上发布,用户可以通过该平台检索到1956年至今的《嘉定报》电子报内容。

移动媒体平台方面,截至2020年8月底,"上海嘉定"官方微博共发布内容5万余条,粉丝数为36万,此外,还开通了名为"'嘉'人们,欢迎入群"和"上海嘉定的粉丝群"两个微博粉丝群,供粉丝们交流互动。"上海嘉定"微信公众号目前推送频率为每日3次,每次4—6条资讯。公众号内功能菜单主要包括"嘉定新闻""政务大厅""我爱我嘉"。其中"嘉定新闻"可以连接到本区电视、电台、报纸的收听收看界面,以及区内各街镇、职能部门、重要机构的微信公众号矩阵版块;"政务大厅"包含"一网通办""指尖办事""紧急用工需求""嘉定职介专栏""政务督查";"我爱我嘉"包含"民生访谈建议征集""疫情防控服务平

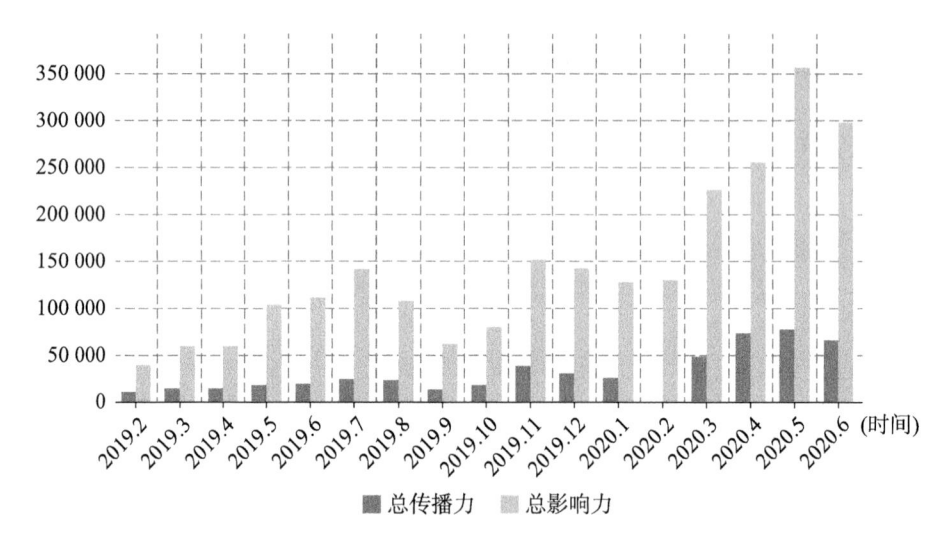

图 4-2 嘉定区政务新媒体总传播力和总影响力情况示意图

注:数据缺失代表当月未进入榜单前10;"政务新媒体"指该区的微信和微博两个平台。
资料来源:上海市网信办政务新媒体传播影响力评估平台。

---

① 《全年发稿超1000条!嘉定区融媒体中心荣获2019年度SMG融媒体中心先进记者站银奖!》,"上海嘉定"微信公众号,2020年4月29日,https://mp.weixin.qq.com/s/tgbbCbNufLJIb_iYrGoPPw,2020年6月3日。

台""全嘉云动""嘉定印象"。"我爱我嘉"内的内容主要围绕"十四五"规划,根据不同阶段具体工作重心变化而变化。在上海市网信办每月进行一次的政务新媒体传播影响力排名中,2019年以来嘉定区政务新媒体总传播力和总影响力表现都较为优秀。

在上述平台的基础上,嘉定区融媒体中心全新打造了移动客户端"上海嘉定",深度融合广播电视、报刊以及各类新媒体资源,不仅能够及时发布区内新闻资讯,还集合了区内基层治理、社区文化、事务受理等平台,并为市民提供各类政务、服务功能,将新闻、政务、服务进行了有机整合。

三、人事制度改革与创新

(一) 人员队伍建设

融媒体中心成立以前,嘉定区级媒体编制外员工身份属于劳务派遣,融媒体中心成立以后,"根据区融媒体中心建设人员数量不突破原有归并单位核定规模的要求,按照公司岗位设置规模,经费保障人数拟确定为64+X人(事业空编数25人,人事代理核定编制数30人,政府购买服务人员9人,'X'为事业编制人员自然减员数)"[1]。

嘉定区文化传媒有限公司成立后,在人员编制方面推出了新的规定:"将对现有事业编制空编人数进行锁定,除特殊岗位人才外不再使用事业编制,事业空编人数纳入公司,另外按照缺一补一的原则,事业编制人员自然减员数同步纳入公司编制人数。同时不再核定非在编人员编制数,保留原归并单位核定规模,原核定人数纳入公司。与此同时,中心不再预算申请政府购买服务人员(企业用工),保留原归并单位预算申请规模,原政府购买服务人员纳入公司。"[2]另外,在员工待遇方面,公司的成立可以更好地推动同岗同酬的实现。

相关负责人表示,今后融媒体中心会以媒体业务作为工作重心,嘉定区文化传媒有限公司则以经营为主,并明确规定从事采编业务的事业人员原则上不能参与经营活动,以免影响日常内容的生产。

在人才激励方面,嘉定区融媒体中心计划向区内相关部门积极争取首席

---

[1] 《嘉定区融媒体中心2020年绩效目标申报表——嘉定文化传媒有限公司经费保障》,上海市嘉定区人民政府网站2020年1月20日,http://www.jiading.gov.cn/publicity/zhgk/czxx/jxpj/123107,2020年6月3日。

[2] 同[1]。

岗位的评聘。此外,优秀作品、先进人才的奖励办法及配套政策也将陆续推出。在 SMG 融媒体中心 2020 年度通联工作会上,嘉定区融媒体中心荣获先进记者站银奖、4 项电视新闻奖、4 项新媒体奖及 7 项个人奖,市级层面各类针对融媒体中心开展的评优评奖活动能够对员工形成有效激励[①]。

(二) 绩效分配改革

嘉定区广播电台、电视台两家单位原本有各自不同的绩效考核办法,融合之后,融媒体中心开始进行过渡性的尝试。截至调研之日,中心负责人表示,将于 2020 年推出全新的绩效考核标准。在分配方面,改革前基本按照事业单位包干的原则,每年接受政府的统一拨款,再按照不同岗位的工作特性进行二次分配。中心绩效考核的总体原则是"向一线采编人员倾斜"。

截至调研之日,嘉定区融媒体中心记者的绩效考核具体执行方式是给稿件打等第,即将稿件分为 A、A-、B+、B、B-、C,共 6 档。B 档稿作为基准稿,合计 20 分,1 分相当于稿费 10 元,共 200 元。B+ 档则翻番为 40 分,400 元,B- 稿就是减分,以此类推。明确的等第机制有利于拉开不同档位稿件的差距以及绩效差距,以激励员工做出更好的作品,更快适应融合后的工作流程。此外,在全媒体发布的要求下,中心还推出了"多平台发稿,多平台计酬"的模式。稿件首发于移动客户端,首先计 1 分,若稿件再被电视、广播或报纸录用,则分别能计 0.5 分。以《嘉定报》为例,一个深度版面大约 3 000 字,可记为 3 个 B+ 的成绩,即共能得到 600 元稿酬。该稿件如果首发于移动客户端,则能获得 1 200 元稿酬,若又制作成了电视新闻、广播新闻则可以继续累计。如果覆盖了所有平台,一条稿件能累计 2 000 元左右的稿酬,大约是原来的 10 倍。编辑岗位的考核在融媒体中心成立以前主要参照记者打分,同时每月会邀请一次第三方专业绩效考核公司进行一次打分,最后得到一个综合分数。如果达到了基准分数,则可以拿到正常绩效,如果超过了基准,则绩效可以上浮 10%—20%。负责人表示,今后希望各平台能够实现数据量化,为绩效奖励提供依据。

[①]《全年发稿超 1000 条! 嘉定区融媒体中心荣获 2019 年度 SMG 融媒体中心先进记者站银奖!》,"上海嘉定"微信公众号 2020 年 4 月 29 日,https://mp.weixin.qq.com/s/tgbbCbNufLJIb_iYrGoPPw,2020 年 6 月 3 日。

四、流程再造与技术支持

(一) 流程再造

嘉定区融媒体中心成立以后,专门成立了中心编务委员会(简称编委会),将所有与业务相关的部门纳入其中,进而整体性地对新闻采编流程进行策划。编委会每两周召开一次,内容主要为对各采编部门运行情况的分析和重大选题的讨论,这一环节有利于提前对不同平台采编需求进行预判。与此同时,新闻采访部还推出了晨会制度,统筹调配新闻采访力量。采访部通常早上8点到岗召开晨会,把选题进行汇总,明确采访任务;9点进行编前会,由中心总编、副总编轮流坐班,把每天各个端口平台的用稿、编辑情况进行汇总梳理,然后到各个平台进行落实。

此外,融媒体中心成立以后,内容审核方面的工作也更加规范。首先,采访端实行"三审":根据各平台不同要求,各负责主任会先对选题进行一次筛选;待记者将稿子完成之后,对稿件进行一个整体的把关;最后进入编辑层面的审核。其次,编辑端的"三审":先由责编对稿件进行把关;修改过后发给由采访编辑部门中层干部组成的二审团队;最后进入主编层面进行把关,如有问题随时退回修改,若没有问题,则将内容上传至端口,进行签发。

在与街道镇的合作方面,融媒体中心成立之后,各街道镇的公众号由融媒体中心进行内容共管,以提升其专业性和传播力。此外,中心还携手各街道媒体平台与"学习强国"客户端合作,将本区平台的影响力辐射开来。

(二) 技术支持

嘉定区融媒体中心有自己专门的技术运营部,主要完成技术维护方面的工作——一方面为广播电视的播出提供技术保障,另一方面负责对各新媒体端口进行日常的维护。

嘉定区融媒体中心从新闻采编到发布,使用的是由东方网开发的上海区级融媒体统一技术平台。新闻采集方面,统一技术平台能够通过对媒体热点的发现,对主流媒体发布渠道和互联网内容的热点挖掘,定期进行热度更新,同时支持融媒体中心端将采集的文字、图片、音频、视频等上载至平台便于编辑和发布。内容生产方面,东方网提供针对新媒体生产、广播电视综合节目制作、报刊编排等不同平台的技术支持。内容管理方面,统一技术平台包括了资源入库、编目、管理、检索、出库等功能。在发布环节,通过统一发布平台就能将内容签发至不同新媒体平台,传统媒体方面则与区内广播电视播出系统及报刊排版系统对接,进行内容的推送[①]。

五、核心平台——融媒体客户端建设

"上海嘉定"App 是嘉定区融媒体中心全新打造的融媒体移动客户端,新闻、政务、服务等各类原创内容在移动客户端首发后,将同步转化为报纸、广电等传统媒体内容。截至 2020 年 8 月底,"上海嘉定"App 用户下载量达 162.2万,超过嘉定全区常住人口数量。

如表 4-1 所示,首页包含"要闻""街镇频道""招聘""汽车""爱嘉学子""专题""学入嘉境"7 个栏目,部分栏目还下设不同栏目,如"要闻"下设"国内要闻""时政报道""产经科技""城建交通""教育卫生""文体旅游""法治一线""社会民生""文明城区"9 个子栏目,所涉及的领域十分全面。"街道频道"下设嘉

表 4-1　　　　　　　　"上海嘉定"App 设置一览

版块	栏目	版块	栏目
首页	要闻	服务	常用服务
	街镇频道		生活服务
	招聘		教育服务
	汽车		交通服务
	爱嘉学子	政务	一网通办
	专题		我要问政
	学入嘉境		政务信息
视听	嘉定新闻	商城	嘉有好创意
	短视频		嘉有好特产
	直播		嘉有好时鲜
	秀舞台		

注:由于"上海嘉定"App 内容持续更新,该表仅反映截至 2020 年 8 月的 App 布局。

---

① 徐世平:《县级融媒体中心建设的上海方式》,《网络传播》2020 年第 2 期。

定区3个街道、7个镇以及"嘉定工业区""菊园新区"的12个媒体频道，详细具体地发布各区域新闻资讯。

此外，首页还有本区特有栏目，如"汽车""爱嘉学子""学入嘉境"。"爱嘉学子"曾下设"美德少年""爱嘉美文""爱嘉达人""爱嘉行动"等子栏目，从不同角度与本区"爱嘉学子"线下表彰评选活动进行联动，充分展示嘉定区青少年在艺术、品德等方面风采。"学入嘉境"是嘉定区的微课学习栏目，与本区所组织的线下党课进行结合，发布学习视频材料，以供反复学习。此外，还有特色"沪语诵读"课堂等内容，充分结合本区特色提供学习资源。

值得一提的是，"上海嘉定"App还上线了名为我"嘉"生活馆的线上商城功能。商品分为"嘉有好创意""嘉有好特产""嘉有好时鲜"3个大类，主要售卖嘉定区文化周边产品及马陆葡萄等本区特产，"嘉有好特产"中还出现了来自云南的商品，使得线上商城与助农、扶贫等项目实现了有机结合。

另有"视听"版块用于展示嘉定区融媒体中心或本区其他单位制作的各类视频内容，下设"嘉定新闻""短视频""直播""秀舞台"4个栏目。

六、年度发展特色

（一）地方与全球连接，凸显嘉定"汽车城"特色

上海国际汽车城是上海市政府"十五"计划中的重点建设项目。作为城市西部的综合性汽车产业基地，它将与东部的微电子产业基地、南部的石油化工基地、北部的精品钢铁基地共同构成上海"东南西北"四大产业基地。嘉定区是上海国际汽车城所在地，针对这一特色，"上海嘉定"App在首页设置"汽车"栏目，主要展示嘉定在建设世界级汽车产业中心过程中的实力和风采。

该栏目下设"政策服务""企业动态""发展前沿""汽车文化""我嘉爱车"5个子栏目，将国内甚至国际汽车领域的行业动态、技术发展与嘉定"汽车城"的建设充分结合。虽然有其他更为专业的网站也提供与汽车相关的资讯，但"上海嘉定"App专门设有"政策服务"栏目，能够更为精准地为本地车主提供政策解读，此外，还开启了"车企问政直通车"，直接连接至上海信访微信公众号的相关平台，方便车主投诉、维权。

（二）注重互动内容输出，突出"我嘉"认同感

"上海嘉定"App的互动性比较突出，首页的"爱嘉学子"专门为区内青少

年提供了展示自我的平台,栏目中既展示了嘉定少年们的美德故事,还有美文、讲故事等形式的作品展示,对区内少年儿童起到了很好的鼓励作用,一定程度上也增强了"上海嘉定"App的传播力。

"视听"版块曾设有①"纪录嘉定""我爱我嘉""我嘉拍客""我嘉书房"等栏目,分类展示了本土形象宣传片、人物纪录片、市民随手拍小视频等内容,着重讲述关于嘉定的故事,易引起市民共鸣,帮助其更好地了解嘉定文化。"我嘉书房"原是吸引优质社会资源提升公共文化服务品位的线下项目,是嘉定区公共图书馆服务网络点,市民在此可享受24小时自助借阅、文献书籍全市通借通还等服务。"上海嘉定"App将其移入线上,通过短视频的方式介绍每一个"我嘉书房"的地理位置、空间大小、环境特色、藏书数量等,能够让市民用户先了解每个书房的大致情况,再选择是否进行线下体验。这样的版块设置不仅体现了"上海嘉定"App平台为市民提供的公共服务,更是让线下公共服务项目与线上内容实现了有效联动。

2020年7月起,嘉定区融媒体中心邀请了8家区级政府职能部门和12个街镇负责人走进直播厅,推出了"我爱我嘉"大型民生系列访谈特别节目。节目以"广播和网络音视频同步直播+线下和线上即时互动+场内和场外实况视频连线"的方式进行,注重互动性。活动期间,共通过网上平台收集到市民意见建议1500余条,相关报道全网阅读量近70万次,在线直播全网观看量超过80万次②。

七、在抗击新冠肺炎疫情中的突出表现

在抗击新冠肺炎疫情过程中,上海市16个区级融媒体中心与东方网以及腾讯新闻、阿里云、清博大数据联合推出了"抗击疫情 上海在行动"服务聚合类新媒体产品,涵盖了口罩在线预约、空中课堂回放、疫情防控工作问题建议征集、上海本地疫情通报等功能。这些服务深入民心,直击痛点,贴合疫情之

---

① 这些栏目不是固定的,而是随着App的更新而动态变化调整。
② 《"守正创新、融创未来"!嘉定区融媒体中心聚焦"媒体+"提升融合传播力影响力》,"学习强国"移动客户端上海学习平台2020年9月11日,https://article.xuexi.cn/articles/index.html?art_id=12210141048766609251&t=1599795876730&showmenu=false&study_style_id=feeds_default&source=share&share_to=copylink&item_id=12210141048766609251&ref_read_id=a00cd0ca-64d3-4768-bd11-e287ba0d67b7_1599883758012,2020年9月12日。

下市民的切实需求。除联合开设的项目外,嘉定区融媒体中心结合本区实际情况,在抗击新冠肺炎疫情中也有不少突出表现。

(一) 推出区内"疫情防控服务平台",精准获取数据信息

在抗击新冠肺炎疫情过程中,嘉定区融媒体中心推出了"嘉定区疫情防控服务平台",具体功能包括:"来(返)沪人员信息登记""体温测量上报""村居出入证申办""口罩预约登记""企业防控""意见建议",满足居民在疫情期间的相关需求。在"上海嘉定"微信公众号及移动客户端中均有入口。

"来(返)沪人员信息登记"是本区来(返)沪人员的信息采集表单,与"体温测量上报""村居出入证申办"共同让本区来(返)沪人员能够流程化配合完成防疫工作。"口罩预约登记"涵盖区内8个街道镇,居民只需通过填写对应街道镇的口罩预约表,即完成登记,可以等待所在街道镇居(村)委的具体通知。"企业防控"与"意见建议"则是直接连接到市级防疫平台的相关功能版块,供居民使用。

该平台打通了市、区、街道(镇)三级防控部门,由区一级向个人、街道(镇)收集相关数据和信息,同时通过疫情防控工作问题建议征集平台上报市级部门。在区一级收集和筛查相关信息的同时,街道(镇)的居(村)委也会协助完成信息的核实、防疫物资的发放等工作,实现了市、区、街道(镇)三级统管。

(二) 线上举办抗疫文艺作品展览,满足不同市民的观展需求

新冠疫情期间,嘉定区委宣传部、嘉定区文学艺术界联合会共同举办"嘉温度 艺前行——嘉定区抗疫文艺作品展",展览共展出900余件作品,所有作品均为原创新作,涵盖书法、美术、摄影、音乐、舞蹈、新视觉等艺术形式,主要是嘉定一线抗疫勇士、文艺工作者及各界人士自发创作的作品。

展览共设置线上展区和8个线下展区,采取区镇联动、线上线下结合的方式进行。嘉定区融媒体中心承担了线上展览的部分,在"上海嘉定"App首页"嘉温度 艺前行——嘉定区抗疫文艺作品展"专栏中呈现参展抗疫文艺作品的电子版,供用户进行在线观展。嘉定区融媒体中心的参与实现了资源的线上线下联动,满足了不同市民的观展需求。

(三) 提供疫情期间民生服务,应对居民出行受限问题

针对疫情期间"出行难"的问题,嘉定区融媒体中心在移动客户端中推出

了线上买菜、线上预约、线上运动会等各类活动、功能,满足市民各个方面的生活需求。

中心同嘉定区农业农村委员会与本地农业蔬果生产基地及包装一线牵线搭桥,提供了"蔬菜包"购买渠道;购买后将由顺丰快递发出,满足本区甚至全市居民的蔬菜购买需求。

为了避免因为清明祭扫而出现大量人员聚集的情况,嘉定区各经营性公墓根据实际情况,推出集体祭扫、网络祭扫、代客祭扫三项便民服务措施,满足群众不同祭扫需求。而对于有特殊需求、需要现场祭扫的居民,嘉定区融媒体中心联合区内7家相关单位,推出了"预约祭扫平台",实行"限量预约、约满为止、分时祭扫"的措施。居民可以通过平台进行网络或电话进行线上预约,预约时间为2020年3月28日—4月12日,每日有4个时间段可供选择。预约成功后即可凭"上海嘉定"App内的电子凭证、预约人身份证,依照预约确定的时间入园祭扫。

同样是为了疫情期间的限流,嘉定区融媒体中心还推出了线上提前分时段公园预约游览系统。嘉定区融媒体中心与区绿容局推出"2020年嘉定紫藤"主题活动,居民需要以实名预约的形式游览嘉定紫藤园。预约游览系统于2020年4月2日开放,为居民提供共3批的可预约时间段,直至5月5日活动结束。

此外,由于疫情影响,嘉定区第二届市民运动会无法正常开展,融媒体中心联合嘉定区体育总会推出了"全'嘉'线上运动会"活动。活动分为展示类、运动类、趣味类、创意类,其中:展示类包括广播体操、太极拳等项目,运动类为"一分钟跳绳项目",趣味类包括"一分钟俯卧撑""一分钟仰卧起坐""深蹲"。各项目均以发布运动视频的形式进行参赛,但成绩评判标准各不相同,有以动作个数为标准的,也有计算卡路里值的,不同成绩对应不同"健康值"。用户在获得"健康值"后,可在活动页面内进行奖品的兑换,奖品包括电子阅读器、消毒液、"嘉定体育"周边产品等,此举在有效强调疫情期间强身健体的重要性同时,也让市民获得了愉悦与实惠。

R5 上海市黄浦区融媒体中心建设发展调研报告

一、相关区情简介

黄浦区总面积为20.52平方千米，辖区共有南京东路、外滩、瑞金二路、淮海中路、豫园、打浦桥、老西门、小东门、五里桥、半淞园路10个街道，177个居委会。①

黄浦区人口老龄化程度偏高。据上海市民政局发布的2019上海百岁寿星数据信息及百岁寿星榜，黄浦区每10万人中拥有百岁老人数为28.8人，位居全市第1；百岁老人绝对数为239人，位居全市第2。②

"黄浦是上海的经济、行政和文化中心所在地，在全市发展大局中占据重要地位，区级财政收入位居全市中心城区首位。"③该区商贸流通业、金融服务业、文化创意业、休闲旅游业高度发达。近年来黄浦区着力打造世界级商业街区和国际高端商务区，形成了具有较强创新引导力和影响力的全国性、国际化资产管理中心、资本运营中心和金融专业服务中心。区内历史、社会、文化、教育、医疗资源极其丰厚，拥有柳亚子、邹韬奋、何香凝、张学良等众多名人故居和历史遗址以及上海博物馆、上海大剧院、文化广场等全市标志性文化设施。此外，上海社科院、交大医学院等一批知名科研院所、7所上海市实验性示范性高级中学和10家三级医院在此集聚。外滩、南京路、人民广场、淮海中路、新

---

① 首页—区情—今日黄浦—行政区划，上海市黄浦区人民政府网站，https://www.shhuangpu.gov.cn/qq/004001/004001003/subpageSingle.html，2020年4月8日。
② 市民政局：《2019上海百岁寿星数据信息及百岁寿星榜发布》，上海市人民政府网站2019年10月14日，http://www.shanghai.gov.cn/nw2/nw2314/nw2315/nw18454/u21aw1406499.html，2020年4月8日。
③ 首页—区情—今日黄浦—经济发展，上海市黄浦区人民政府网站，https://www.shhuangpu.gov.cn/qq/004001/004001007/subpageSingle.html，2020年4月8日。

天地、文化广场、思南路、豫园、老码头、田子坊、世博滨江等独特的"城市名片"闻名中外,吸引无数游客前来观光旅游。

作为上海经济实力首屈一指的中心城区,黄浦区媒体资源相对丰富。在信息化基础设施方面,"2019年2月,黄浦区政府与上海移动签署合作备忘录,加快光纤进楼、5G 网络覆盖。5月开始陆续实现南京东路步行街、新天地等重点场所率先开通 5G 信号,全年建成 5G 宏站 511 个,基本实现黄浦全区室外 5G 网络覆盖"。[①]

二、融媒体中心建设的基本概况

(一)发展历程

2015 年年底,黄浦区主动适应媒体融合的发展趋势成立了区新闻中心,为副处级全额拨款事业单位。该新闻中心设 8 个内设机构,包括:办公室、电视采编部、报纸采编部、杂志采编部、新媒体和技术保障部、网络营业部、专题部和公益广告部、通联部。

2019 年 6 月 28 日,黄浦区融媒体中心成立,为区委宣传部下属的财政全额拨款的正处级事业单位。

(二)组织架构

黄浦区融媒体中心现设置 8 个部门,包括:办公室、通联部、电视采编部、报纸采编部、杂志采编部、新媒体和技术保障部、网站管理部、专题制作和公益广告部。

值得一提的是,黄浦区融媒体中心保留了杂志采编部、专题制作和公益广告部,这在 16 个区级融媒体中心里比较特殊。在移动化、数字化、智能化传播成为主流的今天,区级媒体坚持在杂志采编工作上投入大量人力、物力,在中心负责人看来,这对于培养记者深度报道能力是颇有助益的。

据介绍,专题片是黄浦区融媒体中心的拳头产品,每年的专题片生产量可达五六十部。因此,中心保留了专题部门,待体制机制理顺后或可将其作为增

[①] 区科委:《关于印发〈黄浦区科委 2019 年工作总结和 2020 年工作思路〉的通知》,上海市黄浦区人民政府网站 2020 年 3 月 23 日,https://www.shhuangpu.gov.cn/zw/009002/009002005/00900200503/009002005003003/20200323/852dd9d6-837c-439f-a725-5eef3391455f.html,2020 年 4 月 8 日。

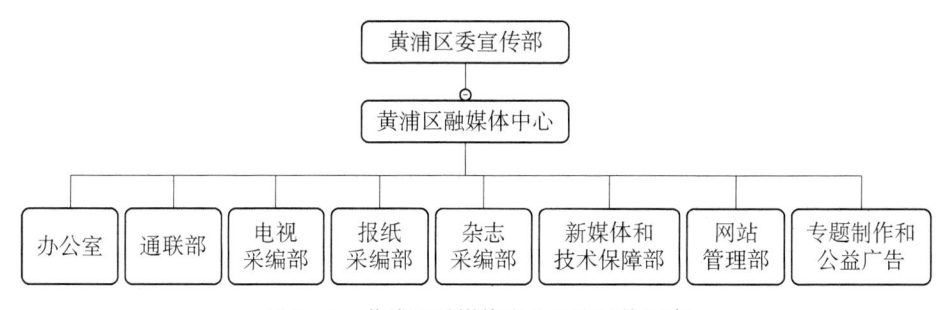

图 5-1 黄浦区融媒体中心组织架构示意

值服务发展。

(三) 平台布局

黄浦区融媒体中心的主要平台有报纸(《黄浦报》)、有线电视新闻中心(黄浦 30 分)、杂志(《上海外滩》)、网站(上海黄浦政府官网)、"上海黄浦"官方微信、官方微博以及移动客户端。

《黄浦报》是由中共上海市黄浦区委宣传部主办的刊物,赠阅发行。截至调研之日,发行量达 14 万份,基本做到企业全覆盖,市民有效覆盖。

由于上海中心城区均无独立的区级广播电视台,黄浦区电视新闻借用上海电视台七彩戏剧频道,每晚 8 点在行政区范围内插播半小时节目内容,东方有线电视用户可调至频道收看。此外,上海黄浦区门户网站新闻栏目下的"黄浦 30 分"和"上海黄浦"官方微信菜单融媒体栏目也可以查看完整版新闻视频。

《上海外滩》杂志是上海区级新闻中心主办的第一本新闻类综合杂志,每月出版一期。该杂志于 2016 年起正式发行,发行量 1.8 万册,其与华东地区的星巴克咖啡店合作,在各个门店内免费赠阅。"上海黄浦"官方微信公众号的"新闻中心"栏目也可浏览杂志的精品文章和杂志电子版。黄浦区融媒体中心重视杂志与其外宣需求有一定关联。黄浦区具有独特的经济、文化地位,通勤和消费人口多,楼宇经济、高端商务、金融业发达,是上海重要的"城市名片"。外界关于上海的印象都与黄浦区内的一些著名地标、景点有关。与华东区星巴克合作分发杂志,既在更广范围内塑造、传播了黄浦区形象,也能更有效地锁定受众,提高传播的精准性。

在新媒体方面,"上海黄浦"微信公众号于 2014 年 6 月 26 日正式开通,每天推送3次。目前微信菜单设有"办事大厅""融媒体""指尖服务"3个版块,具体栏目设计和内容如表5-1所示。

表5-1　　　　　　"上海黄浦"官方微信菜单详情页

版块	栏目	备注
办事大厅	网上办事	上海黄浦政务大厅
	督查	中国政府网国务院"互联网+督查"平台
	黄浦十条	包括调研概况、调研地图、走访进展、居民诉求、问题跟踪、调研日历六个通道
融媒体	黄浦报	电子版
	新闻30分	电视新闻视频集锦
	上海外滩	月刊
	看黄浦	专题集锦
	视频直播	上海黄浦直播平台
指尖服务	参观预约	《新青年》编辑部旧址史迹陈列展参观预约系统
	个人中心	上海黄浦个人信息
	微信矩阵	28个部门、10个街道、9个医疗、9个商圈、8个文化
	景区客流	上海新联纬讯景区实时客流
	有道有理	

注:由于"上海黄浦"微信公众号内容持续更新,该表仅反映截至2020年8月的微信菜单布局。

从市委网信办对区政务新媒体的考核数据来看,黄浦区融媒体中心自成立以来,微信公众号与微博的总传播力和总影响力有明显的提升(如图5-2)。2020年4月,黄浦区政务新媒体总传播力排名全市第6,总影响力排名全市第8。

此外,黄浦区融媒体中心也积极入驻各类媒体平台。截至2020年7月8日,已入驻"上海黄浦"抖音号、"上海黄浦"上观号、"上海黄浦"人民号、"上海黄浦"头条号、"上海黄浦"网易号、"上海黄浦"百家号等多家媒体平台,形成移动传播矩阵。

三、人事制度改革与创新

(一) 人员队伍建设

过去由于没有报社、电视台独立建制,区级媒体记者、编辑人员无法获得从业资格认证,同时,员工职称评聘也受到一定的限制。这成为区级媒体人员

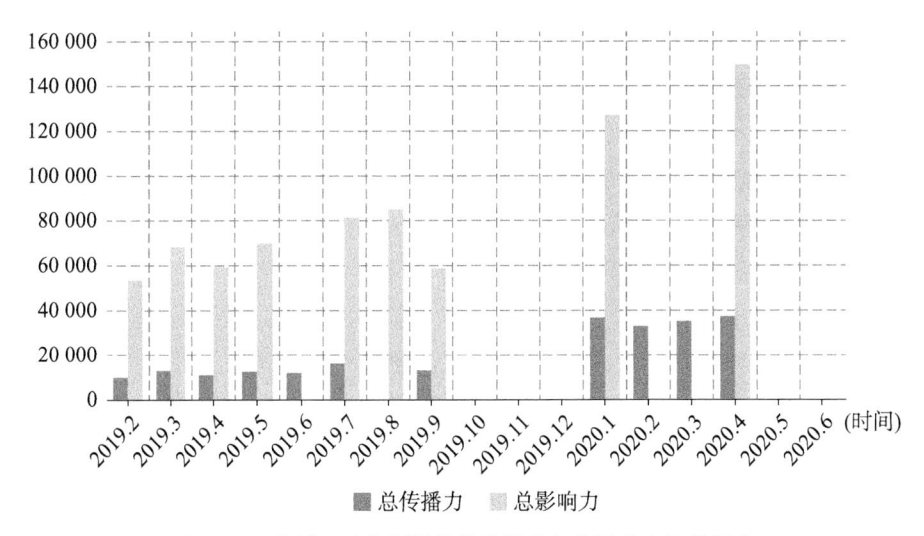

图 5-2 黄浦区政务新媒体总传播力与总影响力情况示意

注：数据缺失代表当月未进入榜单前10；"政务新媒体"指该区的微信和微博两者。
资料来源：上海市网信办政务新媒体传播影响力评估平台。

队伍建设面临的主要困境。此前专题部一定程度上解决了员工身份问题——融合前编制数为30左右，正式在编员工28名，而实际投入媒体运作的员工大约70人，部分编制外员工是通过企业化运作的专题部获得企业编制的。负责人表示，融媒体中心成立后，将争取统一解决员工从业资格认证问题，并尽可能打通职称评聘渠道。

据介绍，黄浦区融媒体中心在建设过程中不但没有出现人才流失的情况，甚至还出现了"人才回流"的现象，这对于区级媒体来说是比较少见的。其原因在于：第一，上海市级媒体发达，传统区级媒体往往影响力有限，但融媒体中心建成后这一局面得到改善，不少人认为区级融媒体中心发展前景比较广阔。第二，黄浦独特的区位优势，对媒体人才富有吸引力。第三，相较条线分工非常精细的市级媒体而言，区级融媒体中心更利于培养"全媒体记者"，个人能够获得更多的媒体锻炼机会，业务能力提升空间大。中心负责人判断，随着区级融媒体中心建设逐步成熟完善，"人才回流"会成为一种趋势。

黄浦区融媒体中心与上海出版印刷高等专科学校开展产学研基地合作，为学生提供实习场所，优秀实习生有留用机会，从而扩大了融媒体中心吸纳媒体人才的渠道。中心计划未来能够与更多高校开展项目制合作，充分利用好高校不同学科和专业的智力资源。

2019年7月25—26日,黄浦区融媒体中心举办媒体融合专题培训班。全区各部门、街道、区属企业集团宣传干部,区融媒体中心编辑、记者等70余人参加培训。培训班邀请澎湃新闻、看看新闻网、《青年报》、团市委"青春上海"微信公众号等媒体的专家授课,多方位解读媒体融合的优秀作品、经典案例和操作实务。[①]

除开展专题培训外,黄浦区融媒体中心计划未来也开展嵌入式培训,即输送优秀骨干到市级媒体,与市媒工作人员一起外出采访,通过参与其完整的内容生产制作流程学习经验;或邀请市级媒体精英来区级融媒体中心现场教学,实地指导媒体人员工作,提高培训内容的针对性和有效性。

此外,"劳务外包"也是黄浦区融媒体中心一种常规操作方式,可以有效减轻管理负担,提高用工灵活性与工作效率。劳务外包主要集中于技术用工领域,黄浦区融媒体中心一直以来与腾讯大申网保持深度合作,诸如微信上的政务应用服务功能二次开发、大型活动直播在网站微信的同步转发等都需要大申网提供技术支持。

(二)绩效分配改革

区级融媒体中心成立后,记者、编辑的工作量与原来相比有所变化,因此绩效激励方面也需改革。截至调研之日,黄浦区融媒体中心的初步想法是打破原来按人头平均发放绩效的做法,适当汲取长兴传媒集团的经验,保留人员事业编制身份,采取企业化运作方式。根据不同部门的业绩要求考核员工,避免"大锅饭"弊端。

现阶段在财政全额拨款的体制下,电视专题部严格按照收支两条线原则为政府部门提供媒体服务,收取拍摄、制作成本费,但不直接用于事业绩效发放。

四、流程再造与技术支持

(一)流程再造

2020年1月25日,上海市互联网信息办公室向黄浦区融媒体中心颁发

[①]《黄浦区新闻办、区融媒体中心举办媒体融合专题培训班》,上海市黄浦区人民政府网站2019年7月25日,https://www.shhuangpu.gov.cn/xw/001006/20190725/edb7b10d-516b-4044-afe7-051d8a3a3aea.html,2019年4月18日。

《互联网新闻信息服务许可证》，允许其从事互联网新闻信息采编发布服务。

为适应融合报道的需求，黄浦区融媒体中心打造"中央厨房"，一方面可以在线上传公示所有选题，显示采访、编辑进度，另一方面便于条线分组、调度人员。尤其是面对突发事件报道，编委会值班人员可以迅速确定记者与新闻现场的距离，与记者保持实时沟通，分派指令。截至调研之日，黄浦区融媒体中心指挥大屏已经建成使用，可以支持记者及时上传新闻素材，供编辑制作，还能汇集线索、显示任务进度等。中心根据采访工作内容、题材、体量的现实需要灵活派遣人员。比如，一名摄像记者负责一条新闻的全部图片、视频内容，搭档一名报纸记者负责同条新闻的所有文字采写等，基本实现"一体策划、一次采集、多次生成"。

"我和我的祖国"快闪 MV 是黄浦区融媒体中心成立后的第一次大型活动，也是其业务流程再造后的一个经典案例。黄浦区融媒体中心抽调 30 多人集体参与策划、拍摄、采访等工作，依靠电视专题部力量，完成"我和我的祖国"快闪 MV 首播，拉开了上海 16 区融媒体中心展播活动的序幕。黄浦区融媒体中心表示，未来还将继续发挥媒体融合的优势，对区两会、音乐节、广场音乐会等活动直播，通过电脑终端、手机终端实时同步推送。

2019 年 11 月 7 日，在由上海市新闻工作者协会区报工作委员会主办的纪念第 20 届中国记者节暨上海市区报 2019 年度好新闻表彰会议上，黄浦区融媒体中心获得 3 个一等奖、2 个二等奖、2 个三等奖。[1]

（二）技术支持

遵循"统一标准体系、统一技术平台、统一安全防护、统一运营维护监管"建设要求，上海市委宣传部通过购买东方网服务的方式建设上海区级融媒体中心市级统一技术平台。东方网为 16 个区级融媒体中心提供两个对内工作用的客户端："融采编"工作客户端用以支持全媒体采编工作；"融上海"管理客户端用以监测数据、评析传播效果等。[2]

黄浦区融媒体中心移动客户端的建设早在区级融媒体中心正式成立前就已启动。"上海黄浦"App（原名为"阿拉黄浦"，2020 年升级迭代后更名为"上海黄浦"）由成都千域互联科技有限公司开发设计，故其页面与东方网统一开

---

[1] 王月华：《2019 年度区报好新闻评奖揭晓》，《黄浦报》2019 年 11 月 8 日，第 1 版。
[2] 徐世平：《县级融媒体中心建设的上海方式》，《网络传播》2020 年第 2 期。

发的模板不同。但中心成立后,客户端后台数据已经全部接入了上海市级统一技术平台。

无论是移动客户端建设,还是媒体平台操作系统的搭建,都离不开技术的支持。区级媒体自身的技术力量普遍比较薄弱,因此黄浦区主要采取了购买技术服务的模式。中心负责人表示,区级融媒体中心和一般的省级电视台有所差别,特别是市中心的区级媒体体量小、编制有限,很多媒体项目操作需要专业的技术团队完成,但专门设立技术部门或后勤保障部来招聘和培养自己的技术团队成本高昂;同时,技术发展日新月异,基层媒体始终追赶技术潮流培养专门的技术人才也不现实,因此相较之下,技术外包是解决区级融媒体中心技术问题比较现实的途径。

此外,黄浦区社会文化资源丰富,据负责人介绍,未来中心将与相关职能部门、各个街镇社区沟通,通过引入链接、开设端口等方式打造掌上服务政务平台,紧密贴合市民衣食住行生活需求,直接对接各个政务部门提供的办事服务。

五、核心平台——融媒体客户端建设

"上海黄浦"App是黄浦区融媒体中心全面升级的融媒体移动客户端,分为"首页""直播""黄浦圈""服务厅"和"我的"5个版块。具体页面设置如表5-2所示。

其中,"首页"包括"城事""政务""民生""专栏""乐活""投票""视频""答题"等9个栏目,可为用户提供黄浦本地最新资讯。直播模块主要提供各类活动、会议的在线直播以及回放。"黄浦圈"结合微博热门话题、分享动态和微信朋友圈的功能设计,形成黄浦区市民的"朋友圈",鼓励社区居民随时随地发布生活动态。任何加入"黄浦圈"的人都可以点赞、评论、转发分享最新动态,而好友动态允许用户看到身边使用黄浦圈的亲朋好友的动态。"我的"版块设置了任务中心和提现功能,这是"上海黄浦"App为鼓励用户提高使用率而设计的。用户可通过签到、阅读、观看直播、分享、评论等获取金币积分奖励,并将虚拟金币兑换成零钱提现。"服务厅"设置"一网通办""市民办事""百姓生活"栏目囊括养老、医疗、教育、交通以及垃圾分类等信息查询,聚合了缴费、护照办理、参观预约、通行证办理等各种应用服务,为市民日常生活和办事提供方便。(见表5-3)

表5-2　　　　　　　　"上海黄浦"App设置一览

版块	栏目	版块	栏目
首页	城事	直播	全媒体直播
	政务	黄浦圈	热门话题
	民生		最新动态
	专栏		好友动态
	乐活	服务厅（详情见表5-3）	一网通办（4项）
	视频		市民办事（10项）
	投票		百姓生活（8项）
	问吧	我的	积分商城
	答题		小积分大用处
	到孔子家上学		积分兑换进行时
	新时代文明实践中心		

注：由于"上海黄浦"App内容持续更新，该表仅反映截至2020年8月的App布局。

表5-3　　　　　　"上海黄浦"App"服务厅"版块一览表

版块	服务	平台
一网通办	社区事务	一网通办
	行政服务	一网通办
	政务店小二	一网通办
	企业发展服务	黄浦区企业发展服务平台
市民办事	核酸预约检测预约	黄浦区中西医结合医院分院和黄浦区融媒体中心合作
	参观预约	黄浦区融媒体中心
	结婚预约登记	市级平台"一网通办"
	养老保险查询	上海市人力资源社会保障网、上海发布合作提供
	医疗保险查询	上海医保、上海发布合作提供
	入学信息查询	上海发布制作，看新闻提供技术支持
	公积金查询	上海市公积金管理中心关于系统升级暂停业务办理的公告
	个税查询	国家税务总局上海市税务局官网
	通行证办理	市级平台"一网通办"
	护照办理	市级平台"一网通办"

续表

版块	服务	平台
百姓生活	生活缴费	"付费通"页面
	疫苗接种查询	上海疾控微信公众号"疫苗接种"
	景区客流	上海新联纬讯景区实时客流
	垃圾分类查询	市级平台"一网通办"
	天气查询	上海天气
	空气质量	上海市环境监测中心、上海发布合作提供
	路况查询	市路政局、市城乡建设和交通发展院、上海发布合作提供
	公交实时查询	上海市交通委员会信息中心

六、年度特色内容

(一) 利用丰富的红色旅游资源,开发线上预约参观功能

上海是中国共产党的诞生地、中国革命的摇篮,黄浦区集中了中共一大会址等重要红色地标。近年来,黄浦区积极推进"党的诞生地发掘宣传工程",打响"红色文化"品牌。2020年7月,"星火初燃"——中国共产党发起组成立地(《新青年》编辑部)旧址史迹陈列展开始试运营开放。7月6日,中国共产党发起组成立地(《新青年》编辑部)旧址参观正式在黄浦区融媒体中心平台开通网上预约通道。"上海黄浦"App 在"服务厅"版块上线了预约功能,市民还可在"上海黄浦"微信公众号菜单"指尖服务"栏目进行参观预约。这是黄浦区融媒体中心与区委宣传部通力合作,既方便景点管理和市民参观,也能够提升融媒体中心影响力的有益尝试。

(二) 上线特色"政务店小二",为企业提供"网购式"办事服务

打造全市最优营商环境是黄浦区近年来的重点工作,黄浦区政府积极运用信息化手段,实施服务流程再造,尽可能简化部门审批程序,实现"最多跑一次"。为此,黄浦区融媒体中心非常重视平台的企业服务建设,更加精细地回应企业的办事需求。

其中,"上海黄浦"App 接入的"政务店小二"主题服务,有机地串联起从企业注册到后置审批的办理全过程,智能帮办引导、机器人解答、线上即时互动、

政务购物车等功能。它先前是采用连接到上海市人民政府官方网站的方式提供服务，优化后的版本在界面设计、操作体验上有所升级。首先，用户可以根据界面顶端"功能引导"指令直观地了解页面设置和操作步骤，智能引导使服务更加人性化；其次，创造性采用淘宝购物模式，借鉴"淘宝旺旺"的电商互动机制，由办理经验丰富的工作人员扮演"客服"角色，负责解答企业的各类疑问，用户按需下单后，集中到"一网通办"平台办理。未来黄浦区融媒体中心将不断完善有关企业服务功能，例如开通企业问题意见征集系统等，保证区内企业与政府部门的高效沟通。

（三）依托"到孔子家上学"社区品牌文化活动，增强市民线上参与

"到孔子家上学"是黄浦区自2018年起全新打造的"国学进社区"文教结合特色项目，陆续推出过"到孔子家过端午节""到孔子家上国学班"、沉浸式国学阅读等系列活动。从2019年5月起，黄浦区融媒体中心联手黄浦区教育局、老西门街道、黄浦区社区学院、黄浦区青少年艺术活动中心等先后发起"到孔子家上学"——国学经典诵读展示活动、"到孔子家上学"——"我们的节日"（春节、元宵）网络诗词大会活动，采取"线上＋线下"联动的模式，上线"上海黄浦"App进行投放面向公众征集一分钟内的吟诵主题小视频，通过人气排名和转发量决出热门选手参加线下展示活动，最终评选出优秀作品。2020年，App进一步改版升级"到孔子家上学"内容，开辟了"微视频秀""弹古论今""国学经典"等专栏。"微视频秀"沿用了此前的微视频"周榜"和"总榜"形式，由黄浦区融媒体中心与区内教育局、文明办等单位合作不定期推出各种主题视频秀征集活动。

这类微视频征集活动充分体现了区级融媒体中心内容生产的交互性特点：第一，短视频的传播方式符合时下年轻群体的媒介使用习惯，能够激发他们参与生产、传播的兴趣；第二，同是用户生产内容，黄浦区融媒体中心的微视频秀与抖音、快手等平台的短视频不完全一样。前者设有各类主题，面向区内广大青少年群体征集作内容，有严格的内容把关和价值导向，属于公益宣传或者社区文化传播。第三，微视频秀的出镜者是孩子，它能够带动以家庭（包括亲朋好友）为单位的传播，有助于进一步扩大区级融媒体中心平台的影响力与传播力。

（四）联合推进"两个中心"建设，助力搭建市民网络参政平台

"上海黄浦"App在首页特别开设了新时代文明实践中心栏目，公开发布志愿服务项目与志愿者招募信息，助力探索精准化、常态化的志愿服务模式。黄浦区融媒体中心配合新时代文明中心建设，搜集选题素材，做好区内好人好事的宣传报道，营造良好的文明创建氛围。

"黄浦圈"则结合了微博热门话题和微信朋友圈的设计特点，充分考虑新媒体时代用户的社交需求，试图通过打造网络化社区空间增强用户彼此间的联系。"黄浦圈"专门设置了"给垃圾分个类"与"我要秀文明"话题，推进垃圾分类工作和新时代文明中心建设，引导市民关注和践行有关政策。"问吧"栏目设计了"社会新闻爆料""政策法规咨询""民生问题反映""困难述求解答"4个话题。这一栏目为市民提供了意见和建议表达平台，市民反映问题后中心会联系相关部门及时处理、反馈。对于复杂问题，融媒体中心可以发挥媒体社会监督功能，通过采访报道推动问题解决，并就一些有益经验进行宣传推广。

此外，黄浦区融媒体中心还开设了政府领导在线访谈，如：与打浦桥街道办事处主任讨论垃圾分类新举措；邀请外滩街道党工委书记进行"增加有效供给，实现养老服务网络全覆盖"主题访谈。中心通过多渠道及时了解市民关心的各类难题，并能沟通街镇等资源对其作出回应，优化政务工作的细节，真正做好"为民服务"。

七、抗击新冠肺炎疫情中的突出表现

此次新冠肺炎疫情期间，上海16个区级融媒体中心联合东方网在各融媒体客户端上线"抗击疫情　上海在行动"抗"疫"服务聚合类新媒体产品，涵盖了口罩在线预约、上海定点发热门诊导航、上海本地疫情通报等功能。这些服务直击痛点，深入民心，对接疫情之下市民的切实需求。除联合开设的项目外，黄浦区融媒体中心结合区情，在抗击新冠肺炎疫情中还有以下几个特色表现。

（一）开通疫情防控问题建议征集渠道，协同相关部门改进防控细节

在疫情防控工作问题建议征集工作方面，黄浦区融媒体中心在多渠道回应市民需求上有不少积极举措。2月17日，"上海黄浦"政务微信主页在"指尖服务"菜单增开"防控建议"栏目，同时在"上海黄浦"App主页滚动"防控建议"栏目作为重要的信息收集渠道。对于市民提出的口罩数量、预约模式等问题，

中心安排专人进行协调解决。例如,就残疾居民反映的口罩预约没能考虑特殊家庭需求,黄浦区融媒体中心协调五里桥街道相关居委提供上门送口罩服务;协同相关部门立即着手改进口罩预约流程,不断优化防控工作细节,更好地为全体市民服务。①

(二) 上线核酸检测预约服务,实现全程无接触

黄浦区融媒体中心和区内唯一的定点采样机构——黄浦区中西医结合医院分院合作,2020年6月在"上海黄浦"App开通核酸检测预约服务。区内市民可下载"上海黄浦"App,在服务厅版块内"市民办事"栏目下选择"核酸预约检测"填写个人信息完成预约。医院在1个工作日内回复预约情况,并在检测后第二天把报告发送至预留邮箱地址。这项服务不仅方便区内医院接诊,避免医院内人群拥挤,而且也节省了市民的交通往来负担。预约回复、报告都采用全程无接触方式,最大程度地保障市民的健康安全。

(三) 增设"黄浦十条"专栏,助力全区复工复产

为了有序推进区内企业复工复产、商业复市,融媒体中心在"上海黄浦"App上线了"夺取双胜利!助力企业复工复产复市"新媒体服务产品,为各行业企业提供复工指南、服务以及招聘等信息。此外,黄浦区融媒体中心还在"上海黄浦"官方微信公众号菜单"办事大厅"增设了"黄浦十条"(即支持中小微企业平稳发展的10条举措)疫情专栏,为广大中小微企业和员工提供政策解读、主题服务、智能终端、在线预约、物流查询服务,在充分考虑企业、市民的办事需求的同时降低交叉传染风险。例如,区内楼宇经济发达,"上海黄浦"微信的"智能终端服务"可以为市民提供就近"店小二"综合智能终端的地图导航,市民可以在周边商业楼宇的智能终端在线"办事",减少了特殊时期的人群接触;当在线主题服务、智能终端无法解决企业、个人的办事需求,必须前往实体大厅办理时,专栏的"在线预约"服务可让工作人员为市民错峰办事,避免其长时间聚集、滞留,保障人身健康安全;考虑到疫情期间纸质文件的签发盖章难题,"黄浦十条"疫情专栏还通过连接全市统一物流平台,为市民提供相关证照和申请材料的快递服务。

---

① 王洁敏:《发挥联动效力重视共性问题 上海的这个征集平台升级2.0版本》,东方网2020年2月25日,http://n.eastday.com/pnews/1582621329013423,2020年5月29日。

R6 上海市金山区融媒体中心建设发展调研报告

一、相关区情简介

金山区东邻奉贤区,西与浙江省平湖市、嘉善县交界,南濒杭州湾,北与松江区、青浦区接壤。总面积586.05平方千米,辖有9个镇、1个街道、1个工业区、108个居委会和124个村委会。[①]

金山区地处上海南部,水陆交通网络四通八达。杭州湾跨海大桥和嘉绍大桥连通沪宁、沪杭,使金山成为汇聚上海周边城市人流、物流、资金流的重地。金山区各类活动资源丰富,拥有"金山杯"国际青少年足球邀请赛、全国马术场地障碍锦标赛、市民运动会等精品赛事,以及上海金山城市沙滩国际啤酒节、上海金山城市沙滩国际音乐烟花节等强影响力品牌活动。

金山区将农业资源与旅游产业融合发展,成功举办金山草莓节、田野百花节、西甜瓜节、施泉葡萄节、蟠桃节、枫泾黄桃节、张桥羊肉节等系列农业农产品推广活动,并着力打造独具金山特色的农业休闲旅游区。[②] 2018年上海市委书记李强率队来金山开展工作调研,明确提出新形势下金山"两区一堡"战略定位——成为"打响'上海制造'品牌的重要承载区、实施乡村振兴战略的先

[①] 走进金山地理概况,上海市金山区人民政府网站2019年12月16日,http://www.jinshan.gov.cn/gb/shjs/jsgl/n3961/u1ai95391.html,2020年7月21日;《上海市行政区划名称表》(截至2019年12月31日),上海市民政局官方网站2020年1月7日,https://mzj.sh.gov.cn/MZ_zhuzhan116_0-2-8-15-58-77/20200519/MZ_zhuzhan116_43816.html,2020年7月21日。

[②] 走进金山名品特产,上海市金山区人民政府网站2020年1月10日,http://www.jinshan.gov.cn/gb/shjs/jsgl/n3964/u1ai95400.html,2020年7月21日。

行区和长三角高质量一体化发展的桥头堡"。① 根据《上海市金山区总体规划暨土地利用总体规划(2017—2035)》,金山区将围绕"生态""海洋"和"文化"三大主题,以"新兴产业的成长地、创新创业的汇聚地、宜居宜游的优选地、城市生态的滋养地、联动发展的共赢地"为建设导向,至2035年,把金山建设成为"创业金山、宜居金山、和谐金山"。②

作为农村密集的郊区,金山区重视广播发展。截至2016年1月,金山区基本建成以区新闻传媒中心为中心,以镇、村广播室为支点的有线应急广播传输网络体系和声音覆盖体系。③ 村级广播系统除自动接收金山区广播电台节目外,目前已有20多个村有自办节目,定时播放自办节目。

二、融媒体中心建设的基本概况

(一) 发展历程

金山区在上海市16个区中媒体融合起步较早。根据党的十八届三中全会审议通过的《关于推动传统媒体和新兴媒体融合发展的指导意见》,2015年10月30号,金山区撤销了上海市金山区广播电视台、金山报社事业单位独立建制,成立上海市金山区新闻传媒中心,同时增挂上海市金山广播电视台牌子,金山区新闻传媒中心由此成为"上海首家集报、台、网、新媒体全面融合的区级新闻传媒机构"④。中心下设综合办公室、总编室、组织人事部、全媒体采编部、报纸部、电视新闻部、广播部、新媒体部、专题节目部、产业发展部、通联部、播出部、技术部13个部室,负责《金山报》、金山电视台、金山人民广播电台(FM105.1)、《金山手机报》、"i金山"、掌上金山App、视听金山、金山传播、鑫网等13个媒体端的运营管理。

2019年6月28日,金山区融媒体中心挂牌成立,为区委宣传部下属的

---

① 《认真践行"人民城市"理念,深入实施"两区一堡"战略 奋力创造新时代金山发展新奇迹》,上海市金山区人民政府网站2020年7月10日,https://www.jinshan.gov.cn/gb/shjs/zwxx/zwyw/u1ai145444.html,2020年7月21日。
② 《〈上海市金山区总体规划暨土地利用总体规划(2017—2035)〉草案公示的公告》,上海市金山区人民政府网站2018年7月16日,http://www.jinshan.gov.cn/gb/shjs/n4304/n4342/n4343/n4347/n4354/u1ai126855.html,2020年7月21日。
③ 陆辰丽:《数字广播装进金山六万农户家》,《金山报》2016年1月8日,第1版。
④ 罗迎春、金宏:《市委宣传部调研金山融媒体建设和发展情况 扎实抓好融媒体中心建设》,《金山报》2018年10月26日,第1版。

财政全额拨款的正处级事业单位,由此完成了新闻媒体深度融合的"二次改革"。

(二)组织架构

目前金山区融媒体中心设有13个部门,即办公室、党群工作部、人力资源部、总编室、新闻采集中心、移动传播中心、报纸部、广播部、电视部、大型活动部、技术部、播出部、通联服务部。改革前后的金山区融媒体中心部门数量没有变化,但在组织架构方面有不小调整。按照中央提出的主流舆论阵地、综合服务平台、社区信息枢纽三大平台建设要求,金山区融媒体中心坚持"移动优先"和"全媒一体化"原则,整合单位所有记者成立新闻采集中心;整合微信、微博、融媒体客户端、抖音号等媒体端口成立移动传播中心。

金山区融媒中心仍保留了报纸部、广播部、电视部,但它们和原来的部门职能不完全相同。全新成立的新闻采集中心和移动传播中心实行互联网化的业务流程,打破行政化、线性化的采编思路,根据媒体端口的不同特点制作发布相应内容,不同岗位的员工可以随时随地移动办公,实现全天候的新闻信息传播。

特别设置的通联服务部主要是为了负责"上海金山"App运营维护推广以及与区内委办局进行联系沟通,共同打造智能服务平台。这一部门的改革表明金山区融媒体中心的目标不是简单地构建一个针对全媒体传播需求的微缩版"中央厨房",它更重要的任务在于实现政务资源和市民公共服务需求的无缝对接。

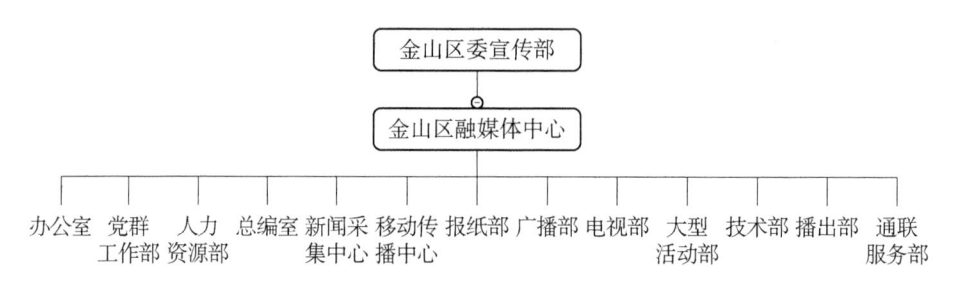

图6-1 金山区融媒体中心组织架构

(三)平台布局

随着县级融媒体中心建设工作在全国推进,2019年金山区融媒体中心在原有经验基础上进一步深化改革。在媒体平台的整合方面,先前的金山区新闻传媒中心已初步显现多维布局的意识,打通了传统媒体和新媒体渠道。现今的金山区融媒体中心在保留原有平台的基础上,重点开发推出"上海金山"融媒体客户端,构建起以其为龙头,外加报纸、广播、电视、微博、微信、抖音的全方位、多层次主流舆论矩阵。

和以往媒体融合实践相比,今天的金山区融媒体中心在平台布局上主要有以下特点:

第一,从简单"相加"迈向深度"相融"。金山区融媒体中心的平台矩阵不是停留在物理相加阶段,而是体现在采编流程的再造。依托东方网统一技术支持,建成集指挥调度、素材上传、线索汇集、新闻分发、阅读指数考评等功能于一体的融媒体中心大屏,实现报纸、广播电视、新媒体部门的分工协作。

第二,在新媒体端"合并同类项",化繁就简,加强核心平台("上海金山"App和"i金山"微信公众号)建设。在融媒体中心成立之前,金山区新媒体端账号繁多。一方面账号主体不完全一致,内容定位、服务功能却存在交叉重复;另一方面,众多新媒体账号的日常运营维护工作会耗费大量的人力、物力,中心工作人员负担较重,而平均到各新媒体端的传播效果一般。融媒体中心建成以后,基于进一步规范政务新媒体管理的工作要求,金山区停、更、注销或迁移了原有的一些微信公众号,例如"上海金山门户网站"微信公众号。

第三,强化媒体平台服务市民和参与社会治理的功能。长期以来,金山区广播电视台、《金山报》多以金山区委、区府的重要会议、区重大活动以及区内民生新闻为主要题材。现阶段金山区融媒体中心突出移动端的便民服务性和参与互动性,"i金山"是首批入驻央视新闻移动网平台应用的新媒体矩阵号,其微信菜单主要设置"对话区长""融新闻""微服务"3个版块,详情如表6-1所示。

表6-1　　　　　　　　"i金山"官方微信菜单详情页

版块	栏目	备注
对话区长		改善人居环境　共建美丽家园
		2020对话区长问题征集
融新闻	读报纸	金山报数字报
	看电视	金山电视台高清219,标清19频道
	听广播	金山广播电台FM105.1
	观直播	金山区迎接援鄂医疗队凯旋仪式

续表

版块	栏目	备注
微服务	微矩阵	13个街镇、30个委办局、19个服务类
	微查询	交通查询、生活查询、便民查询、个人查询
	政策解读	上海市人民政府官网—信息公开—政策解读页面
	新媒体月报	金山区政务新媒体月度报告
	疫情防控服务	抗击疫情众志成城　金山在行动 疫情防控服务平台

注：由于"i金山"微信公众号内容持续更新，该表仅反映截至2020年8月的微信菜单布局。

三、人事制度改革与创新

（一）人员队伍建设

人员队伍建设是区级融媒体中心战略规划的重要部分。截至调研之日，金山区融媒体中心共有91个编制，即广播电视台、报社初创时的编制数相加，而融媒体中心实际投入运转的员工有140人左右。中心按照收支两条线的原则采取事业单位企业化运作的方式，通过运营上海金山文化传媒有限公司将一部分员工吸纳进企业编制。据介绍，该公司相当于金山区融媒体中心的第14个部门，其管理人员接受中心任免，具体工作要求与考核标准由中心核定。中心拟录用的编制外员工与该企业签订劳动合同，与编制内员工实行同工同酬，同劳同得。员工身份区隔的破除使得中心在招聘用工上具有灵活性。

金山区融媒体中心制定实施了一系列保障性制度、政策，具体包括党政协同、人才引进等方面。2019年，金山区融媒体中心出台了《关于加强媒体人才队伍建设的意见办法》，形成了中心之外激励媒体人才发展的一个制度体系。

在媒体人才引进方面，金山区融媒体中心设置了骨干人才、领军人才、一般性媒体专业人才等几类标准，并争取到了区内人才专项资金的支持，从2019年开始引进知名高校传媒相关专业优秀毕业生，实行协议年薪制。对内部现有人才，融媒体中心实行4级人才划分评选，即最高领军人才、首席人才、预备首席、媒体英才。4个等级所需要的经费支出全部由区级财政专项资金供给，不占用单位绩效。这种做法对金山区融媒体中心起到较大的扶持作用。如果是从单位年度固定绩效中拨出一部分资金用以人才引进和人才评优，会减少现有员工的绩效总量，进而可能影响整体工作氛围，并且少量的资金对于引进人才、员工奖励也是杯水车薪，很难达到理想效果；而区财政专项资金的支持即在"定量"的基础上给予"增量"，非但不会影响单位员工的基本收入，还能一定程度地产生激励作用，以缓解人才招、培的燃眉之急。

此外，金山区融媒体中心积极开展与上海市高校的合作，已与华东师范大学传播学院签订了实习基地协议，为未来的人才培训、人才储备奠定基础。值得一提的是，金山区融媒体中心与华东师范大学的合作不局限于学生假期实习，而是以联合报道的方式深入到课程设计中，将校内学习和业界专业实践指导紧密结合。例如，2019年，"新闻摄影"和"广播电视新闻学"两门课程就联合金山区融媒体中心，组织2018级新闻学系同学开展以"上海新农村建设"为主题的课程实践活动。① 融媒体中心记者深度参与课堂进行"手把手"实地教学，既能让区级融媒体中心熟悉高校传媒人才培养的现状，提出一些针对性专业要求，也能让在校学生深度了解融合媒体的业务流程。长远来看，良好的联合培养模式也有利于融媒体中心从学校吸纳有潜力的全媒体人才。

在从业资格认证与职称评聘方面，金山区融媒体中心推行媒体融合改革后，一方面，报纸记者、编辑可以通过广电系统报名参加专业资格认证考试，考试通过以后获得记者、编辑等岗位的从业资格证；另一方面，编制外员工现在也能够参与职称评定。金山区融媒体中心中级职称的员工比例较高，但副高以上高级职称很少。其关键原因是，区级媒体高级职称评定困难，高级职称的评定标准主要基于新闻作品所获市级、中央级的奖项，但区级媒体在这方面具有明显劣势，获得高级别奖项的机会比较有限，因此晋升高级职称的机会也就十分有限。职称晋升的困难会带来人才流失的风险，一些能力出众的员工因此而跳槽，部分流向了职称评定相对机会更多的市级平台。

（二）绩效分配改革

为促进人员队伍建设，金山区融媒体中心创新了绩效考核方式。截至调研之日，金山区融媒体中心实行部门二级分配，即：20%的绩效由中心层面进行年度分配；80%的绩效按照人均划到每个部门，由每个部门按照实际工作进行拉差发放，尽可能实现多劳多得，优稿优酬。

---

① 《传播学院与金山区融媒体中心联合开展上海新农村建设报道活动》，华东师范大学传播学院官网2019年12月15日，http://www.comm.ecnu.edu.cn/comm_backup/htmlaction.do?method=toHtmlDetail&htmlId=1148，2020年7月23日。

为了在现有财政全额拨款体制下激发员工积极性，金山区融媒体中心实行好作品评选机制，中心从提留的20%绩效中拿出2%—3%激励采编部门，鼓励记者编辑参与每月好作品评选，分别按照1、2、3三个等级评定作品，优秀作品作者可获得相应数额的奖金。此外，金山区融媒体中心对采编人员还有外宣奖励，如给上海电视台"新闻坊"栏目供稿的记者、编辑发放一定的稿费。

金山区融媒体中心通过二级分配模式优化固定绩效和激励绩效的比例，在奖励考核上对一线员工有所侧重，但在全额拨款的前提下个人薪酬提升幅度还是比较有限的。如果改革后工作量增加而报酬提高不多，容易出现员工主动性不强、积极性不高的问题。因此，绩效分配方案需要在未来的实践中进一步创新优化。

四、流程再造与技术支持

（一）流程再造

2019年金山区融媒体中心成立后，以融媒体技术平台为支撑进行配套流程再造。机构整合以前，报纸、电视、新媒体等部门分别派出记者前往现场采访，而融媒体中心成立以后，打造了"中央厨房"，它相当于整个中心的"中枢大脑"，极大地提高了新闻生产效率。"中央厨房"定期召开编前会，筛选确定有价值的新闻选题，之后由新闻采集中心负责统一采集新闻素材，记者、编辑根据移动传播中心不同端口所需新闻的特性进行加工发布。"中央厨房"负责对整个融媒体中心各部门的每日运营情况进行检测和调度，确保其正常运营。2020年1月25日，上海市互联网信息办公室向金山区融媒体中心颁发《互联网新闻信息服务许可证》，准许其从事互联网新闻信息采编发布服务。

面对现在庞大的网络直播需求，金山区融媒体中心与中央广播电视总台（简称"央视"）等第三方平台建立稳定联系以放大传播效应，成为入驻央视"全国县级融媒体智慧平台"的百家县级融媒体中心之一。2019年，金山区融媒体中心多次在央视频移动网平台直播，其中两次田野百花节与2019年5月1日烟花节点击收看次数达到将近150万次。负责人表示，未来中心加大力度做好阶段性选题策划，与央视、新华社等媒体合作直播旅游节、丰收节、蟠桃节、海滩音乐节等活动，宣介本土文旅、体育、农业资源。

（二）技术支持

遵照"统一标准体系、统一技术平台、统一安全防护、统一运营维护监管"

建设要求,上海市委宣传部通过购买东方网服务的方式建设上海区级融媒体中心市级统一技术平台。东方网为16个区级融媒体中心提供两个对内工作用的客户端:"融采编"工作客户端用以支持全媒体采编工作;"融上海"管理客户端用以监测管理数据等。[①]"上海金山"App将后台数据全部对接至上海市级统一技术平台东方网。

中心现阶段还面临一些技术难题:首先,技术人才的短缺。目前技术团队力量相对薄弱,现有传统技术人员难以完全达到融媒体技术要求,而事业单位人员经费有限,较难吸引和招聘社会上优秀的技术人才;其次,客户端特色服务内容的开发有限。目前融媒体客户端更多采用接入区内已有服务和"一网通办"等市级服务的方式,东方网现有的技术和人力在"上海金山"App上实现区内特色服务功能仍有一定难度。

五、核心平台——融媒体客户端的建设

如表6-2所示,"上海金山"App融媒体服务、政务服务、便民服务、信息交互等功能为一体,分为"首页""视听""短视频""服务""我的"5个版块。

表6-2　　　　　　"上海金山"App设置一览

版块	栏目		版块	栏目
首页	推荐	滚动头条	服务	一网通办
		融媒矩阵		决策公开
		活动直播		执行公开
		文明实践	政务	书记信箱
		在线教育		区长信箱
		心连鑫		街镇信箱
	政声			建议征集
	民生		党建	鑫思想
	发现			文明实践
	专题		便民	金山住宿

[①] 徐世平:《县级融媒体中心建设的上海方式》,《网络传播》2020年第2期。

续表

版块	栏目		版块	栏目
视听	看电视		便民	生活缴费
	听广播			社保卡
	读报纸			求职招聘
	精彩推荐	金视新闻		公积金
		闲话金山		养老保险
		魅力金山		个税查询
		快乐起跑		积分商城
		党旗飘扬		餐饮脸谱
		平安金山		社区事务
		金山人大		垃圾分类
		政协委员风采录		民生服务
		上海石化	医疗	预约挂号
短视频				名医直播
我的	我的收藏			医疗保险直播
	我的评论			自诊自查
	我的发现		文化	演出
	我的订阅			活动
	每日任务			场馆
	填写邀请码			讲座
	邀请好友		教育	金山教育
	扫一扫			教育大厅
	意见反馈			在线教育
	单位码			入学信息
	设置		交通	金山铁路
	隐私政策			道路积水
	用户协议			交通卡
				交通违法

续表

版块	栏目	版块	栏目
		互动	景点预约
			金山科普
			我的家园
			视频会议
			亲情通话
			法律援助
			电视遥控
			智慧吕巷

注：由于"上海金山"App内容持续更新，该表仅反映截至2020年8月的App布局。

首页版块包含推荐、政声、民生、专题、发现5个栏目。其中，推荐栏目，下设融媒矩阵、活动直播、在线教育、滚动头条、文明实践、心连鑫。融媒矩阵分别按照政务号、企业号、机构号和在线教育4个类别系统提供了金山区内有影响力的公众号，方便用户订阅话题搜索信息，具体包括"醉美枫泾""今日山阳""今日朱泾""金山文明""金山有线"等；政声栏目，发布金山区政府工作信息、区委会议、督察公告等，市民点击后即可了解金山区领导近日的重要讲话和最新工作进展；专题栏目，围绕当前时政党建、新闻热点、金山产业发展、文明创建等，汇编展示了"科普战疫 共同战疫""加油！脱贫攻坚""垃圾分类""乡村振兴""厚德金山 礼尚之滨""数说金山70年"等专题；发现栏目，包含"随拍""投稿""问政"3个栏目，以满足用户的线上参与需求。

"视听"版块提供"看电视""听广播""读报纸""精彩推荐"4个入口，用户可以在线阅读电子版《金山报》，收听金山广播电台FM105.1，回看金山电视台精彩节目。"服务"版块功能设置分成"政务""党建""便民""医疗""文化""教育""交通"与"互动"8个栏目。在交通服务一栏，"金山铁路"结合了"金山铁路时刻"微信公众号和微博的相关功能。

六、年度特色内容

（一）响应"乡村振兴"战略，开展多样化的"三农"传播

农业是金山区的特色资源，区内耕地接近40万亩，拥有40多万农村常住

人口,"三农"工作获得多项国家级荣誉。① 作为农业大区的基层主流媒体,金山区融媒体中心非常注重内容生产与乡村振兴战略的对接。金山区凭借沪浙交界的区位优势,积极与长三角地区周边省域媒体开展互联传播。2019年,金山区融媒体中心与浙江诸暨、安徽肥东、江苏常熟4家电台联合推出"长三角特色小镇1+1"对农广播融媒体大型跨地行动,6场主题直播综合展示了长三角多个精品特色小镇风情。② 该活动创造性地通过县域媒体联动推介本地乡村资源,在此基础开展旅游及产品交易。这是"融媒体助农"的典型实践——运用媒体资源推动产业合作,以线上报道带动线下的农产品出售和小镇旅游。

金山区融媒体中心坚持"一体策划",充分发挥不同媒体渠道优势。例如,2019年邀请各个村的书记接受广播访谈,在访谈基础上全媒跟进,选择访谈当中的核心内容作为报纸的主题稿发布;航拍各个村镇,制作30秒或1分钟的视频资料在新媒体端推送,搭配图文介绍等。区县级融媒体中心的内容生产具有高度鲜明的地域性,能够向下深入到村镇一级。这是区级融媒体中心的优势所在,也是与中央及省市媒体错位发展的关键所在。

(二) 推进"两个中心"联合建设,做好党建服务与市民服务

金山区融媒体中心重视"媒体+党建"服务平台建设,在融媒体客户端设置"文明实践中心""鑫思想"版块,在为党员党课学习、组织关系转接申请提供便利的同时,也致力有效对接市民需求,提高公共服务的针对性。按照统一部署,金山区与长宁区、静安区、闵行区、崇明区4个区共同列入第2批全国新时代文明实践中心建设试点县(市、区)范围。③ 为此,金山区融媒体中心与区文明办合作,在"上海金山"App服务版块开设文明实践中心通道,承担供需对接、资源整合、活动组织、指导监督、服务配送等功能,探索精准化、常态化的志愿服务模式。

区级融媒体中心与新时代文明实践中心建设的共同目标均在于盘活现有公共服务资源,建成完善"多网合一"网格化党建工作的平台,打造创新基层社

---

① 《金山以更高标准 更严要求 努力成为实施乡村振兴战略的先行区》,上海市金山区人民政府网站2018年6月5日,http://www.jinshan.gov.cn/gb/shjs/xxgk/n3865/n3866/n4072/u1ai118752.html,2020年7月23日。
② 《安徽肥东:"长三角特色小镇1+1"活动圆满收官》,人民网安徽频道2019年08月21日,http://ah.people.com.cn/n2/2019/0821/c358266-33273344.html,2020年7月23日。
③ 《上海部署建设新时代文明实践中心》,上海市人民政府门户网站2019年12月12日,http://www.shanghai.gov.cn/nw2/nw2314/nw2315/nw43978/u21aw1414673.html,2020年7月25日。

会治理的重要载体。两者都需要处理线上和线下的关系，统筹调度，形成基层公共服务精准供给的合力。依托融媒体中心线上平台，金山区文明实践中心可以及时了解市民的服务需求和反馈意见，公布志愿服务项目招募志愿者，极大地提升区域资源的配置效率。此外，金山区融媒体中心还能发挥媒体报道的优势，一方面收集新闻素材，对文明志愿服务中涌现的好人好事进行报道，或宣传居村服务、治理经验；另一方面对服务情况予以监督，通过新闻报道推动市民棘手事、烦心事的及时解决。

（三）打造"问政"节目，畅通市民表达

除了在客户端平台接入和开设各类服务端口外，如何高效生产具有政治沟通、社会整合作用的内容，也是区县级融媒体中心需要着力思考的课题。金山区融媒体中心秉持"媒体＋政务"的理念，制作"问政"节目并进行全媒体传播。2020年5—8月，中心开设"决胜小康——2020对话街镇（工业区社区）书记"访谈栏目。通过街镇一把手访谈的形式，集中展现街镇（工业区社区）全面建成小康社会所取得的成就，回应市民关切。

这类节目的生产有诸多益处：首先，市民可以现场提问，要求领导作出回复。例如，在对枫泾镇书记的访谈中，有人提出自家房屋改建、道路拓宽等要求；在朱泾镇书记的访谈中，有人询问镇上"停车难"问题的解决方案等，这些是对"畅通市民的需求表达机制，构建直接高效的政府民生诉求应答渠道"的实际体现。其次，节目在"i金山""上海金山"App、金山电视台19频道和219频道（高清）、金山人民广播电台FM105.1、上海金山门户网站等全媒体平台同步推送，增强市民的互动性。例如，融媒体中心在"i金山"公众号发布第2期朱泾镇访谈节目内容，鼓励受众留言写下对朱泾发展的意见或建议，赠送获赞数排名前30位的网友每人一张上海珠丰甜瓜专业合作社的粉丝福利券。不同于商业平台对消费者的回馈，区级融媒体中心的福利赠送旨在强化与本地市民的联系，调动其参与基层社会治理的积极性。

七、抗击新冠肺炎疫情中的突出表现

此次新冠肺炎疫情期间，上海16个区级融媒体中心联合东方网在各融媒体客户端先后上线"抗击疫情　上海在行动"抗"疫"服务聚合类新媒体产品、疫情防控工作问题建议征集系统、"夺取双胜利！助力企业复工复产复市"新媒体服务,满足疫情之下市民和企业的切实需求。除了16个区统一开设的服务项目外,金山区融媒体中心还结合实际情况创新服务举措,为广大市民解决生活、复工、在线教育等诸多难题。

(一)多方筹集防疫物资,发起三轮口罩免费赠送活动

针对市民普遍反映的口罩难买问题,疫情期间不少区都在融媒体客户端或官方微信上线口罩预约登记系统。金山区融媒体中心的特别之处在于,不仅上线口罩预约功能,而且自3月3日起中心先后发起3轮口罩免费赠送活动。这些防疫物资是由金山区融媒体中心多方筹集而来,首轮捐赠的10 000只口罩来自单位储备物资。[①] 同时,口罩封装工作也由金山区融媒体中心动员部分职工完成。

前两轮口罩赠送活动都由官方微信公布消息,金山区市民下载安装并注册"上海金山"App后进入"口罩预约"页面,按要求填写信息提交申请,预约成功即可前往金山东方有线营业网点领取。3月19日开始的第3轮口罩预约活动创造性采用积分商城兑换规则,用户满100积分可换5个一次性口罩或免洗洗手液。

(二)上线金山区疫情防控平台,构建战疫共同体

2020年2月10日,金山区融媒体中心官方微信正式上线"金山区疫情防控服务"微信小程序1.0(后改名为"金山区疫情防控平台"),提供"疫情线索反映""来沪人员健康信息填报""本区生产型企业开工线上申报功能""境外人员健康服务""社会捐赠""法律服务"等政务服务。随着防疫工作的推进,该平台根据政府、企业、市民实际需求不断优化功能。"i金山"官方微信公众号也及时进行菜单栏调整,在疫情防控菜单下先后增设"防控建议征集""疫情防控服务"栏目。2月15日,金山区融媒体中心成立疫情防控意见建议征集处置工作专班,并抽调人员充实到移动传播中心,具体负责意见建议征集、处置、反馈及信息报送工作。截至2月17日中午12:00,共征集各类意见建议108条。[②]

[①] 冯秋萍:《开展免费赠送口罩活动,金山区融媒体中心拓展为民服务功能》,上观新闻2020年3月5日,https://www.jfdaily.com/news/detail?id=220452,2020年7月25日。
[②] 黄兴:《首日对外征集,当天确定机制,次日发放首张证,金山意见建议征集平台跑出"上海速度"》,劳动观察2020年2月17日,http://www.51ldb.com/shsldb/fkxxgzbdfy/content/b040f3fe-9be4-4107-842f-38c1f766b86d.htm,2020年7月25日。

金山区疫情防控平台为政府、企业、市民提供了便捷高效的沟通渠道。疫情后期,平台推出"企业开工报备""复工复产服务""惠企政策"3个版块,全力方便企业有序复工复产,并对各类稳企扶企政策措施开展宣传、解读工作。市民还可进入惠企政策版块后,点击"国家政策""上海市政策""金山区政策"3个栏目分别查看惠企政策详情,有关政策的任何疑问都可直接点击"政策咨询"留言,相关部门的工作人员将第一时间回应企业需求。

(三)融合作战,举行"英雄凯旋——援鄂医疗队回归"大型融合直播活动

疫情期间金山区融媒体中心在全媒体端每天播出防疫相关内容约达9个小时,还用方言为村民制作标语口号、抗疫文艺作品等音频节目。[①] 此外,央视视频与"上海金山"App合作开设了"疫情24小时"直播链接,多篇报道被央级媒体采用。2020年4月14日,金山区融媒体中心进行长达3小时的"英雄凯旋——援鄂医疗队回归"融媒体直播活动。"上海金山"App、"i金山"微信公众号等新媒体平台累计收获12.5万次浏览量,1 300余条评论。[②]

据资料显示,此次直播是金山区融媒体中心成立以来"时间跨度最长、直播距离最远,内容环节最多,同时带有演播室访谈及多个点位连线的直播"。[③] 该活动充分显示金山区融媒体中心的直播能力,充分体现了融合发展的优势。融媒体中心在此次直播中首次使用手机移动端作为出镜、采访的工具,通过电视演播室访谈、大巴跟拍采访、空中航拍等多种方式,全方位展示了金山区欢迎援鄂医疗队回归的场景。这实现得益于融合后全新的组织架构、配套流程和技术支持,通过周密的前期策划、灵活的部门协作、强大的技术配合,金山区融媒体中心团队有效发挥各传播平台优势,形成规模效应,也为今后的常态化直播积累了经验。

(四)充分发挥广播优势,提升宣传效率

金山区农村居多,此次疫情时期金山区委宣传部发挥区域特色,推动全区

---

① 《上海广播电视全媒体展开抗疫报道》,上海广播电视协会2020年5月6日,http://www.gdxh.sh.cn/node2/n18/n20/u1ai576.html,2020年7月25日。
② 金山区融媒体中心:《金山区大型融合直播,欢迎"英雄"凯旋》,上海市电影技术协会2020年5月22日,http://www.ssmpte.org/xhxw/430.jhtml,2020年7月25日。
③ 金山区融媒体中心:《金山区大型融合直播,欢迎"英雄"凯旋》,上海市电影技术协会2020年5月22日,http://www.ssmpte.org/xhxw/430.jhtml,2020年7月25日。

近6.2万个农村"小喇叭"、400个"大喇叭"和车载移动喇叭开展疫情防控宣传。[①] 2020年3月3日,金山区融媒体中心联合区司法局在FM105.1通过"法在金山"广播节目持续开展防疫法律知识宣传。针对网课期间家长和孩子的心理问题,区融媒体中心联合区文明办在"1051惠生活"共同推出"心灵家园"未成年人心理疏导广播访谈节目,每周邀请区教育局和区心理学会的心理咨询师为广大家长、学生解答相关问题。[②]

(五) 及时推出在线教育功能,长期更新优质网课资源

3月5日,"上海金山"App开放"在线教育"功能,与上海市教委"空中课堂"同步,包含了小学一年级至高三年级教学内容。凡是下载"上海金山"App的市民均可点击首页"在线教育"应用,订阅对应的年级,随时回看教学内容。这既能提升学习时间安排的灵活性,也可避免因播放不畅造成的内容卡顿。一学期课程结束后这一功能被保留下来,并整合进服务界面的教育版块。据悉,其今后将不定期更新优质网课资源,供广大市民使用。

[①] 上海市金山区司法局澎湃号:《以法为纲 聚力保障——金山区坚决打赢疫情防控攻坚战》,澎湃新闻2020年3月3日,https://www.thepaper.cn/newsDetail_forward_6325312,2020年7月25日。
[②] 《金山未成年人心理疏导广播节目每周播放》,上海市金山区人民政府网站2020年3月4日,http://www.jinshan.gov.cn/gb/shjs/zfgg/u1ai142445.html,2020年7月25日。

R7 上海市松江区融媒体中心建设发展调研报告

一、相关区情简介

松江古称华亭,别称有云间、茸城、谷水等,是江南著名的鱼米之乡。松江区在黄浦江中上游,总面积604.64平方千米,占上海市总面积9.5%。区内有国家级上海松江经济技术开发区、国家级上海松江综合保税区和佘山国家旅游度假区。该区下辖11个镇、6个街道,全区有261个居委会,85个村委会。截至2019年年底,全区常住人口177.9万人,其中户籍常住人口70.88万人。①

松江区是上海的发源地,被誉为"上海之根",区内遗留了包括广富林遗址、方塔园、醉白池在内的大量文物古迹,同时坐拥上海独有的"九峰十二山"。近年来,松江区全面推进佘山国家旅游度假区暨区全域旅游发展,在对佘山、环天马山和辰山的合理规划以构建九峰生态旅游体系的同时,也针对广富林建设项目新增了演艺中心等配套设施。2019年9月,松江区入选首批国家全域旅游示范区。②

此外,松江区也是上海连接整个长三角、辐射长江流域的核心区域。G60沪昆高速是一条穿过松江区全境且联通长三角与西南地区的高速公路,且该区内大量企业都分布于该公路两侧。基于此,2016年,松江区提出沿G60高速公路构建产城融合的科创走廊。2019年,G60科创走廊召开第一次联席会议,松江区与其余沿线8座城市嘉兴、杭州、金华、苏州、湖州、宣城、芜湖、合肥

---

① 上海市松江区人民政府:走进松江,"上海松江"政府门户网站,http://www.songjiang.gov.cn/zjsj/stepin.html#page1,2020年9月10日。
② 人民网—上海频道:《松江推进全域旅游发展》,人民网2016年9月9日,http://sh.people.com.cn/n2/2016/0909/c134768-28974620.html,2020年9月10日。

签署战略合作协议,发布 G60 科创走廊总体发展规划 3.0 版及《G60 科创走廊松江宣言》。G60 科创走廊被列入《长江三角洲区域一体化发展规划纲要》,发展成果列入"庆祝中华人民共和国 70 周年大型成就展",标志着 G60 科创走廊从城市战略上升到长三角一体化发展国家战略。①

二、融媒体中心建设的基本情况

(一)发展历程

2017 年 6 月 26 日,松江区将松江报社、松江区广播电视台和松江区新闻宣传综合服务中心三家事业单位合并成立松江区新闻传媒中心,负责区内传统媒体和新媒体的运营管理。其目的是整合人力资源,进一步提高新闻采编效率。松江区新闻传媒中心是区委宣传部下属的正处级全额拨款事业单位,内设办公室、总编室、采访部、技术保障和安全播出部、专题栏目部、广告部、公共关系部、报纸部、电视部、广播部和新媒体部 11 个部门。从机构设置上看,新闻传媒中心将区内原本分立的媒体单位整合在一起,已具备融媒体中心的雏形。

在成立新闻传媒中心的同时,2017 年 11 月 6 日,松江区也配套成立了上海之根文化传媒有限公司,并将原广播电视台内负责广告创收部门的职能交给该公司承担。2018 年 4 月 12 日,松江区新闻传媒中心开始实质性运作。

2018 年 11 月,松江区新闻传媒中心成为上海市唯一入选中宣部全国县级融媒体中心建设重点联系推进单位,进一步推动了松江区融媒体中心的建设进程。

2019 年 6 月 28 日,松江区新闻传媒中心更名为融媒体中心,标志着松江区融媒体中心正式成立。

(二)组织架构

松江区融媒体中心现有 13 个部门,其中业务部门包括总编室、采访部、融媒体部、报纸部、广播部、电视部、专题栏目部、视觉部、舆情部、广告部。

2020 年 6 月底,松江区融媒体中心的新办公大楼投入使用,同时也开展了广电升级项目,对全新广播制播系统进行系统化建设,配备了广播电视总控机房、UPS 配电间、融媒体机房、300 平方米演播室、新闻演播室、专题演播室、广

---

① 梁宏亮:《长三角"高端俱乐部"的首件大事》,每经网 2018 年 10 月 11 日,http://www.nbd.com.cn/articles/2018-10-11/1261995.html,2020 年 9 月 10 日

播电台直播间、7.1声道审听室、网络电台直播间、指挥中心、新闻发布厅等,实现了集信息采集服务系统、音视频收录系统、移动采访系统、用户爆料互动管理系统以及第三方接口集成系统为一体的信息聚合平台,标志着松江区融媒体中心平台建设工作迈出坚实一步。①

(三)平台布局

考虑到区级广播电视台新闻存在区域上的局限性,松江区曾创建了一个专门滚动播出电视新闻的网站,从每日晚间18:00开始,先后播出上海电视台"新闻坊"节目、中央广播电视总台新闻报道及松江本地新闻,在当时属创新之举。但随着移动客户端的使用,该网站便关闭了。截至调研之日,松江区融媒体中心尚未像其他几个区一样将区政府门户网站整合进来。

目前,松江区融媒体中心拥有《松江报》,松江电视台,松江人民广播电台,"松江广播电视台"微博、"松江报"微博、"上海松江发布"微博,"上海松江"微信公众号,"上海松江"App六大媒体平台。(如图7-1)

图7-1 松江区融媒体中心媒体发布平台

资料来源:"上海松江"微信公众号。

---

① 《松江区融媒体中心大厦即将交付运营》,"上海松江微信公众号"2020年5月24日,https://mp.weixin.qq.com/s/UUCm-mbNMHhkh-MlLzfn1Q,2020年9月10日

其中,《松江报》的办报宗旨是"新闻立报、文化强报、服务热报",目前已成为松江城市的一张文化名片。截至2019年,《松江报》是上海15家区级报纸中唯一的一周四刊报纸,也是全市区报中办报规模最大、信息量最密集的区委机关报。融媒体中心成立后,电子版《松江报》也可在"上海松江"App内阅读。

在广播电视方面,松江人民广播电台松江县有线广播站于1957年1月建成并开始播音,1988年更名为"上海松江人民广播电台",调频FM100.9兆赫,一直走人文历史路线,开设"话说松江""云间梨园""松江农民书""百姓书声"等节目。2020年7月,FM100.9广播频率进行改版升级,在充分考虑移动优先策略的基础上,也对节目进行了改版,并在"上海松江"App上推出"云电台"以打造短音频栏目,先后与松江公安分局交警支队、松江区教育局、松江区卫生健康委员会、松江区经济委员会、松江区文化和旅游局等单位合办"云间红绿灯""科创G60""云问诊""云听童言""乐活E族"等各类新媒体栏目。

1985年,松江电视台开始筹建,为上海市郊区第一家电视台。目前每天播出的电视节目时长约14小时,覆盖全区及上海江浙毗邻地区,主要栏目有"松江新闻""茸城之光""云间播报""经典动漫"和"周末影院"。

根据《松江区国民经济和社会发展统计公报》显示:松江区2019年全年电视节目共采编并播出新闻5 140条,被市级媒体录用712条(如图7-2所示)。

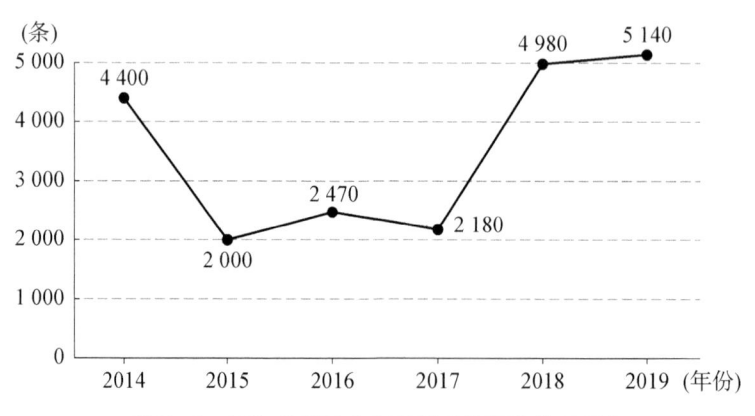

图7-2 历年松江区电视新闻采编播出情况示意

资料来源:《松江报》;《松江区融媒体中心与松江电信签订IPTV+5G融媒体应用战略合作框架协议》,东方网2019年12月3日,http://city.eastday.com/gk/20191203/u1ai20196900.html,2020年9月10日。

资料来源:2014—2019年《松江区国民经济和社会发展统计公报》。

2019年,松江区融媒体中心在上海电视台用稿总数超700条次,平均每天有两条松江本地新闻在上海电视台的各个新闻栏目播发。[①] 从历年数据可知,松江电视台节目无论在播出数量还是质量上都呈逐年上升趋势。融媒体中心成立后其也将存量的优质电视节目内置于"上海松江"App内,丰富了客户端的资讯内容。

2019年12月2日,松江区融媒体中心和中国电信股份有限公司上海松江电信局签订了IPTV+5G融媒体应用战略合作框架协议。同年12月26日,松江区融媒体中心开播松江电视台高清频道。

在新媒体平台建设方面,2012年2月17日,"上海松江发布"官方微博上线;2014年元旦,"上海松江报"微博上线;2014年5月,"松江广播电视台"微博上线。截至2020年8月,"上海松江发布"官方微博粉丝数为22万。

2016年5月19日,"上海松江"微信公众号正式上线。从市委网信办对各区政务新媒体的考核数据中可以看出,自松江区融媒体中心成立后,其微信与微博的总传播力和总影响力相较成立前都有明显上升。2020年1—2月,总传播力排名全市第二,总影响力排名全市第一;3月,总传播力排名全市第一,总影响力排名全市第三。(见图7-3)

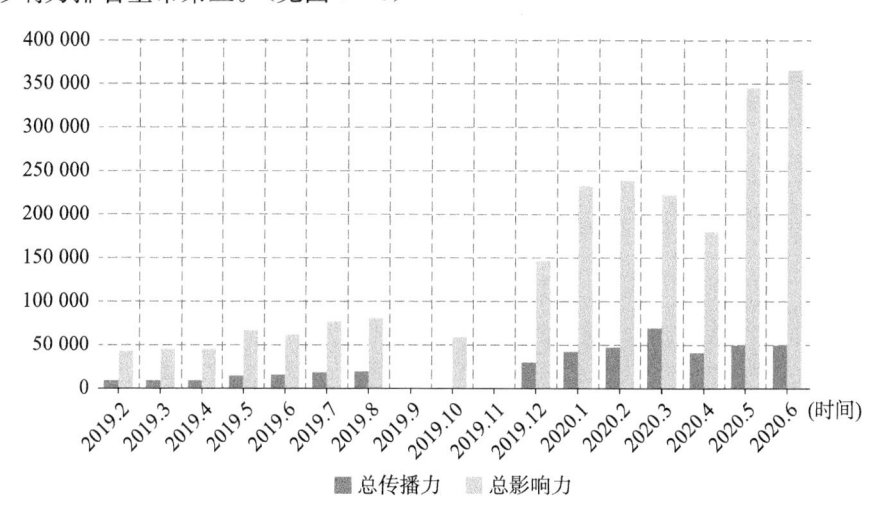

图7-3 松江区政务新媒体总传播力与总影响力情况示意

注:数据缺失代表当月未进入榜单前10;"政务新媒体"指该区的微信和微博两者。
资料来源:上海市网信办政务新媒体传播影响力评估平台。

---

① 《上视平均每天播出两条松江新闻!来看区融媒体中心"硬核"战绩→》,"上海松江"微信公众号2020年4月29日,https://mp.weixin.qq.com/s/2bfGrJKzHe7bxAICEo-I6A,2020年9月10日。

"上海松江"App原名"松江时空",于2014年11月正式上线,是发布区内信息、服务民生、沟通交流的信息传送平台,曾获全国地方政务新媒体2016年度最具成长性奖。

除以上几大平台之外,松江区融媒体中心也积极探索入驻各类媒体平台。截至2020年8月,抖音号"上海松江"共发布550件作品,获36.4万个赞,拥有粉丝8.6万人,其中包括"文化松江""玩在松江""战'疫'松江""♯扶贫日记♯幸福傣乡行""松江战'疫'时刻"和"主播战'疫'我们同行"六大主题视频合集。同时,"上海松江发布"网易头条号、"上海松江"上观号、"上海松江"企鹅号、"上海松江"人民号也已经开设。

三、人事改革与创新

(一)人员队伍建设

考虑到原各单位合并后中层领导岗位数量的减少,松江区融媒体中心决定先让原各单位所有中层领导退出原有岗位,有竞选意向的人员再自主报名成为候选人进行竞职演说,评审组对候选人做各方面的测评后对其排名,排名后进行内部民主选举和实名制推荐,最终确定名单并对外公示。

松江区在成立融媒体中心时设立了两个正处级干部的岗位,其中一个是融媒体中心的主任,另一个是融媒体中心的主编,这一举措是融媒体中心体制机制上的一个突破,能够有效避免不必要的中层人才流失,也保障了改革的稳定性。

而对于整合前原各单位的员工,松江区融媒体中心给其一次重新选择自己心仪部门的机会,最后领导层再根据个人能力和特长来调整。融媒体中心整体的岗位安排给予了不同层级的员工一定的自主性,这样的岗位调整以员工为主体,能调动起他们工作的积极性,为日后中心的稳步发展打好了基础。

目前松江区融媒体中心整体员工队伍年龄结构偏大,亟需年轻员工加入,但媒体单位工作强度大而事业编制工资待遇普遍不高是各区级融媒体中心在招聘年轻员工时遇到的普遍情况。如何完善优化人才聘用机制是未来各区融媒体中心发展过程中需要思考的关键问题。

在与高校合作方面,松江区融媒体中心与区内部分高校建立了合作关系,松江区内有上海规模最大的大学城——松江大学城,其中不少大学都设立了与新闻传播相关的专业。2019年7月,松江区融媒体中心与上海外国语大学新闻传播学院签订了战略合作协议。2019年11月,双方互设工作站,开启了区校融媒体合作发展的新模式。①

(二)绩效分配改革

截至调研之日,松江区融媒体中心尚未出台一套完整的绩效考核方案。

虽然融媒体中心内部的绩效考核方案尚未明确,但松江区人民政府新闻办公室每月都会发布区内政务新媒体综合指数排行榜。这一排行榜由松江区人民政府办公室联合上海交通大学大数据传播创新实验室组成专家组,对全区各街镇、委办局微信公众号的传播力、影响力和职能关联度进行评估,最终形成综合指数。榜单评估主要影响因子为:发文数、阅读数、点赞数、被录用数、被录用阅读数等,以榜单的形式对区内各基层媒体平台的监测和评估,或许可以为日后融媒体中心制定考核方案所借鉴。

四、流程再造与技术支持

截至调研之日,融媒体中心全新的办公大楼尚未建设完成,各部门仍处于分散办公状态,物理空间还没有融合在一起,融媒体中心具体的内容生产流程尚未明确。

在技术支持方面,松江区融媒体中心内部的融媒体指挥与操作系统、"融采编"工作客户端、"融上海"管理客户端均由东方网提供技术支持。"上海松江"App早在融媒体中心成立前就已开发完成,因此松江区融媒体中心的移动客户端并不是由东方网开发的,但根据中央提出的"一省一平台"的要求,客户端与东方网后台进行数据对接是大势所趋。

据负责人介绍,松江区融媒体中心是全市第一家与东方网合作的区级媒体。早在融媒体成立之前,双方就有合作,当时之所以选择东方网是考虑到它是一家以互联网为基础的全国重点新闻单位,是传统区级媒体进行融合改革的理想合作伙伴。

由于东方网的办公地点在市区,距离郊区较远,如果出现突发的技术问题很难及时解决。因此,松江区融媒体中心拟请东方网的技术保障人员入驻全新的办公大楼。如此一来,既能够解决市区与郊区之间通勤距离远的问题,又能够解

---

① 《培养新闻后备人才,松江区校融媒体中心合作共建》,《松江报》2019年11月21日。

决部分郊区因没有充足资金配备专业技术团队从而导致技术力量薄弱的问题。

五、核心平台——融媒体客户端建设

"上海松江"App是松江区融媒体中心全新升级的融媒体移动客户端,融合了电视、报刊、新媒体等新闻资讯,并整合区域内各类公共服务资源,为市民提供生活、教育、交通等便民服务,其设有"政务""直播""融媒体""拍客"和"服务"5个版块(如表7-1所示)。

表7-1   "上海松江"App设置一览

版块	栏　目			
政务	政民互动			
	信息公开			
	便民公告			
	政务公告			
直播	融媒云			
	可视化广播			
	现场云			
融媒体	推荐	读报纸		
		云电台		
		看电视		
	茸城圈	订阅号	街镇号	
			委办局	
			企业号	
		最新动态		
	政情			
	G60			
	城事			
	互动			
	专题			

续表

版块	栏　　目
拍客	短视频
	图片
服务	云间课堂
	在线招聘
	人才服务
	健康松江
	网上祭扫

注：由于"上海松江"App内容持续更新，该表仅反映截至2020年8月的App布局

其中，"融媒体"版块开设了"推荐""政情""G60""城事""互动"和"专题"6个栏目，分别从区内党建团建、长三角G60科创走廊建设、街镇文化建设、热点新闻事件、民生百事、生活百科等角度报道松江区的各类新闻。《松江报》、松江人民广播电台和松江电视台的内容也在客户端内有所体现，同时，新版本的客户端还开设了"茸城圈"，用于展示区内各个街镇号、企业号、委办局微信公众号内的信息。

"拍客"分为"短视频"和"图片"，共同构成了"松江版"的朋友圈。市民上传内容时必须留下自己的姓名、电话、地址和邮编，一定程度上杜绝了低俗内容的传播，起到良好的网络净化作用。

"直播"分为"现场云""可视化广播"和"融媒云"。"现场云"由新华社现场云提供技术支持，将区内重要活动以直播回顾的形式保存下来，便于回顾。"融媒云"是新版本客户端全新开设的栏目，在为市民提供大型活动直播回看的同时，还附有直播介绍、实时聊天互动、相关直播回看、精彩花絮等，进一步丰富了直播平台的功能，增强与市民之间的互动。"可视化广播"以"广播＋视频"的模式兼顾画面与声音的传播，让市民在移动端就能看到演播室内的场景，向市民传递出更多信息，同样也实现了实时聊天互动的功能。

"政务"包括"政民互动""信息公开""便民公告"和"政务公告"，将松江区人民政府网站相关端口接入客户端，搭建市民了解政府最新动态和与政府进行直接交流的便捷平台。

"服务"不仅包含上海市"一网通办"内的各类服务，还针对本区市民开设了松江区新时代文明实践中心、云间课堂、在线招聘、食品价格和网上祭扫等

各类本地便民服务。

六、年度特色内容

（一）助力G60长三角科创走廊与区域一体化建设的宣传工作

G60科创走廊沿线是中国经济最具活力、城镇化水平最高的区域之一，松江区作为G60科创走廊的策源地，同时是上海发展情况较好的郊区，在整个G60科创走廊的建设中起到了重要作用。松江区融媒体中心在"上海松江"App内开设了"G60"栏目，报道G60科创走廊建设的基本情况与最新进展，增进本地市民对长三角一体化建设进程的了解。融媒体中心参与政府宏观政策宣传工作，助力政策的宣传和推广，拉近宏观政策与市民之间的距离。

（二）短视频＋图片："拍客"打造朋友圈的"松江模式"

"拍客"是"上海松江"App在内容生产和传播中的创新点，颠覆了一般传统媒体的内容生产模式，主要分为"短视频"和"图片"两个部分。"短视频"借鉴了快手、抖音等平台的内容生产模式，主要聚焦于松江的文化宣传、热点新闻事件、旅游攻略等，市民只需轻轻上滑即可观看小视频，也可通过点赞、转发等功能与朋友共享，扩大客户端的影响力和传播力。便捷的操作方式降低了使用难度，每个视频的时长也控制在较短时间内，保证了关注度。"图片"的界面与微信朋友圈相似，市民不仅可以发布图片分享生活点滴，也可以对他人的图片进行点赞、转发和评论。

市民在使用这一功能的同时强化了个人参与感，也潜移默化地形成圈层化传播，增加个人对客户端的使用黏性，使区级融媒体中心深入人心。

（三）汇集群众智慧，打造人文松江

有"上海之根"著称的松江区，历来十分注重通过媒体平台宣传松江历史，在区内营造底蕴十足的历史文化氛围。松江区融媒体中心依托微信公众号平台呈现了不少松江区的历史故事，向区内外市民展示了人文松江的形象，形成了良好的辐射效应。

自2019年8月14日起，"上海松江"微信公众号连续推送由松江区委员会党史研究室、松江区融媒体中心联合推出的"松江：70年70个瞬间"专栏，选取松江70年发展长河中70个具有重要意义的历史瞬间，以短文形式加以

呈现。

2019年9月24日—2020年3月31日,松江区地方志办公室、松江区文学艺术界联合会和松江区融媒体中心联合发起"松江老字号"征文活动,聚焦松江老味道、老符号、老记忆,广泛收录"松江老字号"相关的人、事、物等回忆文章,面向市民发布征稿启事,被选中的文章于2020年1月8日起在《松江报》和松江区地方志办公室微信公众号上连载,最终将汇编成《松江老字号》一书出版。

这些栏目的开设有效动员和汇聚市民智慧,让每一位松江人都能参与到部分内容生产过程中,从中获得参与感和成就感,也有利于增进对融媒体中心和本区的认同感。

(四) 助力提升城市精细化管理水平

区级融媒体中心的本土性和与区内市民的贴近性决定了其在推进本地基层治理上有着天然的优势,是互联网时代地方政府加强基层治理的重要抓手。松江区融媒体中心联合各镇、街道、经济开发区等单位力量,开设了不少系列节目助力基层治理,例如:在2019的6月初,松江人民广播电台开设了《城市精细化管理·听民意集民智》融媒体特别节目,每期邀请一位委办局负责人或街镇主任在广播间直接与市民代表进行现场互动,就其所提出的问题进行现场解答,同时也会介绍该委办局或街镇近期工作。在这个节目中,松江8个委办局的行政主要负责人和17个街镇主任、镇长轮番走进广播间与市民对话,倾听百姓呼声,解决民生难题;针对市民在该节目中提出的急难愁盼问题,松江区融媒体中心配套推出了"增强'四力',听民意集民智 到现场看办理"栏目,通过记者现场跟踪报道,直接让市民知悉问题推进和解决的情况,以及对外展示各委办局、街镇回应市民呼声,持续改进工作、切实解决问题的成效。

值得一提的是,自2020年6月29日起该节目开启了新一季民生访谈,并改名为"提升城市品质 听民意·集民智 2020主任镇长访谈",中心在微信公众号内为市民们开设了提建议的渠道。与上一季不同的是,新一季的节目用可视化广播的方式来呈现,市民们不仅可以通过电台收听节目,还可以通过客户端看到各位领导访谈的现场表现。

此外,2019年松江区融媒体中心还开设了"夏令热线"栏目,不少市民拨打服务热线后反映环境卫生、用水用电用气、交通出行等问题,或对城市精细化管理提出意见和建议。融媒体中心也及时跟进,将解决情况按时公布在"上海松江"微信公众号内。

这一系列城市管理的举措,充分利用了媒体平台的辐射效应,搭建起政府与市民沟通的桥梁,不仅切实解决了市民的燃眉之急,也起到监督政府工作的作用。同时,最新版本的客户端内开设了"互动"栏目,市民可就日常生活遇到的各方面困难进行"爆料",也不失为依托融媒体平台听民意、集明智的好方法。

(五)积极举办各类征集活动,为市民搭建媒体展示平台

松江区融媒体中心十分注重市民参与内容生产,自融媒体中心建立至今与各单位合作举办了不少活动,例如:2019年7月到9月,松江区融媒体中心承办了由松江区委宣传部主办的面向市民的"壮丽70年,松江60秒"微视频大赛,收集到的优秀微视频于9月25日起在"上海松江"App、松江电视台、"上海松江"抖音号、松江各大影院、户外大屏等平台上进行展播。同时,2019年国庆期间,松江区融媒体中心面向全社会征集松江各界歌唱祖国的歌声,并将收集到的优秀视频在移动客户端上展播。

与传统新闻机构相比,融媒体中心更便于挖掘基层故事,也更善于从基层出发,以作品征集的形式,鼓励市民共同参与内容生产。同时充分调动各类媒体资源,为其搭建了展示风采的平台,还对外展示了松江区热情、和谐的风貌。

七、抗击新冠肺炎疫情中的突出表现

2020年新冠肺炎疫情期间,上海16个区级融媒体中心联合东方网在各融媒体客户端上线"抗击疫情 上海在行动"抗"疫"服务聚合类新媒体产品,涵盖了口罩在线预约、上海定点发热门诊导航、上海本地疫情通报等功能。这些服务直击痛点,深入民心,对接疫情之下市民的切实需求。除联合开设的项目外,松江区融媒体中心结合区情,在抗击新冠肺炎疫情中还有以下几个特色表现。

(一)"日记体"与短视频相结合,展现松江人抗疫风采

松江区融媒体中心于2020年2月14日在其微信公众号上推出了"坚决打赢疫情防控的人民战争——松江在行动"微视频,集中展示了抗击疫情期间松江人的抗疫风采:"医警家庭"联合出动、隔离观察点工作人员连班值岗、市

场监管部门大力支持、企业主动捐献口罩、白衣天使主动请缨等。

同时,中心还推出了"援鄂日记"和"战疫日记"系列文章,聚焦那些坚守岗位无私奉献的松江抗疫人参与疫情防控的工作状况。他们之中有社区卫生中心的医生、G60枫泾高速道口的防疫工作志愿者、镇内疫情防控党员突击队、人民教师等。故事虽简短但真诚,起到了良好的传播效果。

(二)主播助力疫情防控,短视频形式深入人心

疫情期间,松江区融媒体中心专题部和广播部联合推出"主播战疫 我们同行"系列短视频,每集时长3分钟,区电视台的主播们轮番出镜,向市民宣传与抗疫有关的注意事项,包括网购取快递个人防护、社区卫生服务中心就医流程、公共食堂用餐防护、车间厂区复工防护、超市购物防护、返程入沪流程、公交乘车防护等,内容新颖有趣,一经推出便受到热烈回应,拉近了中心与市民的距离。

此外,松江区融媒体中心还开发了"爱心接力、共战疫情"互动产品,市民可以通过上传照片、选择喜欢的口罩和加油口号形成加油海报后分享至社交平台。简单易操作的流程便于传播,增进了融媒体中心与市民之间的互动,也不失为宣传推广客户端的好方法。

(三)与区内委办局合作,及时回应市民防疫关切

疫情期间,松江区融媒体中心与松江区委全面依法治区委员会和松江区委宣传部合作推出系列节目"依法防疫进行时",松江区市场监督管理局作为疫情防治一线的重要执法部门,为市民讲述市场监管人奋战在一线的"依法防疫"故事。

2020年2月,松江区融媒体中心与松江区委依法治区办、松江区司法局合作,在有线电台内推出"携手战'疫'、与法同行"系列节目,为市民解决法律上的困惑,其中包括疫情期间用工合同过期、复工复产等。融媒体中心借助平台传播效应为法律宣传赋能,这样的跨界合作直击市民需求痛点,体现出融媒体中心作为综合信息枢纽的平台特色与优势。

2020年3月15日前后,松江区融媒体中心联合松江区消费者权益保护委员会共同推出"直播松江"携手战疫特别节目,为市民特殊时期消费维权答疑解惑,同时开展了书店消费线上微调查,了解新时代读者对书店模式的消费习惯和消费需求,为后续开展线下书店消费体察活动提供了支持。同一时期,

《松江报》也开设了"凝聚你我力量"3·15工作专版,着重加强疫情防控期间的消费宣传,面向市民引导新型消费方式。

(四) 发挥融媒平台优势,线下活动线上化转型

2020年春季,由于疫情期间市民外出减少,松江辰山植物园推出夜间云赏花活动,松江区融媒体中心也在现场以直播的方式为市民带来美景,市民可以通过客户端观看现场直播。夜间赏花活动是较为新颖的活动形式,满足了市民足不出户欣赏美景的需求。

同时,根据疫情防控要求,今年清明期间倡导市民不到现场祭扫。对于公益性墓地,有关部门与松江区融媒体中心合作在移动客户端上推出松江"云祭扫"平台,免费为市民提供线上祭扫服务以满足基本公共需求。

R8 上海市杨浦区融媒体中心建设发展调研报告

一、相关区情介绍

杨浦区位于上海市中心区的东北部,总面积60.61平方千米。黄浦江支流的杨树浦港纵贯区境南北,杨浦即以此演变而得名,南部沿江地带是曾经的上海公共租界东区,市区内唯一的规划生态岛屿复兴岛亦坐落于杨浦。杨浦是上海面积最大、人口最多的中心城区,下辖定海路街道、大桥街道、平凉路街道、江浦路街道、控江路街道、延吉新村街道、长白新村街道、四平路街道、殷行街道、五角场街道、长海路街道和新江湾城街道共12个办事处,下设居民委员会305个。截至2019年年末,全区共有常住人口130.49万人。

百年大学、百年工业、百年市政是杨浦区最为突出的区域特色。其中,"百年市政"是指20世纪30年代上海历史上第一次全面大规模的综合性城市发展总体规划——"大上海计划"在杨浦区中部偏东区域实施;"百年工业"是指杨浦作为中国近代民族工业的发祥地,是中国第一家自来水厂、发电厂、煤气厂等13个中国民族工业的诞生地;"百年大学"是指区内具有丰富的科教资源,复旦大学、同济大学、上海财经大学、上海理工大学、第二军医大学等14所高校坐落其中,其数量超过了上海市高校总数的1/3,被誉为"上海学府中央区"。[①]

"三个百年"的深厚历史积淀为杨浦区构建知识创新区打下坚实基础。2003年,杨浦区开始着力发展科技创新,被上海市定为知识创新区,随后逐步演化成大学校区、科技园区、公共社区"三区联动"以及学城、产城、创城"三城

[①] 上海市杨浦区人民政府:走进杨浦,"上海杨浦"政府门户网站,https://www.shyp.gov.cn/shypq/zjyp-bndx/index.html,2020年9月13日。

融合"的发展理念,自此,杨浦区逐步踏上从"工业杨浦"到"知识杨浦",再到"创新杨浦""创业杨浦"的转变。

目前,杨浦坐拥上海四大城市副中心之一、十大商业中心之一的江湾五角场;上海第三代国际社区新江湾城;产值丰厚的环同济知识经济圈;世界500强汇集的大连路总部研发集聚区以及东外滩。2010年,杨浦区成为上海唯一的国家创新型试点城区。2016年5月,杨浦区成为全国首批17个区域性大众创业、万众创新示范基地之一。2018年,杨浦区主动服务长三角一体化国家战略,倡议成立了由25个双创示范基地共建的"长三角双创示范基地联盟",已被写入国家长三角一体化发展纲要,杨浦区被推选为首任理事长单位。[①]

二、融媒体中心建设的基本情况

(一)发展历程

2014年,杨浦区将《杨浦时报》、杨浦有线电视中心和区内新媒体相关资源整合成立了杨浦区新闻中心,是区委宣传部下属公益一类事业单位,承担区新闻宣传、网络安全和信息化工作涉及的具体事务。

杨浦区新闻中心设4个内设机构,包括:综合办公室、网络舆情和新媒体管理部、时报编辑部、电视新闻部,在形式上初步融合。各部门虽仍各自为营,分散办公,但已经具备了融媒体中心的雏形。

2019年6月28日,作为上海10家首批挂牌成立的区级融媒体中心之一,杨浦区融媒体中心挂牌成立,成立后的融媒体中心是财政全额拨款正处级事业单位。

(二)组织架构

杨浦区融媒体中心下设7个部门,分别是:综合办公室、总编室、采访部、编辑部、运营及专题部、网信工作部和技术应用部(如图8-1所示)。

---

① 上海市杨浦区人民政府:走进杨浦,"上海杨浦"政府门户网站,http://www.shyp.gov.cn/shypq/zjyp/,2020年9月13日;佘惠敏:《上海市杨浦区委副书记、区长谢坚钢:从工业杨浦到创新杨浦》,中国经济网,2018年10月27日,http://www.ce.cn/xwzx/gnsz/gdxw/201810/27/t20181027_30638942.shtml?ivk_sa=1023197a,2020年9月13日;姚建莉,徐凯文:《专访上海市杨浦区委常委、副区长丁欢欢:上海杨浦转型:学城、产城、创城三城融合》,21经济网,2017年5月13日,http://www.21jingji.com/2017/5-13/5OMDEzNzlfMTQwOTA5OA.html,2020年9月13日

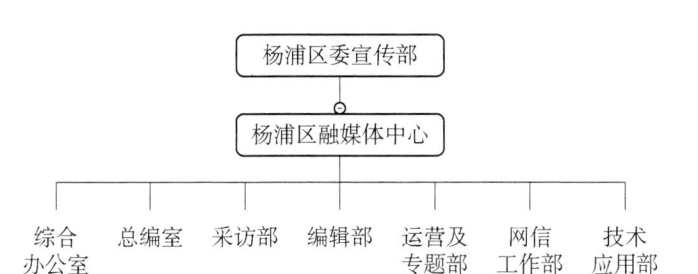

图 8-1 杨浦区融媒体中心组织架构

除了设立与采编和运营相关的部门以外,杨浦区融媒体中心还设立了独立的网信工作部,这在传统新闻机构内部不多见。中心负责人表示,因为网信工作和新媒体阵地建设高度相关,且目前"四全"媒体的建设很大程度上需依托互联网来推进,将网信工作单独成立一个部门,更有助于全区新媒体平台的统筹管理。

(三) 平台布局

目前,杨浦区融媒体中心的发布平台主要有《杨浦时报》、杨浦有线电视中心、"上海杨浦"政务微博、"上海杨浦"微信公众号和"上海杨浦"App。

《杨浦时报》是杨浦区委宣传部于1996年10月主办的区委机关报,目前发行量为每月9万份,一周三刊,以赠阅的方式发行。据负责人介绍,杨浦区老龄化程度较高,对报纸的需求量比较大,在"移动优先"的传播趋势下,传统纸质媒体仍具有特定的受众市场,不少社区也会定期开展老年读报活动。

同时,负责人表示,区内有不少街道也有自办的报纸,但这些报纸中的标题、内容和表述都不够规范,街道内也没有专业人才对此把关,往往花费较多精力出一期报纸,而传播效果不够好。不仅是报纸,区内街镇的微信公众号也存在分散建设和重复建设的现象,因此融媒体中心成立后对基层媒体平台加强了整合与管理。

杨浦有线电视中心于1994年9月12日开始试播。截至2003年,杨浦有线电视中心已开设"党政新闻""杨浦专题""文教科医""市政经济""社会生活""娱乐体育"6个新闻栏目。2011年,杨浦区内有线电视数字化整体转换完成43.47万户,整转率达93.2%。2012—2018年,区内家庭高清电视用户数整体呈上升趋势,2018年达21.4万户。[①] 由于上海中心城区均无独立的区级广播电视台,"杨浦新闻"借用上海电视台七彩戏剧频道,每晚8点在行政区范围内插播半小时节目内容,东方有线电视用户可调至频道收看。同时,这半小时整体节目上传至看看新闻网。

2011年3月24日,"上海杨浦"官方微博正式开通,2013年10月"上海杨浦"官方微信公众号正式开通。截至2020年8月,"上海杨浦"粉丝数为14.1万人。《杨浦时报》于2015年4月28日也开设了"杨浦时报"微信公众号,自杨浦区融媒体中心成立后,"杨浦时报"微信公众号于2019年9月30日停止推送,所有工作人员加入"上海杨浦"微信公众号和"上海杨浦"App团队。

从市委网信办对各区政务新媒体的考核数据中可以看出,自杨浦区融媒体中心成立后,其微信与微博的总传播力和总影响力相较成立前都有明显上升(如图8-2所示)。2020年3月,杨浦区政务双微影响力排名全市第10,传播力排名全市第6。

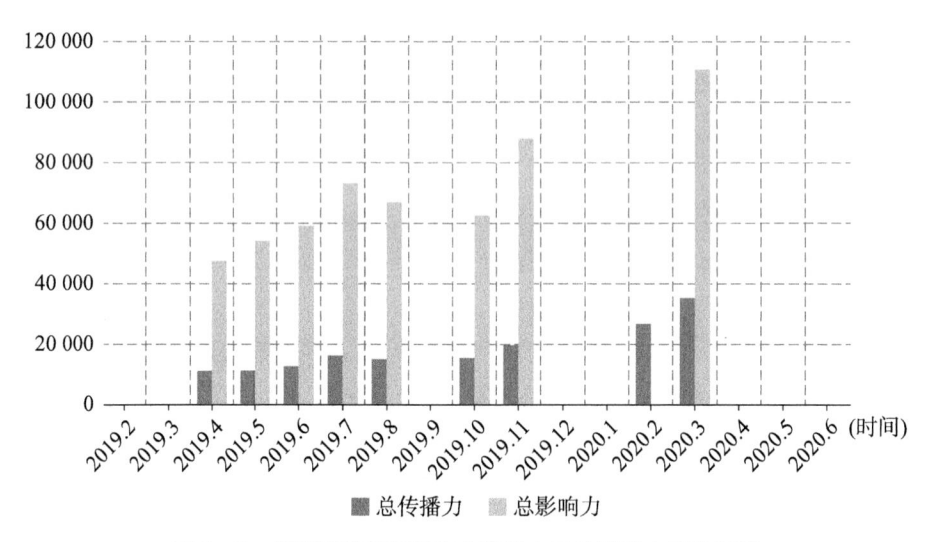

图8-2 杨浦区政务新媒体总传播力与总影响力情况示意

注:数据缺失代表当月未进入榜单前10;"政务新媒体"指该区的微信和微博两者。
资料来源:上海市网信办政务新媒体传播影响力评估平台。

[①] 历年《杨浦区国民经济和社会发展统计公报》。

"上海杨浦"App是杨浦区融媒体中心全新打造的平台,以"新闻＋政务＋服务"为定位,融合了报刊、广播电视、新媒体等资源,不仅提供新闻资讯,还提供生活、教育、交通等便民服务。

除以上端口之外,杨浦区融媒体中心也探索入驻各类媒体平台。截至2020年8月,"上海杨浦"人民号、"上海杨浦"网易号、"上海杨浦"企鹅号、"上海杨浦"上观号均已开设。

2020年2月26日,"上海杨浦"抖音平台开通,并面向市民征稿。截至2020年8月,"上海杨浦"抖音号获赞11.5万个,粉丝数为6 046人,共发表389件作品。

三、人事改革与创新

(一)人员队伍建设

杨浦区融媒体中心成立后,编制数量从32个增加到65个。除了编制内员工以外,还有一些员工属劳务派遣性质。

目前,杨浦区融媒体中心员工的平均年龄为32岁,普遍较为年轻。此外,依托区内高校优质资源以及上海市委宣传部部校共建机制,杨浦区融媒体中心与多所高校开展合作。2019年暑期,共有8名开展部校共建高校的实习生来到杨浦区融媒体中心实习,实习结束以后,他们也能作为校园通讯员为中心提供不少高校资讯。

在全媒体记者的培养方面,杨浦区融媒体中心向采编人员强调全媒体思维,中心要求外出采访的每一位记者回来后都要提供相应的短视频、照片和文字,以此转变一线采编记者的业务习惯,并通过他们逐步带动其他员工转型。

从新闻中心到融媒体中心的建设过程中,杨浦区始终注重团队文化建设,员工的集体认同感和归属感较强,因而在改革过程中没有出现明显的人才流失情况。然而目前整体而言,区级媒体平台对人才的吸引力还不强。不过负责人表示,区级媒体平台无论在硬件和软件上还是在政策上,与市级媒体平台之间的差距正在逐步缩小,未来中心应该能够吸引更多的人才。

(二)绩效考核创新

在绩效考核方面,首先,融媒体中心绩效考核方案的调整与整个区的财力有一定的关系。其次,考虑到阅读量和不同稿件形式的具体要求不同,如何设计一套符合全媒体内容生产的绩效考评机制仍需探索。截至调研之日,杨浦区融媒体中心仍是按照计件的形式对记者进行考评,新的绩效考核和激励机制正在拟订之中。

此外,中心负责人表示,融媒体中心成立后,将争取统一解决员工从业资格认证问题,并尽可能打通职称评聘渠道。这是人才激励的关键问题之一,也是员工职业认同感的重要来源。

四、流程再造与技术支持

(一)流程再造

杨浦区融媒体中心认为,"移动优先"的传播趋势导致短平快的新闻讯息被新媒体平台抢占,未来传统媒体的发展方向应着力打造深度内容,且在排版上也要考虑受众的审美需求,因此中心注重报纸及微信的编辑排版等视觉效果呈现,专门安排了美编人员对此进行个性化设计,逐步形成自己的风格。

在内容生产的流程方面,目前中心各类媒体平台对所有记者编辑均持开放状态,但凡他们有好的选题,都可以以单人或自由组队的形式,进行选题策划和内容生产。与传统新闻机构内记者编辑负责单一条线的模式相比,这一内容生产流程打破了部门间的藩篱,采编人员可以根据个人兴趣选择选题,一定程度上调动了工作积极性,也在此过程中培养了个人全方面的能力和团队协作与沟通的能力。不过由于团队内成员工作量与强度不同,这一模式给相应的绩效考核增加了不小的难度。

在具体生产的内容方面,杨浦区融媒体中心着眼于生产本地新闻,但由于受到区域限制,区内的新闻素材并不是很多。因此,客户端内除区内新闻外,还会转载中央和市级的新闻。区内本地新闻中商业化内容较少,负责人表示,倘若在新闻中涉及商业信息,也不会等同于广告,而是从民生需求出发进行生产。

值得一提的是,由于杨浦区整体老龄化程度较高,且区内创新创业类企业不少,因此老年人和高精尖人才这两类人数较多,但两者差异性较大,如何满足不同圈层人群对信息的差异化需求是一大挑战。对此负责人表示,要根据受众的特点,从不同的角度去策划和传播新闻报道,才会起到较好的效果。区级融媒体中心想要真正将工作做到市民身边,就要认真分析受众需求,明白市民最需要的信息是什么,同时也要着力于本地化圈层传播。

(二) 技术支持

目前杨浦区融媒体中心的专业技术人员较为紧缺。对此，负责人表示，未来会考虑技术外包，但技术外包或许会带来平台内部数据及用户个人信息数据方面的安全隐患，如何保证"总开关"掌握在融媒体中心手中，这是关键问题。

目前，杨浦区融媒体中心内部的融媒体指挥与操作系统、"融采编"工作客户端、"融上海"管理客户端，以及"上海杨浦"App 均由东方网提供技术支持。

五、核心平台——融媒体客户端建设

"上海杨浦"App 是杨浦区融媒体中心全新打造的融媒体移动客户端，分为"首页""资讯""视频""政务""发现"五大版块（如表 8-1 所示）。

表 8-1　　　　　　　　"上海杨浦"App 设置一览

版块	栏	目	
首页	服务	各类查询与预约	公积金查询
			医保查询
			社保查询
			纳税查询
			社保卡申领
			婚姻预约
			发票查询
			出入境办理
		生活服务	
		教育服务	
		人口服务	
		交通服务	
	融媒	杨浦时报	
		杨浦新闻	
		微信矩阵	
	小邻通		

续表

版块	栏目		
首页	直播	热门直播	
	爆料	我要爆料	
		我的爆料	
	智能问答		
	大家都在看	空中美育课堂	
		活动	
		话题	
	热门推荐		
	热门直播		
	最新资讯		
	最新视频		
	精彩图集		
资讯	推荐		
	要闻		
	时政		
	三区		
	城事		
	图集		
	服务		
	专题		
视频	杨浦新闻		
	话说杨浦		
	杨浦大讲堂		
	短视频		
政务	我要开办——主题套餐式服务查询	娱乐体育	
		食品经营	
		汽修房产	

续表

版块	栏　目	
政务	我要开办——主题套餐式服务查询	日用百货
		医疗器械
		科技金融
		教育文化
		其他
	杨浦区双创地图	
	在线预约	
	在线取号	
	办件查询	
	排队情况	
	我要问政	区委领导信箱
		区长信箱
		委办局信箱
		街道镇信箱
		人民建议征集
		投诉受理信箱
	政务公开	
发现	精彩活动	
	热门话题	

注：由于"上海杨浦"App内容持续更新，该表仅反映截至2020年8月的App布局

"首页"开设了"服务""融媒""小邻通""直播""爆料""空中美育课堂"等栏目。其中，"服务"除了接入东方网为16区打造了上海市"一网通办"各类便民服务的统一模板外，还内置了不少本地化特色服务，如"小邻通"社区服务、区内停车信息查询等。

"融媒"即《杨浦时报》数字报、杨浦有线电视中心的新闻视频、区内微信矩阵共同组成的融媒体矩阵；"小邻通"为市民提供一站式多种生活便民服务；"直播"提供区内活动的直播回看服务，还可将直播以视频的形式保存至本地；"爆料"为市民提供分享身边事及针对区内建设的任何方面提出建议和问题的

渠道;"空中美育课堂"包含艺趣学网络智慧课堂、3个百年云探杨浦、美育课堂艺术鉴赏和民族联盟云展演,市民可在欣赏新鲜有趣视频的同时,学习知识、感受艺术。

"资讯"包含"推荐""要闻""时政""三区""城事""图集""服务""专题"8个栏目,通过文字报道和图片展示传递了涵盖杨浦区内的政务时事、民生新闻、便民服务等诸多讯息。

"视频"分为"杨浦新闻""话说杨浦""杨浦大课堂"和"短视频",融媒体中心在将原杨浦有线电视中心诸多优质节目深度融合在客户端的同时,也制作和呈现了不少短视频,市民可对其点赞评论及分享。

"政务"除了政府办事在线预约、在线取号、办件查询、排队情况、我要问政和政务公开的统一模板外,杨浦区融媒体中心还增设了"我要开办——主题式套餐服务查询"及"杨浦区创双地图"。

"发现"是新版客户端增设的版块,分为"精彩活动"和"热门话题"两个栏目。"精彩活动"将区内开放给市民参与的活动集合在一起,资源整合,便于市民查找,同时实现了报名在线提交功能。"热门话题"目前包含"畅想五年听你说""新冠问题意见征集""55购物节来啦""春意盎然 博览滨江"4个话题,市民点击进入某个话题即可线上发表所思所想,也可以对他人的观点点赞评论及转发。

在客户端的内容生产方面,杨浦区融媒体中心认为要将"新闻+政务+服务"的功能落实到位,客户端需具有一定的用户黏性。在"服务"方面,杨浦区融媒体中心正在逐步实现与区内行政审批等相关部门对接,为市民提供更多区内优质便捷的服务。

在客户端的推广上,杨浦区融媒体中心注重区委宣传部架构下的区校宣传部长联席会议,中心走进区内大学校园做一些地面推广活动,提升在校学生对客户端的了解,同时也能吸引区内优质的高校生资源,为将来人才招聘打下基础。

六、年度特色内容

(一)明确区域功能定位,凸显创新创业特色

改革开放之前的杨浦区是上海的工业集中区域,随着"大众创业、万众创新"时代的到来,杨浦区的功能定位也发生了改变,从拥有众多老厂房的工业

集中区逐渐发展为上海万众创新的示范区。

鉴于此,杨浦区融媒体中心在客户端内创设了"三区"栏目。"三区"即大学校区、科技园区和公共社区,响应近年来杨浦区提出的"三区联动"发展理念。"三区"栏目发布与区内创新创业相关的信息,使得区内创业者能更深入地了解本区创新创业最新情况。

值得一提的是,杨浦区融媒体中心将"杨浦区双创地图"线上平台接入新版客户端内,这是上海首幅公开发行的区级双创地图,其包含了区内"科技园区与研发平台、孵化器和众创空间、重点楼宇、其他公共服务载体"4大类155个双创载体以及8类64个相关配套设施。创新创业者可通过该功能了解不少创业资源,有意向的投资方也能寻找到心仪的企业。这一功能的引入不仅实现了与创新创业者之间的有效互动,也丰富和强化了客户端的服务功能属性。①

除了为创新创业者提供最前沿的信息之外,融媒体中心也发挥平台优势,调动内部资源为其提供便捷服务。杨浦区融媒体中心联合杨浦区行政服务中心,在客户端内开设了"杨浦区主题式套餐服务查询"功能,将开办不同类型的企业所涉及的证照、需要的材料、要跑的部门,以业务性质为标准分类,并且做到一次性告知,这一功能的设立提高了企业和行政单位双方的办事效率。

(二)提供实用的区域内服务,"小邻通"显亮点

杨浦区融媒体中心所提供的服务涵盖健康、招聘、出行等各个方面,主要分布在"上海杨浦"微信公众号、"上海杨浦"App两大平台。

在"上海杨浦"微信公众号中,融媒体中心联合杨浦区就业促进中心(杨浦区公共人才服务中心)共同推出"一周招聘集锦"的招聘栏目,每周定期推送热门岗位信息,便于有工作需求的市民及时掌握最新动态。

同时,融媒体中心也在微信公众号内开设了"杨医生帮侬忙"和"杨浦一周免费运动健身课"两大栏目。"杨医生帮侬忙"定期为市民科普包括儿童乳牙、干眼症、三叉神经痛、睡觉打呼噜等生活健康小知识;"杨浦一周免费运动健身课"定期呈现每周免费配送至杨浦区各社区的体育活动,便于市民了解参加。

"小邻通"是杨浦区融媒体中心的一大亮点,可以为区内市民提供包括家政服务、房屋维修、上门开锁、搬家服务、清洗保洁等近100项社区服务的预

---

① 范彦萍:《杨浦区推〈双创地图〉共享资源信息》,《青年报》2017年9月4日,第8版。

约。凡是通过"上海杨浦"客户端预约服务的市民还可以享受95折优惠及优先处理和优先服务保障。

此外，客户端还开设了"停车信息查询"功能，提供区内所有可供停车的场所实时车位情况查询，市民只需进入服务入口便能知悉停车地点的车辆进口地址、收费时间和标准、目前空余车位数等，还能直接通过百度地图导航至该停车地点。这一功能直击市民需求痛点，有助于纾解目前普遍存在的停车难问题。

七、抗击新冠肺炎疫情中的突出表现

2020年新冠肺炎疫情期间，上海16个区级融媒体中心联合东方网在各融媒体客户端上线"抗击疫情 上海在行动"抗"疫"服务聚合类新媒体产品，涵盖了口罩在线预约、上海定点发热门诊导航、上海本地疫情通报等功能。这些服务直击痛点，深入民心，对接疫情之下市民的切实需求。除联合开设的项目外，杨浦区融媒体中心结合区情，在抗击新冠肺炎疫情中还有以下几个特色表现。

（一）助力线上教学，开设"杨浦教育空中课堂"

2020年3月2日是疫情期间上海市中小学开展在线教育首日，杨浦区融媒体中心依托线上资源优势，与区教育局合作，在"上海杨浦"App推出了"杨浦教育空中课堂"功能，依据上海教委的统一课表，提供小学一年级至高中三年级的全部课程回播，便于学生及家长反复观看，避免卡顿，提升在线体验。

（二）直击复工复产，开展直播与线上科普

受新冠肺炎疫情影响，上海市各企业推迟到2月10日复工。2月10日上午8:30起，东方网联合普陀、杨浦、宝山、嘉定4个区的融媒体中心，深入上海的街道社区、交通道口、商场写字楼，开展"直击上海鼠年复工第一天"直播活动，用3小时全景直播上海鼠年复工首日的情况。

同时，杨浦区融媒体中心在其微信公众号中推出了"直击复工复产"栏目，集中介绍和报道了当时区内图书馆、健身场所、书店、餐饮店、军工路快速新建工程等复工复产情况。同时，公众号也推出了"防控课堂"栏目，向市民科普新冠疫苗、宅家出来的病、正确洗手步骤、糖尿病人注意事项、乘坐电梯注意事

项、酒精消毒等公共卫生和健康小常识,内容被《人民日报》、市疾控中心、上海发布等平台多次转载。

杨浦区融媒体中心依据各端口的不同特性向市民提供与疫情相关的各类信息,内容涵盖日常生活的方方面面,非常接地气。

(三)及时公开信息,增强政府公信力

杨浦区融媒体中心在其微信公众号中面向市民及时公布区红十字会接受社会抗疫款物情况,每一次款项的来源都有详细地介绍和公示,包括捐款的日期、爱心人士或单位的信息以及具体捐款金额。由此,借助融媒体中心平台使信息公开透明,增强了政府的公信力。

(四)报道战疫典型人物,讲好杨浦抗疫故事

杨浦区融媒体中心在公众号平台内开设了"战疫进行时""援鄂一线"和"最美抗疫人"三大栏目,全方位展示了杨浦人积极参与抗疫的良好风貌。其中,"战疫进行时"栏目介绍了党员志愿者如何做好服务、杨浦居民区如何防控疫情、疫情期间养老院的现状、空中招聘会、00后为疫情创作诗歌等事件;"最美抗疫人"展示了区内外卖配送员、店家、社区志愿者等不同人群在防控疫情中的精神品质和风采;"援鄂一线"展示了区内援鄂的医护人员在武汉的日常工作与生活,他们来自杨浦区中心医院、杨浦区牙病防治所等区内医疗单位。

融媒体中心所聚焦的这些典型人物和事件本身就来自市民身边,对他们来说颇为亲近,也更能引起情感上的共鸣,起到良好的传播效果。

R9 上海市徐汇区融媒体中心建设发展调研报告

一、相关区情简介[①]

据史料记载,明末文渊阁大学士、著名科学家徐光启在法华泾、肇嘉浜和蒲汇塘三水相汇处附近建立农庄别业,从事农业实验和著书立说。之后,徐氏家族世代汇居于此,区名由此得来。徐汇区位于上海市中心城区西南部,总面积54.93平方千米,轨道交通便利,中环线贯穿本区南部。区内下辖湖南、天平、斜土、枫林、徐家汇、田林、虹梅、康健、长桥、凌云、漕河泾、龙华12个街道以及华泾镇1个镇,共有303个居委会。本区经济和社会发展能力名列上海市各区前茅。2020年徐汇区政府工作报告显示,2019年全年预计地区生产总值增长6.3%左右,区级财政收入在更大规模减税降费中实现194.1亿元,同比增长0.3%。现代服务业完成营业收入2 910亿元,同比增长12%;商品销售总额完成6 300亿元,同比增长6%。

与此同时,2019年徐汇区统筹推进生态治理和居民自治,成功创建上海市生活垃圾分类示范区,10个街镇获评示范街镇。依据"邻里汇、汇邻里,美好生活共同体"的愿景,徐汇区制订了深化"邻里汇"建设实施意见及三个配套文件,2019年,累计建成街镇"邻里汇"18家,305个居民区"邻里小汇"基本实现全覆盖。此外,区内营商环境也在持续改善,以"高效办成一件事"为目标,大力推进"双减半""双100",行政审批事项承诺时限比法定时限平均减少70%,提交材料平均减少56%。全面落实减税降费以及支持民营企业发展等政策举

[①] 本部分资料参考:《走进徐汇》,上海市徐汇区人民政府网站,http://www.xuhui.gov.cn/zjxh/,2020年7月20日;《政府工作报告(2020年)》,上海市徐汇区人民政府网站2020年1月10日,http://www.xuhui.gov.cn/H/xhxxgkN/xhxxgk_bgs_zfgzbg/Info/Detail_44575.htm,2020年7月20日。

措,累计减轻纳税人税收负担约77亿元。同时在城市治理方面,徐汇区加快建成区智慧网格化城运平台以及大平安、大建管、大市场、大民生四大应用版块,社会治理现代化程度得到提升。

二、融媒体中心建设的基本概况

(一) 发展历程

自2015年起,徐汇区便开始了媒体融合的尝试,逐步推进区新闻宣传中心的实体落地。在新闻宣传中心运作时期,《徐汇报》、徐汇新闻电视中心、"上海徐汇"微信公众号率先进行整合。作为融媒体中心的前身,新闻宣传中心还曾于2018年集合上述3个平台上的内容推出过融媒体微信小程序,它为融媒体中心成立后推出的"徐汇通"App提供了近千条数据基础。2019年6月28日,作为上海市首批10家区级融媒体中心之一的徐汇区融媒体中心正式挂牌成立,区内"报、台、网、两微"等主要媒体平台由此充分融合。

(二) 组织架构

徐汇区融媒体中心主要分为7个部门(见图9-1)。综合办公室作为中心的"指挥部",负责综合协调工作;采访部负责新闻采访和信息采集;编辑部负责各个媒体平台的内容编辑和运营维护;网络新闻部负责区政府门户网站"新闻中心"版块内中英文政务新闻发布;新媒体部负责"上海徐汇发布""上海徐汇"等官方微博、微信公众号的信息发布以及各新媒体平台市民反映问题的解答与处理。由于电视新闻的制作对员工的专业能力要求高,徐汇区融媒体中心在融合过程中保留了演播部,专门负责"徐汇新闻"电视节目的后期编辑和演播室节目的录制。此外,还有负责与外部专业资源对接的通联部以及负责

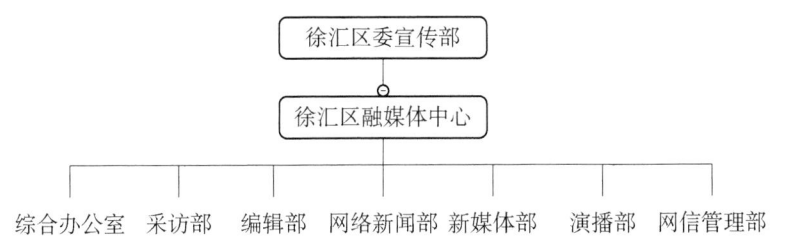

图9-1 徐汇区融媒体中心组织架构

网络舆情信息的搜集、分析、处置、报送工作的网信管理部，为业务部门提供支持与保障。

截至调研之日，徐汇区融媒体中心大部分部门已实现联合办公，首先在物理空间上完成了融合，更有利于部门间沟通与磨合的顺利进行。据介绍，徐汇区融媒体中心的办公环境未来将进一步扩展升级，届时部门内部架构的融合搭建将随着新办公区域的科学划分而更加完善。

（三）平台布局

融媒体中心成立后，《徐汇报》每周发行一期，一周的版面量最多可达28版，这个版面量在区级报纸中并不多见。该报创办于1989年3月，是上海第一批区报之一。从具体内容来看，新闻类、服务咨询类内容各占约8个版面，余下主要为各委办局、街道（镇）关于养老、双拥、扫黑除恶等时令性专题内容的版面。此外，《徐汇报》始终坚守副刊阵地，每周设置两个版面，副刊征稿邮箱长期处于爆满状态。相关负责人对此表示，副刊跟市民更加贴近，反映时代特色，是新闻阵地的后方，所以希望坚持办好它。《徐汇报》目前有7万余份的发行量，其发放对象主要为区内的党政机关、事业单位、各街镇居民等，发行范围覆盖区内13个街道（镇）。除了线下纸质版，通过互联网数字报的形式也能看到所有内容。随着融媒体中心的建立，数字报刊平台的功能也在升级，目前"徐汇报数字报刊平台"（www.xuhuibao.com）可以检索到从创刊号到最新版的所有报纸。

此外，徐汇区的部分街道、社区与《新民晚报》合作，推出了《天平家园》《璀璨徐家汇》等街道、社区报刊。在融媒体中心相关负责人看来，街道、社区报的新闻内容可以同步向融媒体中心提供，由区级平台进行同步发布，这样既能为各社区、街道镇带来更大的关注度，也为区级融媒体中心增加了更贴近市民日常生活的内容，从而将区内新闻资源进行了有机整合。

广播电视方面，徐汇区没有独立的广播电视台，其电视新闻或专题节目由区有线电视中心制作，每日在上海电视台七彩戏剧频道内插播30分钟新闻节目，区内东方有线电视用户可调至频道收看。

截至2020年8月底，"上海徐汇发布"共发布微博数为6万条，粉丝数为22万，当日阅读数均超过100万。该微博内容以区内新闻资讯为主，同时会对时下热门话题内的图文或视频微博进行转发。

"上海徐汇"微信公众号推送频率为每日3次，每次6—8条资讯。公众号内的功能菜单主要包括"徐汇通""疫情防控"和"汇便民"。其中,"徐汇通"是融媒体客户端的下载入口,引导市民下载"徐汇通"App,实现各新媒体平台间的联动与融合;"疫情防控"作为新冠肺炎疫情时期的临时栏目可以链接到"听民声"问题建议征集版块以及"汇治理"小程序,为企业及个人在防控疫情的特殊时期参与基层社会治理提供有效平台;"汇便民"菜单内主要是"互联网+督察"平台、上海市人民政府"一网通办"线上办事大厅以及历史文章搜索等常规功能,为市民日常事务的办理、查询、投诉提供便捷。

"上海市徐汇区人民政府"门户网站最早由区政府办公室管理,后划归区委宣传部,融媒体中心成立之后归入中心管理。在谈及门户网站与微信公众号的区别时,中心负责人生动地比喻道:网站是"长销书",微信公众号则属于"畅销书",不同的平台需要不同的思路进行运营。据介绍,作为市民查阅区内相关政策的首选平台,该网站累计访问量已超过3 000万。

在上述平台的基础之上,徐汇区融媒体中心全新打造了"徐汇通"App,深度融合广播电视、报刊以及各类新媒体资源,不仅能及时发布区内新闻资讯,还集合了区内基层治理、社区文化、事务受理等平台,并为市民提供各类政务、服务功能,将新闻、政务、服务进行有机整合。

三、人事制度改革与创新

(一)人员队伍建设

融媒体中心建设初期,组织架构与业务流程都发生着改变,对中心人才的数量与质量都提出了更高的要求,需要"造血式"的人员队伍建设。据融媒体中心负责人介绍,中心成立以后,人员编制由45个增加至65个。同时,中心于2020年6月在各新媒体平台上发布了招聘公告,开展非事业编制媒体人才的自主招聘,这样的招聘方式相对灵活,有机会招到一些与需求匹配度比较高的人才。

此外,徐汇区融媒体中心还与区内各高校保持互动与合作。具体形式包括:与高校校报相互转载文章,计划吸纳区内高校相关专业的大学生到融媒体中心进行实习和就业等,为培养融媒体中心后备人才创造条件。

(二)绩效分配改革

有了较为灵活的机制把人才"引进来",还需要完善的薪酬体系与激励机制,才能让人才"留得住"。徐汇区融媒体中心属于财政全额拨款的事业单位,为融媒体中心建设和人员薪资发放提供了托底保障,但在额度总量固定的情况下,绩效分配就存在一定的困难。针对这一问题,徐汇区融媒体中心对员工的考核方式和激励政策进行了改革创新。

首先,在绩效考核上,相关负责人表示,由于难以比较不同岗位人员的工作成果,故仍暂时沿用过去的考核方法:按部门人数进行拨款,再由部门内部进行分配。截至调研之日,改革意见的收集工作也在同步进行,负责人表示修改后的方案会于2020年正式施行,改革后或将采取"记者弹性制,责编坐班制"的原则开展工作。同时在请假调休方面也将采取阶梯式考核,让每一个环节都有依据,为工作的顺利开展提供有力保障。

其次,在激励政策上,徐汇区融媒体中心设置了首席评定制度与"好新闻"奖,着重对一线采编人员进行奖励。相关负责人表示,今后在员工职称评定规则上有望进一步优化,为人才提供晋升空间,希望通过各项激励措施,确保各岗位人员都能够各得其所。

此外,由于过去的区级媒体不属于专业的新闻机构,区级媒体年度表彰大会仅在各区承办,主办方为各区工委会。上海各区级融媒体中心成立以后,全市在媒体机构表彰方面进行了改革——区级融媒体中心与其他专业新闻机构共同参与表彰,分为评论、通讯、策划等类别,徐汇区融媒体中心在2019年的表彰大会中获得了两个二等奖、一个三等奖。

四、流程再造与技术支持

(一)流程再造

徐汇区融媒体中心成立了统一的采访部,负责所有平台的新闻采集。考虑到"一次采集"的有限性,采访部还下分了日常采访组、专题特稿组和专题影像组,以应对不同平台内容的不同采访需求。日常采访组配备了全媒体阵容,主要负责日常的电视新闻播出内容和一些常规新媒体报道,注重动态性、时效性;专题特稿组主要负责向新媒体和报纸提供一些篇幅比较长的深度新闻稿,同时可以根据采访内容将稿子修改为电视专题片等适合其他平台推出的内容;专题影像组专门负责摄影摄像,提供照片、视频新闻内容,同时为新媒体平台补充内容。采访部的进一步分工,一定程度上解决了融合过程中岗位调动带来的员工才能与具体工作内容不匹配的问题,推动了工作流程的更新。

此外，徐汇区融媒体中心每周还会召开"采编通气会"，将各个平台的管理层和部分记者集中起来，提前进行部分选题的策划和沟通，以便提前做好统筹和分工安排。

（二）技术支持

"徐汇通"App由东方网提供技术支持，区政府门户网站的升级改版工作也交由东方网负责。新闻采集方面，统一技术平台能够通过对媒体热点的发现，对主流媒体发布渠道和互联网内容的热点挖掘，定期进行热度更新，同时支持融媒体中心端将采集的文字、图片、音频、视频等上载至平台，便于编辑和发布。内容生产方面，东方网提供针对新媒体生产、广播电视综合节目制作、报刊编排等不同平台的技术支持。内容管理方面，统一技术平台包括了资源入库、编目、管理、检索、出库等功能。在发布环节，通过统一发布平台就能将内容签发至不同新媒体平台，传统媒体方面则与区内广播电视播出系统及报刊排版系统对接，进行内容的推送①。

在东方网的支持下，目前徐汇区融媒体中心建设的工作重心更多地放在了各平台的内容生产与发布上，中心其他新媒体平台的日常运营维护工作主要由分管新媒体的工作人员负责。相关负责人表示，技术团队有待员工引进完成之后再进行组建。

五、核心平台——融媒体客户端建设

"徐汇通"App是徐汇区融媒体中心全新打造的融媒体移动客户端，随着中心建设的逐步推进，其功能及内容也在不断更新。2019年年底之后推出的2.0版本，已加入"汇治理""汇办事""邻里汇""汇拍秀"等具有区域特色的功能，实用性不断提升。

"徐汇通"App分为"首页""政务""视域""服务""我的"5个版块。

如表9-1所示，其中，"首页"主要包括以自动播放图片为呈现形式的、与区内经济社会发展、重点规划项目相关的重点新闻展示栏，与区内重大新闻、重要活动有关的新闻会在这里展示。还设"邻里汇""汇办事""汇治理""融媒体"4个专题新闻入口以及"推荐""时政""经济""人文""民生""社会""资讯"

---

① 徐世平：《县级融媒体中心建设的上海方式》，《网络传播》2020年第2期。

"汇气象""垃圾分类"9个栏目,新闻主要以瀑布流形式呈现;"政务"版块设置"区政府信息五公开"栏目,帮助市民进行政策解读、了解政务信息;"服务"版块则主要包括办事预约查询、线上便民查询服务两大类,市民可以在"服务"版块完成政府办事前的预约、取号流程以及办件进度和排队情况的查询,还可以查询有关生活、教育、交通方面的信息,如"垃圾分类查询""义务教育入学信息查询"等,更有"大件垃圾回收"等功能针对区内具体情况提供服务。

表9-1　　　　　　　　　　"徐汇通"App设置一览

版块	栏目	版块	栏目
首页	推荐	视域	短视频
	时政		视频新闻
	经济		汇直播
	人文		汇拍秀
	民生	服务	生活服务
	社会		教育服务
	资讯		人口服务
	专题		交通服务
	汇气象		邻里汇
	垃圾分类		汇办事
政务	政策解读	我的	垃圾分类回收
	政务公开 (决策公开、执行公开、管理公开、服务公开、结果公开)		我的汇拍秀
			我的评论
			我的Idea
			我要提供新闻线索
	政务信息		我的浏览记录

注:由于"徐汇通"App内容持续更新,该表仅反映截至2020年8月的App布局。

除了新闻、政务、服务三大主要版块外,"徐汇通"还有两个基础性版块:一是"视域"内包括"短视频""视频新闻""汇直播""汇拍秀",不仅集合了视频新闻,还为社区学校和社区文化中心提供了展示作品的渠道;二是"我的"即为市民中心,该版块可以转到市民所拍摄的"汇拍秀"内容进行管理,查看市民使用过程中对于内容的评论及浏览记录,还能通过留言提供新闻线索或对移动客户端提出改进意见及建议。

六、年度特色内容

(一)"汇"聚区内特色资源,提升服务供给能力

徐汇区融媒体中心盘活区内资源,开发了许多具有区域特色的服务功能,如"汇办事""邻里汇""汇拍秀"等,在"上海徐汇"微信公众号及"徐汇通"App均设置了入口。

"汇办事"可以查询到徐汇区各街道社区事务受理中心所受理的具体事项,各事项涉及残联、档案、住建、公安、总工会、经信委、粮食、民政、社保、税务、卫健、医保共12个区内政府部门的187项受理事项,市民可以在此查询相关证件的申领、变更、补办等业务需要的具体材料以及办理事务所需的具体证明,还能看到各项事务受理中心的具体地址和联系电话,方便市民在办理事务前做好准备。"邻里汇"原是徐汇区自2016年启动的为开展社区服务而打造的线下项目,如今,在融媒体中心的推动下,线上平台也逐步搭建起来。平台内提供了区内文旅、体育、商业、展览等活动的资讯、票务信息等。"活动报名"里,可以看到各街镇开展的文体活动,市民不仅能参加本社区的活动,还能报名参与其他社区活动;"场地预约"则可以提前预约区内活动场馆;市民可以通过"活动掠影"中的照片回顾参与活动时的瞬间,也能通过"精彩课程"进行线上参与。此外,还有诸多尚在开发中的功能为区内公共资源的集合提供更多可能性。

在"徐汇通"App的"服务"版块中,还有很多与市级平台合作提供的服务功能,主要包括"生活服务""教育服务""交通服务""人口服务"。其中,"生活服务"包括由上海市绿化和市容管理局与上海发布联合提供的垃圾分类查询、上海市食品药品监督管理局与上海发布联合提供的餐饮安全查询等;"教育服务"包括"幼儿园入园政策查询""义务教育入学信息查询""民办教育机构查询"等;"交通服务"包括"路况查询""交通违法查询"等(如表9-2所示)。各项服务功能是在"上海发布"政务新媒体平台与上海市各管理、服务单位的联合支持下,在区级融媒体中心客户端推出。市、区两级政务新媒体通过平台的打通与资源的整合,打造出了一个较为完备的服务版块,覆盖到了市民生活的方方面面。

表9-2　"徐汇通"App"服务"版块依托平台一览

版块	服务	平台
生活服务	垃圾分类查询	上海市绿化和市容管理局
	餐饮安全查询	上海市食品药品监督管理局
	家电维修信息查询	上海家用电器行业协会
	景区客流查询	上海市A级景区实时信息网
	空气质量查询	上海市环境监测中心
	上海天气查询	上海天气
教育服务	幼儿园入园政策查询	云瓣科技技术支持
	义务教育入学信息	上海教育政务新媒体
	民办机构教育查询	上海民办教育管理系统
	入学信息查询	看看新闻技术支持
	义务教育入学报名	上海教育政务新媒体
	家门口好学校	上海教育政务新媒体
人口服务	户口审批查询	上海市公安局人口办
	身份证办理查询	
	居住证办理查询	
	房产户口查询	
	落户审批查询	
	属地派出所查询	
	新生儿重名查询	
交通服务	路况查询	上海市路政局、上海市城乡建设和交通发展研究院
	交通违法查询	上海交警App
	公交实时到站查询	上海市交通委
	道路积水查询	市防汛指挥部办公室
	交通卡余额查询	上海公共交通卡股份有限公司

(二)利用短视频形式,增强用户参与性

短视频作为时下热门的内容传播形式之一,以其主题简单明了、制作门槛

较低、参与性强等特点,成为包括区级融媒体中心在内的各类新媒体平台吸引用户的重要载体。"徐汇通"移动客户端的"视域"版块中,专门设置有"短视频""汇拍秀"等功能,利用短视频的形式更加高效地向市民传递资讯,同时也为其提供了展示、互动的平台。

"短视频"栏目的内容包含微电影、微纪录片、日常视频新闻等形式。值得一提的是,该栏目也为社区学校、社区文化中心提供了展示作品及活动成果的平台,一定程度上提升了融媒体中心的传播力。

"汇拍秀"是由市民发布视频、图片内容分享生活,并与区内其他市民进行互动的平台。在平台上发布图文内容后,市民之间能够以评论、点赞、分享的方式进行线上互动。与此同时,"汇拍秀"也鼓励区内各中小学、高等院校、群众文化社团上传优秀书法、绘画、摄影等作品,共同打造属于徐汇的"朋友圈"。

七、在抗击新冠肺炎疫情中的突出表现

在2020年抗击新冠肺炎疫情过程中,上海市16个区级融媒体中心与东方网以及腾讯新闻、阿里云、清博大数据联合推出了"抗击疫情 上海在行动"服务聚合类新媒体产品。涵盖了口罩在线预约、空中课堂回放、疫情防控工作问题建议征集、上海本地疫情通报等功能。这些服务深入民心,直击痛点,贴合疫情之下市民的切实需求。除联合开设的项目外,徐汇区融媒体中心结合本区实际情况,在抗击新冠肺炎疫情中也有不少突出表现。

(一) 推出综合治理小程序,助力疫情防控

在防范新型冠状病毒肺炎疫情期间,徐汇区大数据中心联合徐汇区行政服务中心、城市网格化综合管理中心、市场监督管理局等部门开发了"汇治理"疫情防控系统。徐汇区融媒体中心将"汇治理"小程序接入中心各平台,在"徐汇通"App及"上海徐汇"微信公众号内设置入口,助力基层社会治理。随着疫情的进展与变化,"汇治理"从1.0版本升级至2.0版本,相关功能也进行了优化,以在疫情被有效控制后,及时有效地应对常态化的社会治理问题。

1.0版本的"汇治理"主要用于解决口罩预约、企业线上会议、复工复产申报等方面的问题,其首页分为"疫情防控系统""市民互动""公示公告""徐汇新闻",内容均与防疫相关,基本能够满足市民的信息获取需求。"市民互动"包括"我要吐槽""我的贡献""待办事宜"三项内容。"公示公告"则提供了包括

"居家""工地复工""企业复产"等多方面的防疫、消防安全指南供市民参考。值得一提的是,如表9-3所示,疫情防控系统当中分为居民、企业、重点区域、第三方应用4个版块,供不同市民根据需求进行选择,居民个人可以通过系统进行疫情的实施查询和居家观察情况的上报,企业能在系统中直接进行复工备案,工地、楼宇人员也能通过系统进行报备。腾讯、阿里、华为等第三方平台中线上会议等功能也接入了其中,一定程度上保证了疫情期间的各项数据统计及日常工作生活的有序进行。

表9-3 "徐汇通"App"汇治理"平台1.0版本功能一览

版块	服务	版块	服务
居民版块	口罩预约购买	重点领域	工地人员管理
	居民信息登记		求职招聘平台
	疫情线索上报		人员应急呼叫
	居家观察上报		健康云
	智能在线客服		人群热图
	疫情实施查询	第三方应用	华为会议
企业版块	员工出入管理		线上办公
	企业复工备案		腾讯会议
	沿街商铺管理		小依医生

2.0版本的"汇治理"提供的功能则主要为疫情得到有效控制后,学校复学、企业复工提供后续的各项保障。在核酸检测条件逐渐充足的疫情后期,"汇治理"提供了线上核酸检测预约的功能,方便个人或企业按需排查。相关"上报""登记"功能依旧保留,对复工复产后的信息采集工作提供保障。此外,如表9-4所示,2.0版本"汇治理"还增加了"民生服务检索""培训复课备案""惠企政策引擎""企业营商服务"等常规便民功能,逐步从"疫情防控系统"向"综合治理平台"转变,开始解决常态化的基层社会治理问题。

(二)发起"寻找你身边的最美防疫者"活动

2020年3月11日,徐汇区融媒体中心在"徐汇通"客户端和"上海徐汇"微信公众号同时发起"寻找你身边的最美防疫者"活动,呼吁市民关注身边在抗疫工作中默默奉献的人们,具有一定的社会价值及意义。

表9-4　"徐汇通"App"汇治理"平台2.0版本功能一览

版块	服务	版块	服务
市民主页	学生健康登记	企业主页	企业核酸检测
	个人核酸检测		培训复课备案
	民生服务检索		惠企政策引擎
	居家信息登记		企业招聘平台
	疫情线索上报		沿街商铺登记
	居家观察上报		工地信息登记
	疫情实时查询		企业营商服务
	智能在线客服	新闻	
	培训复课查询	帮助	

借助"徐汇通"客户端内的"汇拍秀"功能,徐汇区融媒体中心向市民征集反映抗疫防疫、复工复产过程中各类精彩瞬间、感人故事、动人事例等,市民可以摄影作品或小视频的形式,在"汇拍秀"当中发布内容以参与活动。自2020年4月15日起,征集到的素材分三批在"徐汇通"App以及"徐汇通"微信公众号内进行发布,将抗疫故事展示给更多的人。此次活动充分利用了融媒体中心平台的"汇拍秀"功能,呼吁市民以"拍客"的身份对防疫、抗疫过程进行纪录,并将这些具备真实性及接近性的视频、图文内容进行传播,更能引起观看者的共鸣。

(三) 推出答题活动,向市民科普科学防疫知识

科学的防疫知识在抗击疫情期间必不可少。借助融媒体中心平台自身的交互性与传播力,2020年3月16日,徐汇区融媒体中心在"徐汇通"客户端内推出了"战'疫'课堂,科学防疫——同心抗疫情,答题来挑战"活动。每轮答题设置3道选择题,均与日常防疫息息相关,如"预防新型冠状病毒,哪些做法是正确的?"等,若3题均答对,则有机会参与抽奖。

奖品包括一等奖:100元话费,共200份;二等奖:50元话费,共600份;三等奖:20元话费,共1 000份;参与奖:5元话费,共6 000份。答题次数不限,答题满分后每天每位市民仅有一次抽奖机会,活动期间每位市民仅能获得一个中奖名额。抽奖形式能够激励市民参与答题活动中,既达到了科普防疫知识的目的,也为融媒体中心移动客户端吸引了用户。

R10　上海市青浦区融媒体中心建设发展调研报告

一、相关区情介绍

青浦区位于上海市西南部,总面积668.54平方千米,是上海面向长三角、联接江浙地区、对接"一带一路"的重要门户。区内下辖8个镇、3个街道,分别是赵巷镇、徐泾镇、华新镇、重固镇、白鹤镇、朱家角镇、练塘镇、金泽镇、夏阳街道、盈浦街道、香花桥街道,另有184个行政村和97个居民委员会。截至2019年末,全区常住人口123.31万人,其中外来常住人口71.43万人;户籍人口49.61万人,其中非农人口37.42万人[①]。

自2013年启动第二轮创建上海市文明城区活动以来,青浦区树立了"绿色青浦,上善之城"的城市新形象,立足"背靠大都市面对长三角"的区位优势,水好、地好、空气好的生态优势,以及古文化、水文化和红色文化的文化优势,全面推进"乡村振兴"战略以及"长三角一体化"战略。2018年,青浦区五届区委四次全会提出了全面跨越式发展战略,要将青浦打造成为上海对外服务的门户城市和长三角一体化发展的综合性节点城市。

在此基础上,青浦区充分发挥进博会永久举办地优势,联合长三角近沪兄弟地区,携手打造具有重要影响力的"五个新区",即"长三角国际贸易龙头区""长三角协同创新核心区""长三角乡村振兴先行区""长三角江南文化示范区""长三角社会治理样板区"。同时,上海市西软件信息园规划建设项目得到极大的推动,以新格局驱动新引擎,促进了软件信息服务业持续快速发展。围绕新开办扶持、企业经营费用补助、"互联网+"产业项目扶持等内容,加大对国

---

① 《走进青浦·青浦概况》,上海市青浦区人民政府网站2020年4月2日,https://www.shqp.gov.cn/shqp/qpgk/20180622/143593.html,2020年7月15日。

家、市级项目配套扶持力度。国家战略的推进与创新产业的兴起,为青浦建设成为"上海之门"创造了必要条件。

二、融媒体中心建设的基本概况

(一) 发展历程

青浦区 2017 年就已开始酝酿媒体融合,有了将《青浦报》、青浦区广播电视台以及新媒体融合发展的初步构想,不过真正实质性的推进是在 2019 年。虽然融媒体中心建设启动较晚,但推进力度很大,由区委书记挂帅,联合区委组织部、市场监管局、科学技术委员会、发展和改革委员会、文化和旅游局等 12 个部门成立领导小组,联合推进融媒体中心建设。2019 年 6 月 28 日,作为上海市首批 10 家区级融媒体中心之一的青浦区融媒体中心正式挂牌成立,成为区委宣传部下属的公益二类事业单位。

(二) 组织架构

青浦区融媒体中心以"部门设置与融媒体业务模式相适应"为原则,根据职能的不同,划分出中枢系统、业务系统和支持系统三大系统,下设"1+2+5"8 大平台、11 个部门(见图 10-1)。

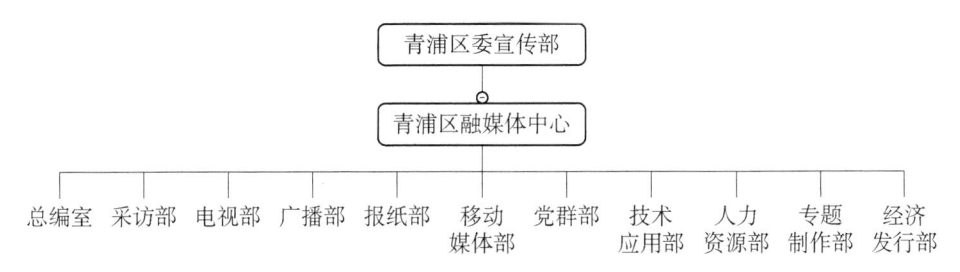

图 10-1 青浦区融媒体中心组织架构

中枢系统即负责选题策划、协调部署的指挥调整平台,下设总编室。业务系统包括负责采访组稿、提供素材的采访部和负责审核发布、稿件打分的编辑部,编辑部还下设电视部、广播部、报纸部及移动媒体部。以上部门主要负责融媒体中心的内容生产,采访部由融合前的多个部门整合为一个,编辑部按不同平台分为 4 个设置,充分体现了"一次采集,多次生成"的融合理念。

由于人员规模较大,青浦区融媒体中心支持系统内的部门设置也较为细化,主要包括:负责行政管理、党群工作的政务管理平台,下设办公室(党群部);负责技术支撑、播出安全的技术应用平台,下设技术应用部;负责人力资源、绩效考核的绩效评价平台,下设人力资源部;负责专题制作、活动策划的专题制作平台,下设专题制作部;负责财务管理、广告发行的经济管理平台,下设经济发行部。

此外,青浦区融媒体中心实行了"1+11+X"的平台架构,即"1个区级融媒体中心+11个街镇融媒体分中心+X个委办局平台",由中心指导各街道(镇)、各区级单位媒体资源的整合、信息技术的开发和应用,健全完善媒体协作网络和工作机制,开展媒体阵地建设和业务培训,培养全媒体型专业人才。

(三) 平台布局

青浦区有独立的广播电视台,在融合前是区文化和旅游局下属的副处级事业单位。青浦人民广播电台调频广播频率为FM106.7兆赫,每天播出节目时长为14小时。青浦电视台每天播出节目时长约16小时,播出频道为东方有线"区新闻高清"频道(频道号219)。《青浦报》全年104期,每周两期,周二、周五出版,四开四版,按旬四开八版,发行量为5万份[1]。青浦报社还曾开设"青浦报"微信公众号,随着区内媒体平台的整合,该公众号于2020年7月2日停止推送所有消息,但公众号内的"电子报"功能依旧可以使用,可以检索到2017年4月至今的所有《青浦报》内容。"绿色青浦"客户端推出之后,广播电视和报纸所发布的内容均能在客户端内获取,充分实现了传统媒体内容的新媒体化。

截至2020年8月,"绿色青浦"官方微博共发布微博数为4万余条,粉丝数为11万,当日阅读数均超过100万。"绿色青浦"微信公众号推送频率为每日3次,每次5—6条资讯,公众号内功能菜单主要包括"便民服务""微信矩阵""绿色青浦"三个版块,其中"便民服务"版块主要为市民提供日常服务功能,如"路况查询""天气查询";"绿色青浦"则主要提供政务服务,可以连接到"随申办市民云""青浦区网上政务大厅""青浦区行政服务中心"等栏目。"绿色青浦"抖音号内容更新频率为一周2条,主要根据时事热点进行内容的策划

---

[1] 《上海市青浦区融媒体中心2020年部门预算》,青浦区人民政府网站2020年2月4日,https://www.shqp.gov.cn/shqp/zwgk/ggzj/yjs/qt/bs/20200211/626214.html,2020年7月15日。

与发布,如进博会期间,"绿色青浦"抖音号专门推出了10条与进博会密切相关的视频内容,从会展倒计时5天起开始发布,为其进行预热与持续宣传;"上海青浦"政府网站则是由融媒体中心与区政府的大数据中心共同运营维护,融媒体中心主要负责网站的新闻版块。据统计,2019年"上海青浦"政府网站首页访问量(访问总页次)2 229.1万次、页面总访问量1.17亿次、总点击数2.31亿次[①]。

除此以外,2019年9月,青浦区融媒体中心还联手江苏吴江、浙江嘉善,成立了长三角一体化媒体联盟。由中心代运营"长三角示范区发布"微信公众号,每日发布关于吴江、嘉善以及青浦本区长三角生态绿色一体化发展示范区的相关资讯动态,呈现它们的建设状况,示范引领长三角地区进行更高质量一体化发展。

三、人事制度改革与创新

(一)人员队伍建设

青浦区融媒体中心成立后,事业单位人员编制数量在原有基础上进行了扩充,截至调研之日,中心核定事业单位人员编制108名,实际在编91名,编制内人员仍在招考中。同时,中心另有编制外聘用人员22名,主要涉及采访车驾驶员、技术值机、报纸制版等岗位。另外,中心核定专技岗位77个,其中正高级岗位4个、副高级岗位19个。截至调研之日,专技岗位上已聘用人员64人,其中正高级1人、副高级4人,即正高级职称空额3人、副高级职称空额15人。编制数量的扩充与人员晋升空间相对充裕,让人才能够"招得进""留得住"。据了解,在由传统区级媒体转型为融媒体中心的过程中,中心对员工的留用意愿进行了排摸,结果所有员工均选择了继续留在融媒体中心工作,在单位转型过程中未出现人才流失情况。

负责人认为,由于中心是由原有的几家单位融合而来,在新的队伍建设中,培养员工的凝聚力和归属感就十分重要。据了解,为使新组建的团队更加融洽,青浦区融媒体中心为员工们制作了统一的服装,印有中心标志,另外中心每月还会举办主题活动,为大家在工作之外提供交流互动的机会,多管齐下

---

① 《2019年上海市青浦区国民经济和社会发展统计公报》,上海市青浦区人民政府网站2020年3月20日,https://www.shqp.gov.cn/stat/tjzltjgb/20200401/650732.html,2020年7月15日。

增进员工的认同感与归属感。

在人员队伍建设的过程中,专业人才与业务能力的输送十分关键。青浦区融媒体中心与复旦大学、上海大学、浙江传媒学院等多所高校开展了区校共建,为高校学子提供实习岗位,表现优异者则有留用的机会。此外,中心还积极与人社局沟通,拟将无人机航拍、摄影摄像、短视频制作等培训课程纳入全区专项职业培训计划。

(二)绩效分配改革

融媒体中心成立以后,需要面对绩效考核标准如何统一的问题。由于在合作完成工作的过程当中,难以衡量不同岗位人员对于工作的贡献程度,青浦区融媒体中心依据不同职能将岗位进行类型划分,不同类型的岗位将采用不同的绩效考核标准。基于原有报、台、网、微 4 家媒体单位的绩效考核标准,中心初步计划将绩效分为三个类型进行考核,分别为管理类、业务一类和业务二类。业务一类即一线记者岗位,业务二类为后期制作、发布岗位,最终绩效分配标准将按照业务一类高于业务二类,业务二类高于管理类来实行。

为使人力资源能够更快地赶上中心融合的步伐,青浦区融媒体中心推出了人才激励政策。具体政策执行方式分为职级激励和待遇激励,即通过职位的上升或者待遇的增加来激励员工。此外,中心还策划了记者节活动,给表现突出的记者颁发荣誉证书,同时制定了《青浦区关于进一步加强新闻传媒人才队伍的若干办法》,在高端新闻人才的引进、首席及名优新闻人才的评选等方面予以进一步明确,以吸引、激励人才。其余人才引进政策则基本参照区内统一规定,同时争取提供引进人才的住房补贴、医疗补助、子女上学等保障,并计划根据人才职称提供补助,争取能够吸引到优质的一线人才。此外,由于过去区级媒体一线采编人员及播音员、主持人的高级职称评定机会小于市级媒体,并且区级媒体的高级职称集中在技术部门,不利于各部门融合协调发展,所以青浦区融媒体中心表示已与相关部门进行沟通,希望未来能够为一线业务部门员工提供更多评聘高级职称的机会。

四、流程再造与技术支持

(一)流程再造

街镇融媒体分中心成立后,青浦区 11 个街镇共配备工作人员 68 名,运营维护街镇媒体平台或账号27个。2020年上半年,中心先后制定下发了《街镇、区级单位融媒体分中心标准化建设的指导意见》《街镇融媒体分中心的百分考核办法》,在运行机制、内容生产等各个方面为街镇融媒体分中心明确工作要求。另外,中心还成立了融媒体业务讲师团,为分中心培训提供支持。各分中心所在区域内如有重要新闻,也会以自采后上传的形式提供给区级融媒体中心,既减轻了后者的工作压力,也避免遗漏与各街镇相关的重要内容。

中心负责人表示,未来计划以"一街一镇一平台"的模式鼓励各街镇推出特色项目。例如,作为世博会永久举办地的徐泾镇在当地融媒体分中心建立了一家文创实体店,将新闻与文创结合起来,专门对接进博会的一些服务。文创实体店内不仅售卖一些进博会纪念品,还会对区域内的摄影作品等进行展示,借助进博会的契机,能大大提升融媒体分中心的辐射影响效应;朱家角是全国特色小镇,该镇融媒体分中心充分利用相关资源进行旅游特色项目的开发,并与东方网"数字社区"进行合作,通过新技术手段的支持,助力旅游景区的管理工作;青浦区的西边是长三角核心区,最远的金泽镇旁边就是吴江和嘉善。金泽镇在"上海美丽乡村示范区"之一的莲湖开设了村融媒体分站,特派工作人员驻守,发回新闻素材或民情民意。

(二)技术支持

根据市委宣传部的统一要求,青浦区融媒体中心移动客户端"绿色青浦"App由东方网提供技术支持。其实早在2018年上半年,东方网便已经开始与青浦区政府网站进行合作。中心相关负责人表示,东方网在媒体融合方面起步早、基础好,且擅长作移动媒体方面的项目。各个区级融媒体中心成立之后,移动客户端与其他各平台开发、运营维护方面的技术工作体量大、信息安全要求高,因此,东方网成了一个相对理想的选择。但由于东方网需要处理的业务较多,也会出现移动客户端部分个性化需求难以及时满足等情况,青浦区融媒体中心表示,在保证数据安全的前提下也会选择第三方技术团队对客户端的一些小模块进行开发和运营维护,解决部分技术问题。

目前青浦区融媒体中心没有专门的技术团队,主要由原来负责网站的技术人员承担一些技术运营维护工作。负责人认为,在新平台搭建过程中,中心自身不需要太多技术人员,更需要的是一些能够把需求变成技术语言的人来辅助东方网进行平台建设。

五、核心平台——融媒体客户端建设

"绿色青浦"App 是青浦区融媒体中心全新打造的新闻移动客户端,它将助力青浦区打造绿色生活方式、绿色生态环境、美丽城乡面貌。截至 2020 年 8 月上旬,"绿色青浦"App 总下载量已达 59.9 万人次,在下载人次与全区常住人口总数的占比排名中,位列全市第 3 名。

"绿色青浦"App 分为"首页""政务""视听""服务""我的"5 个版块。

如表 10-1 所示,"首页"主要包括以自动播放图片为呈现形式的,与区内

表 10-1 "绿色青浦"App 设置一览

版块	栏目	版块	栏目
首页	推荐	服务	生活服务
	抗疫情		教育服务
	就业信息		人口服务
	民生		交通服务
	时政		移动业务办理
	财经	政务	办事指南
	创全		预约先办
	社区		办件查询
	文旅		排队情况
视听	电视		我要问政
	直播		政务信息
	短视频	我的	消息中心
	青视新闻		我的积分
	学习频道		我的评论
	醉美青浦		我的收藏
	专题片		我要爆料
	央视新闻		我的邀请码
	上视新闻		我的浏览记录

注:由于"绿色青浦"App 内容持续更新,该表仅反映截至 2020 年 8 月的 App 布局。

经济社会发展、重点规划项目相关的重点新闻展示栏,如"为青浦创全加油!""四史教育""青浦商圈优惠券领取"等,方便市民直接了解到区内近期发展重点。首页还设有"青浦报""电视""广播""微矩阵""长三角""进博会""乡村振兴""融媒号""直播""积分商城"8个专题入口以及"推荐""抗疫情""就业信息""民生""时政""财经""创全""社区""文旅"9个新闻栏目,主要以瀑布流形式呈现,各栏目的设置将区内特色进行了充分展示。

"视听"版块分类较为丰富,主要有"看电视""听广播"两大栏目,"看电视"下又细分为"电视""直播""短视频",满足市民不同的收看习惯。其中,"电视"栏目还具体分为"青视新闻""学习频道""醉美青浦""专题片""央视新闻""上视新闻"6个子栏目,分类呈现有关青浦区的新闻片、专题片、纪录片等。此外,还有与其他区类似的"政务""服务"版块。"政务"版块主要向市民提供政务服务,其中包括"我要问政"栏目,下设"区委领导信箱""区长信箱""人民建议征集""投诉受理信箱"等,即市民可以通过移动客户端跳转至专门设置的领导信箱栏目或"上海信访"官网,根据需求进行信访、投诉。"服务"则可以查询到有关生活、教育、交通方面的信息,如"垃圾分类查询""义务教育入学信息查询"等。"我的"即为用户中心,该版块可以查看用户收到的消息、用户使用过程中对于内容的评论、收藏及浏览记录,还包括"我要爆料"的留言功能等。

六、年度特色内容

(一) 结合传播特点与特色,让"小喇叭"重回田间地头

各街道镇融媒体分中心成立以后,青浦区融媒体中心重固镇分中心延续此前乡村广播的形式,推出了微广播项目,覆盖镇里所有居村,让每个人都能收听到融媒体中心制作的资讯。从2018年下半年开始,重固镇便与东方有线合作,准备在社区和乡村中开通广播线路,开展广播宣传。项目于2019年2月正式开始施工,截至2019年5月,重固镇一村一社区共架设光电缆线路1.57万米,建设镇村播音机房3个、室外点位18个,入户安装小喇叭932个[①]。

随着青浦区融媒体中心的建成,微广播项目得到了中心的指导与支持。由于该农村区域老年人居多,他们对新媒体的熟悉和使用比较有限,所以青浦

---

① 《青浦区重固镇等地探索特色融媒体发展之路》,东方网2019年5月2日,http://shzw.eastday.com/shzw/G/20190502/u1ai12472977.html,2020年7月15日。

区融媒体中心特聘8位沪语广播员,自办沪语、重固话的广播节目。重固镇"福泉之声"微广播每周开设一到两期自办节目,设有栏目"福泉之声""乡村振兴""红色课堂""空中学堂""谈天说地""法在身边"等。同时,该广播系统还具备应急插播、定时广播、上级平台对接联网等功能。此外,重固微广播还入驻了"阿基米德FM"平台,实现了传统广播的新媒体化,从而进一步助推信息高效传播和受众的广泛互动。

(二)围绕"乡村振兴""长三角一体化"等国家战略,展现在地优势

青浦作为上海唯一与江浙两省交界的区域,是沪苏、沪杭、沪皖南等多条发展带的交汇点。作为长三角经济圈的枢纽门户,青浦区在该区域一体化进程中越来越体现出其在地理区位上的优势和重要性。同时,作为进博会的永久举办地,青浦区持续提升城市核心竞争力,放大、承接进博会的溢出效应,联合长三角近沪地区共同在国际贸易等方面形成示范。对此,"绿色青浦"App特别设置了"长三角""进博会"等新闻专题栏目,发布如青浦2019上半年经济社会发展报告、第二届进博会筹备进展等相关新闻,向市民普及相关战略的具体措施并同步展现本区经济社会发展的机遇与优势。2019年第二届进博会上推出的"小编带您嗨翻进博会"系列短视频点击量超过了1 000万次,获得上海市科技新闻奖。

伴随着乡村振兴战略的实施,"绿色青浦"还专门设置了"乡村振兴"新闻专题,发布《全国乡村治理示范村镇名单公布!》《重固镇强化信息监控,打造"河长制"智慧大脑》等内容,以向区内市民呈现乡村振兴相关项目的实施进展,同时传达与该战略相关的核心思想。

(三)盘活区内特色资源,提升公共服务能力

"绿色青浦"App首页的"微矩阵""融媒号"栏目展现了11个融媒体分中心的内容。"微矩阵"内的内容主要是单篇来自各乡镇、街道公众号;"融媒号"则是以各街道办事处官方公众号为单位,即以融媒体分中心为单位的文章内容集锦,如"in赵巷""微徐泾""华新视野"等。各分中心公众号内也专门设置了引导下载"绿色青浦"的二维码,以实现全媒体联动。

此外,与大多数区级融媒体中心App类似,"上海青浦"App的"服务"版块还包括"生活服务""教育服务""人口服务""交通服务"四类查询服务,如表10-2所示,各项服务功能是在"上海发布"政务新媒体平台与上海市各管理、

服务单位的联合支持下,在区级融媒体中心客户端内推出的。市、区两级政务新媒体通过平台的打通与资源的整合,打造出了一个较为完备的服务版块,覆盖到了市民生活的各个方面。此外,青浦区融媒体中心还与中国移动上海分公司进行合作,接入了与移动业务办理相关的各项入口,并不定期地开展送话费、送流量等福利活动,满足用户需求。

表 10-2　　　"绿色青浦"App"服务"版块依托平台一览

版块	服务	平台
生活服务	垃圾分类查询	上海市绿化和市容管理局
	餐饮安全查询	上海市食品药品监督管理局
	家电维修信息查询	上海家用电器行业协会
	景区客流查询	上海市A级景区实时信息网
	空气质量查询	上海市环境监测中心
	上海天气查询	上海天气
教育服务	幼儿园入园政策查询	云瓣科技技术支持
	义务教育入学信息	上海教育政务新媒体
	民办机构教育查询	上海民办教育管理系统
	入学信息查询	看看新闻技术支持
	义务教育入学报名	上海教育政务新媒体
	家门口好学校	上海教育政务新媒体
人口服务	户口审批查询	上海市公安局人口办
	身份证办理查询	
	居住证办理查询	
	房产户口查询	
	落户审批查询	
	属地派出所查询	
	新生儿重名查询	
交通服务	路况查询	上海市路政局、上海市城乡建设和交通发展研究院
	交通违法查询	上海交警App

续表

版块	服务	平台
交通服务	公交实时到站查询	上海市交通委和中国上海
	道路积水查询	市防汛指挥部办公室
	交通卡余额查询	上海公共交通卡股份有限公司
移动业务办理	话费充值	上海移动和你
	语音流量	
	宽带业务	
	魔魔哒卡	
	小魔卡	
	光网宽带	
	移动云	

（四）特设专题视频版块，展现本土文化风貌

"绿色青浦"App在"视听"版块设置了"学习频道""醉美青浦""专题片"等版块，"学习频道"主要是区内线下活动的直播回放，如"建设法治青浦，巾帼在行动"法治宣讲活动；"醉美青浦"则集合了以青浦旅游景点为对象的航拍微纪录片以及介绍部分区旅游景点的专题片，其中还发布外语版本，如《江南古镇朱家角（日文版）》，国外游客在游览该区时可作为辅助参考；"专题片"版块则发布了与青浦相关的专题短片，如《上海·青浦，吾城吾爱》、动画科普类的短片《深化扫黑除恶　建设平安青浦》等。相关专题片栏目的设置，是展现青浦本土文化风貌的窗口，能让市民在观看视频的同时更好地了解该区特色和文化。

七、在抗击新冠肺炎疫情中的突出表现

在抗击新冠肺炎疫情过程中，上海市16个区级融媒体中心与东方网以及腾讯新闻、阿里云、清博大数据联合推出了"抗击疫情　上海在行动"服务聚合类新媒体产品，涵盖了口罩在线预约、空中课堂回放、疫情防控工作问题建议征集、上海本地疫情通报等功能。这些服务深入民心，直击痛点，贴合疫情之

下市民的切实需求。除联合开设的项目外,青浦区融媒体中心结合本区实际情况,在抗击新冠肺炎疫情中也有不少突出表现。

(一)开展线上课堂,指导用户科学防疫

青浦区融媒体中心在抗击新冠肺炎疫情期间,联合青浦区妇女联合会、青浦区精神卫生中心共同推出了"用心防疫,健康生活"创建全国健康促进区的线上宣讲活动,围绕疫情期间的非常态社会下妇女法治宣传教育、妇女维权服务展开,强调了健康城市工作策略中政府主导地位以及社会广泛参与、市民共建共享的重要性。

线上直播以4个专题开展,分别是"疫情下的劳资关系""婚姻中的绊脚石""焦虑症状的自我识别和应对策略""家庭教育对孩子成长的重要性"。自2020年3月6日推出首场讲座后,于每周五晚7点准时推出,邀请上海东炬律师事务所专业律师和青浦区精神卫生中心精神科的医生从不同角度讲解疫情之下工作和家庭生活要应对的法律知识以及自我心理调适等方面内容。每期直播采用宣讲和互动答疑形式开展,专家精选网友留言进行互动回答,宣讲活动视频全片可在"绿色青浦"客户端内进行收看。

(二)承办抗疫主题作品征集活动,提供作品展示平台

2020年3月,由中共上海市委宣传部、上海市精神文明建设委员会办公室指导,中共上海市青浦区委宣传部联合东方网共同举办了"这场战'疫',感谢有你——长三角青少年艺术风采展示征集活动"。青浦区融媒体中心作为承办单位,为这次活动提供了征集作品和展示作品的平台,与长三角其他区域共建交流平台、共享交流成果,充分发挥了融媒体中心的平台优势。

参与本次作品征集活动须要下载"绿色青浦"App进行注册报名,客户端内有对应活动专区提供上传作品的入口,后续还将有网络投票环节,也将在客户端内进行。活动期间,公众还可通过长三角一体化媒体联盟的其他平台如东方网、人民网上海、中国江苏网、浙江在线、安徽新媒体集团等了解活动详情,并能通过抖音、微视、快手、哔哩哔哩(@长三角青少年艺术活动)、新浪(@东方网)、微信公众号(@东方网、感动上海、SH海上文创)等社交媒体平台观看参赛者艺术风采展示。作品征集时间为3月10日—4月27日,共有百万人参与活动,提交作品3万件,收到网络投票1.2亿,已评选出400件作品最终进入专家评审环节,并入选线下艺术展。主办方还将挑选部分优秀作品制作成衍生文创,进驻"海上文创"店铺进行公益义卖,其所得将全额捐献爱心助力疫情防控[①]。

(三) 利用融媒体平台,多样化地及时发布疫情相关信息、提供服务

青浦区融媒体中心在抗击新冠肺炎期间利用各个平台发挥了发布信息、提供服务的重要作用。2020年1月22日起,青浦电视台"青浦新闻"节目加大了疫情防控宣传力度,开设了"全力以赴防控新型肺炎疫情"特别节目,把疫情防控资讯、相关科普知识等作为最重要内容加强报道。与此同时,将1月26日和2月2日的"一周新闻集锦"调整为正常播出的"青浦新闻",及时发布青浦疫情防控方面的新闻资讯;1月27日起暂停编发春节期间早已策划筹备好的系列报道,陆续增加播发疫情防控新闻的频次。青浦广播电台调频广播(FM106.7兆赫)同步增设"沪语疫情"特别节目,滚动播报青浦以及全国各地疫情防控最新权威动态、防疫科学知识以及在疫情防控中涌现出的先进典型、感人故事等内容,且每日都把沪语节目整理传送给各街镇供选用。《青浦报》在2月1日开设"防'疫'专刊",全版面聚焦坚守一线的医护人员,各行各业、各街镇、各村(居)的基层疫情防控工作者,在企业加班加点的生产者,讲述他们奋战一线的动人故事。

截至2020年2月22日,"绿色青浦"移动客户端推出的"防疫承诺"H5总访问量达10.68万次,"疫情防控工作意见和建议征集平台"共收集问题意见75条,搭建了网民和政府良好的沟通渠道。青浦区电视台共发布疫情相关新闻内容283篇;青浦广播同步推出电视新闻内容;《青浦报》开设防疫专栏,共发稿101篇。截至2020年8月,"绿色青浦"发布防疫资讯超6 000条,阅读量累计突破2.8亿次;推出短视频、H5等新媒体产品超过100个,相关短视频在抖音等其他新媒体平台上的传播效果也十分突出。

[①]《有你的作品吗?"这场战'疫',感谢有你"获奖名单公布!》,"绿色青浦"微信公众号2020年5月20日,https://mp.weixin.qq.com/s/wB6lG7K6Vl5R3pc6kAeYTQ,2020年7月15日。

R11 上海市普陀区融媒体中心建设发展调研报告

一、相关区情介绍[①]

普陀区位于上海市中心城区西北部，总面积55.53平方千米，其中水域面积1.65平方千米，东西最大距离12.5千米，南北最大距离8.3千米。区内下辖8个街道、2个镇，共有258个居民委员会、7个村民委员会。截至2019年末，全区常住人口127.58万人，其中外来常住人口34.03万人。

2019年，普陀区实现地区生产总值1111.62亿元，同比增长5.7%；第三产业平稳发展，同比增长6.6%。一般公共预算收入328.57亿元，同比下降8.21%，其中，地方一般公共预算收入110.07亿元，同比下降3.49%。产业格局方面，智能软件、研发服务、科技金融三大重点培育产业增长势头向好。有阿里本地生活、光启智云、闻泰等一批符合三大重点培育产业导向的企业在区内逐步集聚，并成功举办2019年互联网影视峰会、中国声音大会、中国人工智能与机器人开发者大会。接下来，普陀区将以打造"长三角科创与商贸中心、智能产业集聚区和智能生活社区、世界级都市滨水区"三个定位为出发点，围绕"一轴两翼"的空间布局，对聚焦发展科技服务业、现代商贸业、金融服务业、专业服务业、文化服务业，积极支持"互联网+"新业态发展。

2019年，普陀区文旅工作围绕建设"科创驱动转型实践区、宜居宜创宜业生态区"的发展目标，以"苏河十八湾"文化品牌建设为引领，促进文旅事业深度融合发展。与此同时，建立市、区、街（镇）、居（村）的四级公共文化配送体

[①] 本部分资料来源：《民生·普陀概况》，上海市普陀区人民政府网站2020年4月8日，http://www.shpt.gov.cn/shpt/mlpt-gaikuang/20160306/43117.html，2020年7月8日；《民生·城市建设》，上海市普陀区人民政府网站2020年4月10日，http://www.shpt.gov.cn/shpt/mlpt-jianshe/20151225/43295.html，2020年7月8日。

系,开展"文化普陀云"三期建设。此外,普陀区已基本建成现代公共文化服务体系,完成区图书馆、区文化馆总分馆制建设和区图书馆、区文化馆、区美术馆理事会制度。区内较为完备的公共文化体制与服务品质,为融媒体中心服务功能的开拓提供了支持。

二、融媒体中心建设的基本概况

(一) 发展历程

2016年,普陀区就开始了第一次媒体融合的尝试。新普陀报社、普陀区有线电视中心和普陀区网络新闻宣传中心3个正科级单位进行整合,成立了普陀区新闻宣传中心,它以"导向为先、内容为王、受众为本、采编为宝"为宗旨,实现了各媒体单位的合并管理,但在部门设置上,依旧是各平台分开,即按照电视报道部、报纸编辑部、新媒体部的架构运作,还未完全实现融合办公。

2017年,在以"上海普陀"微信公众号为核心,整合区内各部门、街道(镇)及重点企业等50家新媒体资源的基础上,普陀区成立了区政务微信联盟。区政务微信联盟组织引导区内各新媒体平台围绕上海市第十一次党代会、普陀区两会、上海电影节互联网电影系列活动等市、区重要会议和活动,发布资讯内容、策划线上线下各类活动[①]。

2019年,根据中央和市委的要求,普陀区开始筹备融媒体中心建设事宜,2月开始制订建设实施方案,7月成立筹备组,由区委宣传部副部长兼筹备组组长、融媒体中心副主任兼副组长。筹备期间完成了人员的双向选择以及各个中层岗位的竞聘,并在挂牌前已经按照全新的组织架构试运行了一个月。9月16日,作为上海市第二批6家区级融媒体中心之一的普陀区融媒体中心正式挂牌成立。

(二) 组织架构

如图11-1所示,普陀区融媒体中心挂牌成立后主要分为总编室、采访部、编辑部、运营部、技术部、网信部、综合办公室7个部门。融媒体中心成立以后,采编岗位打破了原先依据媒体平台属性进行部门划分的架构,在"一次

[①]《普陀2018年鉴·区政务微信联盟》,上海市普陀区人民政府网站2019年3月13日,http://www.shpt.gov.cn/shpt/xuanchuan-zgptwyh/20190313/396375.html,2020年7月8日。

采集，多次发布"的原则指导下进行了组织架构的调整。总编室、采访部、编辑部为一线新闻采编部门，主要负责日常新闻的生产和发布。其余4个为保障性部门，其中，综合办公室负责财务、后勤、档案、保密等方面的组织工作；网信部承担了中心网络安全和信息化相关的日常工作，部门人员编制属于融媒体中心，但办公地点为区委宣传部；独立的运营部在各区级融媒体中心中并不多见，主要负责组织线上线下活动，在融合初期集中力量推广移动客户端；技术部则专门负责整个中心技术设备的正常运行。据了解，目前保障性部门人员配置数量较少，人力主要还是集中于采编一线。

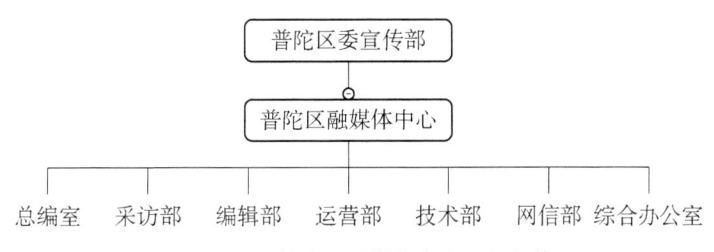

图11-1　普陀区融媒体中心组织架构

截至调研之日，普陀区街镇融媒体分中心也在建设中。2019年12月26日，作为首家的桃浦融媒体分中心正式揭牌成立。融媒体分中心的建设将对基层的宣传平台和宣传力量予以整合，不仅能够实现区一级与街道资源的上下贯通，还能满足各街道（镇）之间的横向联动。融媒体分中心的建设在上海的中心城区中并不多见，但作为中心城区中常住人口较多的区域，普陀区融媒体中心希望打造可复制、可推广的媒体融合"桃浦模式"，实现区融媒体中心与街镇分中心间信息、渠道、技术、产品等多方面的深度融合，为普陀经济社会发展提供强有力的舆论支撑[①]。

（三）平台布局

普陀区没有独立的区级广播电视台，在融媒体中心成立前，由区有线电视中心支持电视新闻的制作与播出，仅能在上海电视台七彩戏剧频道内每日插播30分钟新闻或专题节目，东方有线电视用户可调至该频道收看。融媒体中心成立以后，目前每日"普陀新闻"在"上海普陀"App和官方微信公众号中都

---

① 《普陀区融媒体中心首家分中心正式成立》，东方网2019年12月26日，http://shzw.eastday.com/eastday/city/gk/20191226/u1ai20257816.html，2020年7月8日。

能收看。纸质媒体方面,《新普陀报》在融媒体中心成立后进行了改革,将一周两期改为了一周一期。相关负责人表示,这是希望能够将新闻采编精力转移到新媒体上去,真正实现"移动优先"。

新媒体方面,"上海市普陀区人民政府"门户网站原为区政府直接管理,融媒体中心成立时才与微信公众号、微博等其他新媒体平台进行融合。2015年11月21日,"上海普陀"微信公众号开通,目前推送消息频率为每日3次,每次4条资讯,共发布千余条原创内容。公众号内的功能菜单包括"政务督查""融媒体"和"微服务"。"微服务"包括可以使用平台积分兑换福利的"积分商城"、提供新闻线索的"爆料平台"、提供营商服务的"企业之夜"、提供公共服务功能的"服务大厅"以及普陀区企业"融资平台";"融媒体"则包括"新普陀报"、"新闻30分"、"微信矩阵"3个其他媒体平台的入口。截至2020年8月底,"上海普陀"官方微博粉丝数为32万余,当日阅读数均超过100万。在上海市网信办每月进行一次的政务新媒体传播影响力排名中,普陀区政务新媒体影响力几乎均能进入榜单前10,并在融媒体中心成立之后基本呈现上升趋势,详见图11-2。

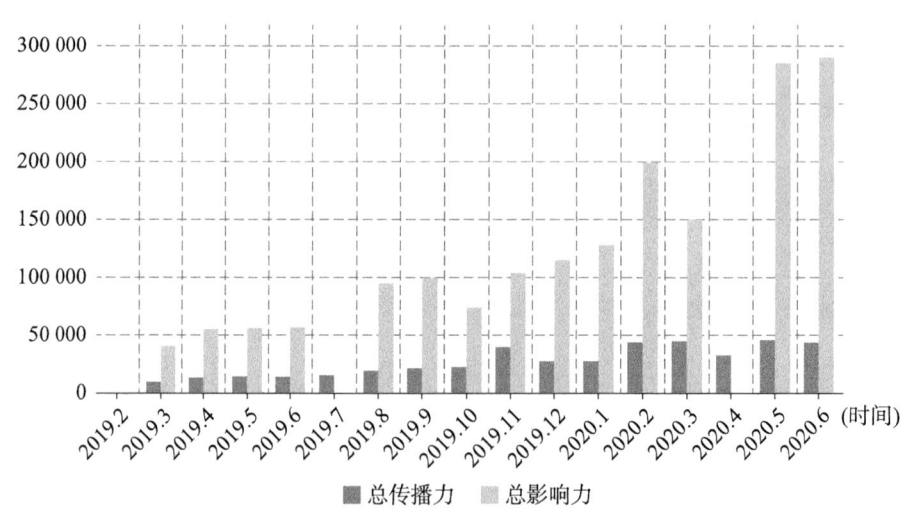

图11-2 普陀区政务新媒体总传播力和总影响力情况示意

注:数据缺失代表当月未进入榜单前10;"政务新媒体"指该区的微信和微博两个平台。
资料来源:上海市网信办政务新媒体传播影响力评估平台。

三、机制创新与改革保障

（一）人员队伍建设

融媒体中心成立以前,编制内共有37人,编制外有5人,其中采编一线为30人,其他人员均属于保障条线。融媒体中心成立以后编制扩充到65个,其中采编一线的专技岗位将扩充至46个。

在扩编的机遇之下,为进一步深化干部人事制度改革,拓宽用人视野,普陀区融媒体中心根据《上海市事业单位公开招聘人员办法》(沪人社规〔2019〕15号)和《关于深化简政放权优化事业单位人事管理有关工作的通知(试行)》(沪人社规〔2017〕6号),于2019年10月16日面向社会公开招聘了10名专业技术人员,包括助理记者5名,助理编辑5名[①]。

除了自主招聘以外,中心原有员工的职业发展通道也在融合过程中实现了一定的打通。融媒体中心成立后,编制内共设置1个正高级岗位、3个副高级岗位以及16个中级岗位,并有空编的情况存在,员工职业发展的晋升通道将更为明晰。

（二）绩效分配改革

截至调研之日,普陀区融媒体中心是以移动客户端相关统计数据作为绩效考核依据,充分体现了"移动优先"的原则。中心成立之后,电视、报纸上的新闻内容优先在移动端进行推送,电视节目收视、报纸排版等传统媒体的评价指标将逐步淘汰。相关负责人表示,全新的绩效考核方案出台之前,过去统一的考核方式依旧适用,会按照工作情况将绩效奖金交给各组长,再由组长根据成员具体工作量进一步分配。

此外,普陀区融媒体中心每月还有一次优秀稿件评选活动,将阅读量、转发量等互动数据以及编辑打分作为依据,排名靠前的稿件相关数据每天会直接显示在办公室外的小屏幕上,充分实现对采编人员的激励;每月排名保持前列的稿件作者还将获得奖金奖励,这在一定程度上提升了员工工作的积极性。

---

① 《上海市普陀区融媒体中心专业技术人员公开招聘公告》,上海市普陀区人民政府网站2019年10月16日,http://www.shpt.gov.cn/shpt/gonggao/20191016/448950.html,2020年7月8日。

四、流程再造与技术支持

(一) 流程再造

普陀区融媒体中心成立以后,业务流程也发生了一些变化。在采编相关的各个部门中,总编室主要负责重要新闻稿件的把关,重大会议活动新闻选题的策划以及各个委办局、街道镇的基层报刊,基层新媒体的业务指导等。采访部主要负责新闻素材的外采。各平台融合之前,需要派报社、电视、新媒体三路记者根据不同平台需求进行采访,现在则由融媒体中心一路记者进行采访,再将素材提供到不同媒体平台,避免了资源的重复浪费。融媒体中心记者需要完成包含文字、图片、小视频等新媒体形式的新闻内容采编,若采访内容需要编辑成电视新闻,则会专门配备摄像记者进行辅助。

融媒体中心成立之前,不同平台有不同的编辑部,对新闻素材的要求没有统一标准。融合之后,原有的7个媒体平台编辑部合并成了一个编辑部,每天召开编前会,根据会议讨论结果,对稿件进行二次加工,继而在其他平台上再次分发,充分实现了"一次采集,多次生成"。

(二) 技术支持

普陀区融媒体中心成立以后,为解决技术方面的问题,专门组建了技术部门。一方面是为了保障电视台、互联网的技术设备安全,保证播出安全;另一方面是为了保障视频、图片等媒体资源的储存与管理。据负责人介绍,技术部主要负责解决日常问题,大问题仍要依靠设备厂商来解决。

此外,技术部还负责与东方网的工作对接。东方网派有两名专业技术人员常驻中心,因而能够与中心技术人员沟通解决日常问题。

五、核心平台——融媒体客户端建设

"上海普陀"App是普陀区融媒体中心全新打造的融媒体移动客户端。截至调研之日,该App下载总量约为12万,它分为"首页""政务""服务""视频""我的"5个版块。

如表11-1所示,"首页"包括与区经济社会发展、重点规划项目相关的重点新闻展示栏,还设置有常用服务功能入口按钮:"融媒号""问政爆料""中以创新园""人道救助""医疗服务"等。"首页"主体部分内容由"推荐""抗疫""要闻""民生""经济""城事""人文""图集""专题"9个栏目组成,各分类下为相关新闻合集。"首页"还根据时事热点开设的专栏——庆祝中华人民共和国成立70周年,专栏设置"壮丽70年,奋斗新时代"主题,反映普陀区70年来发展历程的相关内容;为积极响应建设新时代文明实践中心,首页专栏更换为"普陀区新时代文明实践中心"主题,相关新闻报道、政策解读在专栏中集中呈现,供市民阅读了解。

表11-1 "上海普陀"App设置一览

版块	栏目	版块	栏目
首页	推荐	政务	领导信箱
	抗疫		专题专栏
	要闻		信息公开指南
	民生		信息公开年报
	经济		政府机构
	城事		人事任免
	人文		依申请公开
	图集		政策图解
	专题		政府公报
视频	电视新闻		政务信息
	空中微课	我的	我的积分
	专题片		我的收藏
	短视频		我的消息
	直播		我的资料
服务	在线预约		我要爆料
	在线取号		我要评论
	排队情况		我的足迹
	在线申报		我的邀请码
	主题服务		系统设置
	热门服务		
	生活服务		

注:由于"上海普陀"App内容持续更新,该表仅反映截至2020年8月的App布局。

值得一提的是,"上海普陀"App除了设置由市级平台统一推出的服务功能之外,"服务"版块中还有"生育服务""教育服务""营商服务""文体服务""医养服务""交通服务""住房服务""就业服务"8项由区政府专门提供的服务功能。专门推出具有本区特色服务功能的情况,在区级融媒体中心初期建设中并不多见。负责人表示,虽然市级平台提供的服务覆盖了市民生活的各个方面,但要想把服务做细,还是要靠区级平台进行必要的补充。

此外,"视频"版块主要包括"电视新闻"视频集锦、具有科普性质的"空中微课"短视频、与本区建设密切相关的"专题片"视频以及"短视频""直播"栏目。

六、年度特色内容

(一)线上线下多样互动,盘活区内服务资源

"上海普陀"App开设了"积分商城"功能,市民可以通过完成移动客户端中的"每日登录""阅读文章""播放视频"等任务获取积分,进而在积分商城中兑换奖品。积分既可以用来兑换日用品,还可以兑换区内各项文体资源,如为期一年的《新普陀报》订阅资格、每年区内互联网电影节的门票、区内体育场馆的公益时段等。据了解,积分功能已率先在"上海普陀"微信公众号中开放,截至2020年9月,移动客户端中的相关功能还未开放,市民需要在客户端中积累积分,再到公众号内进行兑换。

此外,普陀区融媒体中心还和一些区内企业,如环球港商业中心、默林集团等进行合作——由融媒体中心平台组织抽奖活动,企业提供酒店住宿、景点门票等奖品,为市民提供体验机会。奖品内容丰富,包括凯悦酒店的住宿体验、长风海洋世界、乐高探索中心的游玩门票等。线上线下结合的活动,一定程度上提升了"上海普陀"App的影响力,更能盘活区内服务资源,推进区内体育事业和文化事业的发展。

(二)结合区内特色项目,助力中以创新园建设

位于普陀区的桃浦智创城,是上海绿色生态城区、三星级城区,正在积极创建"国家级绿色生态城区",也是建设中的中以(上海)创新园所在地。中以(上海)创新园是2018年中以两国签署的《中以创新合作行动计划(2018—2021)》中的重要部分,也是2019年上海市政府重点工作。创新园位于英雄金

笔厂旧址,将以桃浦智创城为载体分三期建设,重点关注中以两国优势领域的联合研发项目、成果转化项目、早期产业化项目,吸引以色列高校、科研机构、企业来沪开展合作。

"上海普陀"App首页特别设置"中以创新园"栏目,内容包括"园区简介""最新成果""政策与服务"等,能够让更多区内民众了解本区的建设重点,同时为与创新园相关各类项目合作提供更大的空间;同时,重视如《了不起! 中以(上海)创新园所在地再添新荣誉!》《桃浦智创城来了新客人!》等相关新闻内容的推送,为创新研发成果的转化与创新企业的孵化做出贡献,并促进桃浦地区的转型发展。

七、在抗击新冠肺炎疫情中的突出表现

在抗击新冠肺炎疫情过程中,上海市16个区级融媒体中心与东方网以及腾讯新闻、阿里云、清博大数据联合推出了"抗击疫情　上海在行动"服务聚合类新媒体产品。涵盖了口罩在线预约、空中课堂回放、疫情防控工作问题建议征集、上海本地疫情通报等功能。这些服务深入民心,直击痛点,贴合疫情之下市民的切实需求。除联合开设的项目外,普陀区融媒体中心结合本区实际情况,在抗击新冠肺炎疫情中有不少突出表现。

(一) 提供线上平台,保障疫情防控工作法律咨询

为帮助全区企事业单位和广大市民依法战"疫"、共克时艰,普陀区融媒体中心会同区女律师协会,邀请区内知名律师事务所律师为全区企事业单位和广大市民提供网上法律资讯服务。

市民可以通过"上海普陀"App进入"新冠肺炎疫情防控工作法律咨询"专区,通过填写个人基本信息及具体内容,进行咨询。该功能的推出不仅是在特殊时期为市民、企业提供了法律咨询的渠道,更是能够引起大家在疫情期间对法律问题的重视。

(二) 设置与疫情相关专题,全方位提供公共服务。

在抗击新冠肺炎疫情期间,"上海普陀"客户端首页特别设置了"战'疫'先锋"新闻专题,收录了自2020年1月28日起区内疫情防控的相关新闻,并设置"先锋卫士""先锋堡垒""今日表扬"等主题,为抗疫新闻分类。此外,客户端

主页还有"防控新型冠状病毒感染肺炎""呼吸道传染病科普宣传""口罩预约"等栏目,为市民提供疫情防控要点、相关疾病预防须知等内容。

"上海普陀"微信公众号专门设置了"普陀战疫"菜单。菜单下主要是针对抗击新冠肺炎疫情所开发的一些功能,包括"空中课堂""口罩预约""企业复工""融资平台""返沪监测"等,几乎满足了区内企事业单位及个人在疫情期间复工返学的各方面需求。据普陀区融媒体中心统计,截至2020年3月16日,"普陀战疫"新闻内容已在各大媒体和网络平台刊发、转载超过10 000篇。

R12　上海市闵行区融媒体中心建设发展调研报告

一、相关区情简介

1992年,上海县与原闵行区合并,建立新的闵行区。它位于上海市地域腹部,东与徐汇区、浦东新区接壤,西与松江区、青浦区相接,南与奉贤区相望,北与长宁区、嘉定区相邻。①沪杭铁路穿过中部,申嘉湖、京沪、沪昆、沪渝高速公路经过区境,虹梅南路隧道穿越黄浦江连通奉贤区。闵行区总面积近372.56平方千米,辖域内共有9个镇、4个街道,1个市级工业区、452个居民委员会和117个村民委员会。②

闵行区是上海西南地区重要的制造业基地,也是上海科创中心南部核心区,经济实力雄厚,生态环境良好。北部的繁荣繁华和南部的实力水平交相辉映。③闵行区经济园区发展良好,全区有国家级开发区4个、市级园区3个,产业基地2个,产业区块4个。④此外,闵行区是上海市唯一国家科技成果转移转化示范区,也是国家知识产权保护示范区。

根据《闵行区产业布局规划方案(2018—2025年)》,闵行区全面对标"中国制造2025"等国家战略以及上海"四大品牌"建设要求,加快建设生态宜居现代化主城区和具有全球影响力的科技创新中心功能集聚区。未来闵行区将围绕

---

① 《闵行概览—自然地理》,上海市闵行区人民政府网站,http://www.shmh.gov.cn/shmh/zrdl/20200521/480962.html,2020年4月16日。
② 《闵行概览—自然地理》,上海市闵行区人民政府网站2019年6月4日,http://www.shmh.gov.cn/shmh/zrdl/20190604/435404.html,2020年4月16日。
③ 《闵行未来如何变?区委书记逐一道来》,东方网2018年6月22日,http://shzw.eastday.com/eastday/city/gk/20180622/u1a14008281.html,2020年4月16日。
④ 《闵行概览—园区经济》,上海市闵行区人民政府网站,http://www.shmh.gov.cn/shmh/yqjj/20200521/480969.html,2020年4月16日。

"南上海高新智造带"和"大虹桥国际商贸带"两大产业带,重点发展高端装备、人工智能、新一代信息技术和生物医药四大主导新兴产业,充分发挥面向长三角的桥头堡和国内外门户的区位优势,并以虹桥商务区为核心辐射源,打造国际化、现代化的闵行智能制造品牌。①

一直以来,闵行区级媒体发展良好,融合之前的纸媒、广播电视台、新媒体等在各类奖项评比中均有突出表现。《闵行报》连年在上海市区报年度好新闻斩获荣誉,2018年度好新闻奖获奖作品的质量和数量位居各区之首。在广播电视领域,近年来最高曾获得过中国新闻奖三等奖、上海新闻奖一等奖、上海广播电视奖二等奖。"上海闵行"曾荣获中国电子政务理事会"政务微信卓越奖",腾讯大申网上海政务微信"智慧服务奖""微政创新奖"。②

二、融媒体中心建设的基本概况

(一)发展历程

闵行区融媒体中心建设整体启动较晚,但推进迅速。2019年6月30号,闵行区委常委会审议通过了融媒体中心建设方案,明确要求成立一个专项工作小组,由区委书记挂帅,常委、宣传部长牵头,人社局、财政局、信息委、发改委、机管局等8个部门联合推进。

2019年9月16日,原闵行报社、闵行广播电视台、闵行门户网站管理中心3家单位正式整合成立闵行区融媒体中心,为区委宣传部下属的正处级事业单位。闵行区融媒体中心是上海第二批成立的区级融媒体中心之一。

(二)组织架构

目前闵行区融媒体中心实行"2+8"的组织架构,共设立10个部门:2个综合性部门,分别为行政工作部与党群工作部;8个业务部门,分别为总编办公室、新闻采访部、新闻编辑部、专题编播部、大型活动部、设计制作部、电子政务部、技术保障部。

---

① 《闵行区人民政府关于印发〈闵行区产业布局规划方案(2018—2025年)〉的通知》,上海市闵行区人民政府网站2018年8月21日,http://xxgk.shmh.gov.cn/mhxxgkweb/html/mh_xxgk/qzfwj_rsrm/2018-08-23/Detail_50445.htm,2020年4月16日。
② 刘垦博、薛唯侃、张逸欢:《我们"融"在一起,和您同在闵行》,《闵行报》2019年9月20日,第2版。

中心从整体上打破了原来3家单位的空间及业务壁垒，现有部门分工明确，避免了职能交叉，也利于建立全方位、全媒介发布的"中央厨房"管理系统。其采编分离的架构设计比较适合当下"移动优先"的传播趋势。

在物理融合方面，闵行区融媒体中心按照整体规划分步实施。2019年8月16日，原闵行报社与闵行门户网站管理中心实现合体办公。同年9月，闵行广播电视台搬入前文旅局大楼，该楼经过改造以后给融媒体中心未来的发展留足了空间。据介绍，闵行区融媒体中心初步打算在其中建立采编中心、200人演播厅、新闻发布厅等。演播厅主要用于服务区域性重大市民互动类活动，如发布志愿者服务地图等活动。未来新闻发布厅建成后，政府部门可在此召开新闻发布会，及时回应、反馈线上市民反映的重大问题。新闻发布厅还将作为各级领导干部媒体素养的培训场所。这样的物理空间布局不仅能够满足新闻传播的需要，而且能够成为便民服务的平台与整合各方参与的治理枢纽。

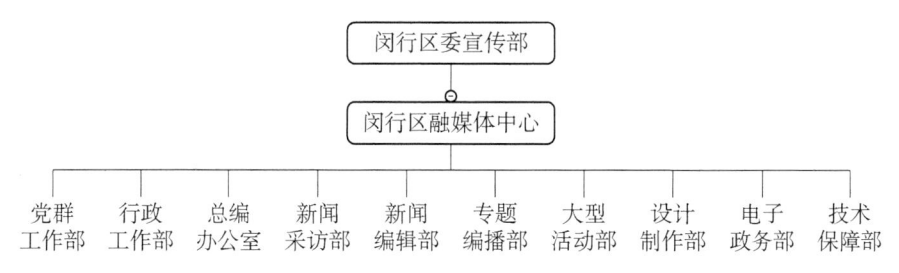

图12-1 闵行区融媒体中心组织架构

(三) 平台布局

闵行区融媒体中心目前平台布局主要有"报、台、网、微（两微）、端"，具体包括《闵行报》（周报）、《闵行报·城事》（月刊）、英文版《Minhang Times》闵行广播电视台、闵行区人民政府网站、"今日闵行"微信公众号、微博以及App。

《闵行报》是由区委宣传部主办的报纸，赠阅发行。一般情况下每周五刊发一期，偶有一周两期或三期情况。截至调研之日，其发行量为6万份。闵行区广播电视台除了负责区内新闻制作外，还自办了一些固定栏目。"非读不可"和"成长进行时"栏目曾分获2016年度中国教育电视优秀节目栏目类一等奖和二等奖。①

在"两微"平台建设方面,截至2020年8月,"上海闵行"官方微博粉丝数达28万人。官方微博首页形成了包括闵行区图书馆、马桥镇、青春闵行等37个微博在内的矩阵。日常内容既有区内重大新闻,也包含转载"上海发布"资讯,涉及交通路线和时刻表变更、电价调整、气象预警、劳动保护等与广大用户日常生活息息相关的内容,也会对时下热门话题、有趣的图文或视频微博进行转发。微博榜单政务微博外宣榜显示,自从2019年9月闵行区融媒体中心成立以来,"上海闵行"官方微博的综合排名情况持续上升,基本每月都能入围前100名,2020年6月综合排名全国第11名。

2019年7月17日,原闵行报社微信公众号"闵行报社"、网站微信公众号"上海闵行"和广播电视台微信公众号"视听闵行"3个区级媒体微信公众号全面整合并升级为"今日闵行"。"今日闵行"微信公众号周一至周日每日推送3次,每次5—6条资讯。截至2020年8月,公众号内的功能菜单目前包括"便民服务""融媒体"和"策划专辑"3个版块。市委网信办发布的相关数据显示,自2019年9月闵行区融媒体中心成立以后,闵行区政务新媒体总传播力和总影响力较之前有大幅提升。(如图12-2所示)。

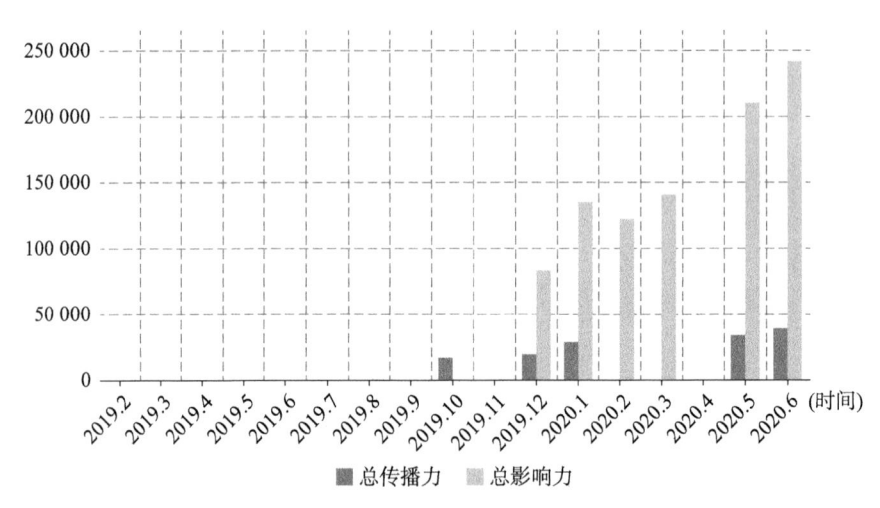

图12-2 闵行区政务新媒体总传播力与总影响力情况示意

注:数据缺失代表当月未进入榜单前10;"政务新媒体"指该区的微信和微博两者。
资料来源:上海市网信办政务新媒体传播影响力评估平台。

---

① 刘垦博、薛唯侃、张逸欢:《我们"融"在一起,和您同在闵行》,《闵行报》2019年9月20日,第2版。

闵行区人民政府网站内容丰富、功能齐全,设有"一网通办""新闻中心""信息公开""便民服务""互动交流""投资闵行""闵行概览"栏目,其中"便民服务"细分了"邻里中心""科普基地""健康服务""交通出行""法律咨询网点""劳动就业""社会保障""教育服务""文化旅游""公共体育设施""闵行公园""食品药品""闵行菜场"等主题服务。

在上述平台基础上,闵行区融媒体中心整合资源、拓展内容,全新打造了"今日闵行"App,主要具有两大功能:一是发布新闻,整合报纸、广播、电视、网站、短视频等新闻内容进行发布;二是建设综合服务平台,提供各类政务和服务资源。

三、人事制度改革与创新

(一) 人员队伍建设

《闵行报》和广播电视台是在融媒体中心成立之时才进行整合的,因此此次整合体量较大,所涉及的员工安置、激励考核等问题比较复杂。

根据新闻出版总署《关于2019年全国统一换发新闻记者证的通知》(国新出发〔2019〕39号)、《新闻记者证管理办法》,只有新闻机构的在编人员或正式聘用人员可以领取记者证。而闵行报社不属于"新闻机构",因而其记者、编辑人员无法获得从业资格认证。据介绍,闵行区融媒体中心成立后,原《闵行报》记者、编辑可以通过该区广播电视台报名参加考试,考试通过以后获得从业资格证。

截至调研之日,闵行区融媒体中心拥有事业编制109名,其中正式在编员工94名,空编15名,政府雇员30名。关于中层科级以下干部任命,闵行区融媒体中心坚持"小步快跑",特别制订了详细方案。中心成立之初设置了临时负责人与临时协助人两个岗位,分别实际承担中心部门主任和副主任的职责。对于正科级干部,中心根据《党政领导干部选拔任用工作条例》,视具体情况进行直接任命或推荐选拔。此外,中心按照工作人员特长、岗位需求并结合原有情况,一次性把中心现有94名在编员工、30个政府雇员全部安排到各个部门。整合过程前后没有出现人员流失的情况。闵行区融媒体中心现有在编人员中4人拥有正高级职称,20人拥有副高级职称。

融媒体中心现阶段在组织建设方面面临的主要难题是用工方式不够灵

活,竞争机制还不够完善。如果仅通过上海市事业单位统一考试招聘人员,可能会出现人才素质与职业需要不够匹配的情况,并且目前每年只有一次考试,人才招聘机会比较有限。因此,闵行区融媒体中心计划未来与相关部门协商,争取在政策允许的范围内优化招聘方式,以进一步提升新聘人员与单位需求的匹配度。

此外,原闵行广播电视台通过春申广告有限公司解决了编制外人员的聘用问题,其中业务能力突出并通过事业单位统一考试的员工可转入编制。该公司是闵行区文化广播电视管理局和闵行区广播电视台广告部对外承接广告业务的直属公司,由国资委投资创办,负责经营原闵行广播电台和电视台各类广告业务,以及承办"健康之桥""衣食住行"等栏目策划、制作、发布等相关服务。未来闵行区融媒体中心计划充分发挥该公司的人才"蓄水池"作用,继续将该公司内政治素质达标、业务能力过硬的员工通过事业单位统一考试吸纳进中心。这样既能够保证专业技能对口的人才充分发挥自身能力,也能避免一些优秀员工由于薪资、前景有限等而流失。

同时,闵行区融媒体中心也在积极研究人才激励、引进政策,讨论引进什么样的人才、引进后怎么做留住人、如何激励现有员工等问题。由于区级融媒体中心建设强调"互联网思维"与移动平台打造,中心负责人表示,现阶段比较欠缺懂技术的管理型人才。

闵行区内高校新闻传播专业人才资源优厚丰富。2019年11月8日,闵行区融媒体中心与区内华东师范大学传播学院共建"媒体融合发展创新实践基地暨MFA专业学位研究生实践基地",加强对上海区级媒体融合发展模式的探索、项目孵化、人才培养等。中心负责人表示,此举意在将区级融媒体中心打造成区域"新闻学校",一方面邀请华东师范大学等高校教师开办讲座,增强高校与中心的互动交流;另一方面"新闻学校"将和全区各街镇、委办局合作展开新闻培训项目,既提升基层单位、委办部门工作人员的媒体素养,也提高融媒体中心的传播力。

(二)绩效分配改革

在绩效考核激励上,闵行区融媒体中心的原则是"从大处着眼小处着手",兼顾"量"与"质"的双重考量。具体如何平衡工作量这一客观性评价和稿件优劣这种主观性评价所占的比例,业务部门与管理部门的绩效考核如何处理都是关键性的问题。

截至调研之日,闵行区融媒体中心初步考虑了两种方案:一是拿出50%绩效作为增值部分的奖励,其余50%作为基本工资按照岗位、职称发放;二是分级发放,中心根据重要性或其他标准分配好部门绩效,由部门主任按照个人工作量、贡献率等指标进行二次分配。但绩效考核是复杂的系统工程,在分配总量固定的情况下,制定精确合理的绩效考核方式难度比较大,还需要进一步探索与评估。

四、流程再造与技术支持

(一) 流程再造

由于3家单位原有员工、业务差异较大,加上融合时间较短,截至调研之日,闵行区融媒体中心新闻采访部和新闻编辑部尚未完全按照"策采编播发"流程一体化运作。闵行区坚持"移动优先"的要求,同时根据融媒体中心现阶段员工专业水平和题材内容的难度机动分配采集工作。对于一般性题材、体量不大的选题,由一个人负责完成文字、摄像、摄影全部内容,引导媒体人员逐步转型为一专多能的全媒体记者;对于难度较大的重要内容,仍然会调度全班人马前往现场——既有平面媒体的文字、摄影记者,也有电视媒体摄像记者。不过,报纸与广电的新闻生产要求及方式不一样,两者要想实现真正的融合不容易。

(二) 技术支持

遵循"统一标准体系、统一技术平台、统一安全防护、统一运营维护监管"的建设要求,上海市委宣传部通过购买东方网服务的方式建设上海区级融媒体中心市级统一技术平台。东方网为16个区级融媒体中心提供两个对内工作用的客户端——"融采编"工作客户端和"融上海"管理客户端。[1] "今日闵行"App由上海东方怡动信息技术有限公司开发,融媒体中心建成后将后台数据全部对接东方网,由东方网负责App技术支持。闵行区融媒体中心重视媒体技术的运用,技术保障部除承接原来广电设备日常维修维护、广播电视的安全播出以及落地信息化基础设施建设技术保障等任务外,还负责整个融媒体

---

[1] 徐世平:《县级融媒体中心建设的上海方式》,《网络传播》2020年第2期。

中心技术平台架设、网络信息的安全、基础硬件保障、大型网络直播活动的现场收音、灯光等工作。电子政务部门是之前网站管理的"翻版",现主要负责与东方网对接技术需求。

中心负责人表示,现阶段还面临一些技术难题:

第一,技术管理型人才稀缺。中心所需技术人才主要有维护维修和项目管理两类。目前,前者工作主要由原广电技术人员来承担;而后者则是既懂技术也懂管理的复合型人才。鉴于媒体项目建设相较以前更为复杂,区级媒体本身不具备技术研发能力,融媒体中心急需类似于"项目经理"、可以与技术供应方准确对接应用开发需求的技术人员。

第二,截至调研之日,东方网尚未完全实现"今日闵行"App个性化功能的开发,客户端迭代不够快,功能开发至上线周期比较长,为处理各类技术难题,东方网已派技术人员常驻闵行区融媒体中心,便于及时沟通。

五、核心平台——融媒体客户端建设

"今日闵行"App是闵行区融媒体中心全新打造的融媒体移动客户端,它有效整合了区内各种媒体资源以及与市民生产生活相关的各类信息,旨在打造集闵行本地特色资讯、政务发布与专属公共服务于一体的多功能平台。

如表12-1所示,今日闵行App主要设置了"问政""服务""首页""视频"和"我的"5个版块。其中,"问政"包括"我要问政""身边政务""闵行大联动""政策图解""政务信息"5个栏目。"服务"包括"特色服务""公共服务""服务大全"3个栏目。"首页"包括"闵行车圈""闵行商圈""闵行光圈""文艺范""推荐""文明创建""快!现场""英雄凯旋""时政""城事""民生""社区""有些""活动""亲子""美食""区域""专题"18个栏目,可为用户提供闵行本地最新资讯。融媒体中心除了接入市级统一的服务外,还上线了众多专属闵行人的特色服务,包括"闵行教育""社保知音"等。"视频"主要包括闵行新闻、短视频、直播以及闵行电视台生产制作的节目。"我的"版块设置了"我的足迹""我的评论""我要爆料""我的邀请码"以及"系统设置"等功能。

表 12-1　　　　　　　"今日闵行"App 设置一览

版块	栏目	版块	栏目
问政	我要问政	首页	闵行车圈
	身边政务		闵行商圈
	闵行大联动		闵行光圈
	政策图解		文艺范
	政务信息		推荐
服务	特色服务		文明创建
	公共服务		快！现场
	服务大全		英雄凯旋
视频	闵行新闻		时政
	短视频		城事
	直播		民生
	幸福家庭梦想秀		社区
	王牌小主持		有些
	校园电视台		活动
	阿拉一起玩		亲子
	童谣在线		美食
	新时代好少年		区域
我的	我的足迹		专题
	我的评论		
	我要爆料		
	系统设置		

注：由于"今日闵行"App 内容持续更新，该表仅反映截至 2020 年 8 月的 App 布局。

六、年度特色内容

（一）全方位搭建市民网络问政平台，助力区域精细化治理

在政务方面，闵行区融媒体中心除了在问政页面设计"我要问政"栏目，公布区委领导、委办局信箱、区长信箱、街镇信箱、人民建议征集、投诉受理信箱

等以为市民反映各种问题以外，还特别设置了"闵行大联动"窗口，其将"闵行大联动"官方网站服务整合至 App 平台。市民可点击"参与大联动"入口，就教育入学、市容环境、食品卫生、交通出行等问题在线咨询、提议或投诉。市民成功提交问题、意见后可在"监督大联动"中持续关注受理办结情况。闵行大联动真正为市民解难题、办实事，有利于提高政务效率，增加闵行区市民对政务 App 的黏度。

"今日闵行"App 还创造性地设置在线访谈直播，邀请闵行区内政府职能部门领导对市民关心的问题作出回应。例如，2019 年 9 月 26 日中午 12—13 时直播邀请闵行区教育局局长恽敏霞作为嘉宾畅谈闵行教育优质均衡发展；10 月 30 日中午 12—13 时访谈闵行区卫生健康委员主任杭文权，就闵行区健康卫生政策、卫生规划、医药卫生体制改革以及老百姓关注的热点、难点问题作出解答。截至 2020 年 9 月，该栏目分别邀请闵行区教育局、卫健委、绿化和市容管理局、民政局、交通委、城市管理行政执法局 6 个部门的相关负责人进行了 6 场直播。这类在线访谈不仅便于市民了解政策最新动态，还有助于政府职能部门知晓市民关心的问题和普遍需求，起到上情下达的互动作用。

闵行区广播电台 FM102.7 直播闵行栏目推出"我来帮你忙"节目，市民可在"今日闵行"App 专题栏目查看完整节目。节目引入大量政务资源，就市民提出的各种投诉、咨询，节目组第一时间联系访问相关部门、单位，同时也会邀请专业的法律人士对事件做出权威解读。例如，有市民反映小区水泵长期故障，天热洗澡成难题。节目组迅速联系小区公寓的居委会书记核实情况，呼吁各方尽快维修；有市民质疑道路停车资质，要求小区管理方出示相关部门同意收费停车的文件批复。节目组不仅联系相关小区的党总支书记在节目中进行正面回应，还邀请街镇社会矛盾预防调处中心调解员就此事进行点评。市民反映的问题往往具体到街区甚至某条马路，而这些问题可能也是相关单位、部门的工作盲区。闵行区融媒体中心全方位搭建问政平台，深入区、街镇、居（村）委三级管理网络。在这个问政平台上，社情民意得到有效传达，而媒体监督也有效推进了政府部门的办事效率。

（二）充分盘活政务资源，提供零距离民生服务

"今日闵行"App 一方面接入大量市级服务端口，"服务大全"几乎将市民日常生活所需的各项服务一网打尽；另一方面闵行区融媒体中心横向上加强与各部门联动，发掘闵行区本土资源，致力打造专属闵行人的政务服务，与市

级服务形成错位互补效应。App平台开设邻里中心服务,整合了"闵行社会建设"微信公众号内容,及时发布闵行区邻里中心活动预告。

闵行区融媒体中心通过加强与街镇、社区、委办部门的联动,实现相互服务。在此过程中,融媒体中心与区内委办局积极寻找两者共同的服务需求点,利用更好的技术去解决精准服务难题。中心负责人表示,计划未来与区房管局合作开通物业维修建设通道。政府部门对相关维修服务的资质与标价进行确认,市民上报维修需求后,由有关部门联系维修单位或个人上门服务,服务结束后市民可在平台确认完成并给予评价。

此外,闵行区教育资源丰富优质,2019年闵行区获评全国8家之一、上海唯一的"全国智慧教育示范区"创建区。[①] 闵行区融媒体中心与区教育局联动,在"今日闵行"App开设"教育频道",将闵行教育公共服务平台、闵行区学生校外实践管理平台、教育云、闵行区电子书包项目管理平台的众多服务连接植入其中,广大学生及家长可以查询相关政策信息以及中考分数等。闵智学堂整合了海量网课资源,设有视频微课、综合课程、群组课程3个大类,充分满足教学需求。

(三)发起各类互动活动,增强用户黏性

闵行区重视利用各类文化活动、节目资源动员市民参与App平台。2020年,闵行区融媒体中心先后在"今日闵行"App发起"王牌小主持"展示视频征集、"幸福家庭梦想秀"亲子朗读视频征集、发现闵行之美——"闵行街区"短视频大赛、我心目中的闵行体育口号和logo征集投票活动、闵行区青少年学"四史"短视频大赛以及学史达人知识挑战赛等。

这些活动有以下几个特点:

第一,互动性强,传播对象明确。"王牌小主持"和"幸福家庭梦想秀"是闵行区电视台依托区内教育资源打造的特色节目,以线下节目为基础发起线上短视频征集活动,一方面利用传统节目的影响力对App平台进行了推广,另一方面在线答题、短视频的方式也比较符合当下传播潮流。

第二,多为正面引导的公益性活动。和快手、抖音商业平台不同,区级融媒体中心的短视频主题多是公益性的,其价值定位侧重于优秀文化、积极内容

---

① 《2020年政府工作报告》,上海市闵行区人民政府网站2020年1月14日,http://xxgk.shmh.gov.cn/mhxxgkweb/html/mh_xxgk/qzfgzbg/2020-01-17/Detail_76313.htm,2020年4月16日。

的传播。

第三，通过组织市民参与投票增强身份认同、社区凝聚力。比如，我心目中的闵行体育口号和logo征集投票活动，这类投票活动与重大事务有关，是对市民作为城市主人翁身份的回应，动员其关注、参与社区事务。

第四，这些用户生产内容极大充实了区级融媒体中心平台。比如"学习'四史'争当新时代好队员——闵行区青少年学'四史'短视频大赛"在"今日闵行"App首页开通渠道，选手需上传3分钟以内的主题短视频，优秀作品还可在闵行电视台"成长ING"少儿栏目及"今日闵行"微信公众号等平台展出。

七、抗击新冠肺炎疫情中的突出表现

2020年新冠肺炎疫情期间，上海16个区级融媒体中心联合东方网在各融媒体客户端上线"抗击疫情　上海在行动"抗"疫"服务聚合类新媒体产品，涵盖了口罩在线预约、上海定点发热门诊导航、上海本地疫情通报等功能。这些服务直击痛点，深入民心，对接疫情之下市民的切实需求。除联合开设的项目外，闵行区融媒体中心结合区情，在抗击新冠肺炎疫情中还有以下几个特色表现。

（一）激活多平台做好疫情新闻报道，稳定疏导市民情绪

疫情期间，闵行区融媒体中心做了大量的新闻报道和信息服务工作。闵行区委宣传部在疫情暴发后迅速成立区疫情防控宣传组，第一时间向市民传递疫情权威信息，稳定和疏导市民情绪。截至3月19日，闵行区关于疫情的新闻报道达到7 188篇，并且在中央级、市级媒体发布了2 002篇关于闵行防疫的报道。[1] 区融媒体中心总刊发作品5 186篇，阅读量达到2 577.6万次。[2] 新媒体端的整体发稿量约为平时的2倍，"今日闵行"App每天推送30条资讯以上，"上海闵行"微博每天更新50条以上。[3]

---

[1] 闵行区委宣传部：《不同的战场，同样的拼搏——闵行融媒体人为什么能？》，"宣传通讯"微信公众号2020年3月25日，https://mp.weixin.qq.com/s/FvqPyl1LH5ZyAEPDmhEd3Q，2020年4月28日。

[2] 汪婷婷：《发布权威信息倾听百姓呼声　宣传系统融合"新闻＋政务＋服务"》，"今日闵行"客户端2020年3月23日，https://www.shmedia.tech/app_mh/mh_zt_zzcc/20200323/b64ae8f5aeda41a28e171805656640b7.html，2020年4月28日。

[3] 同[1]。

具体来看,2月7日,闵行区委宣传部、闵行区融媒体中心联合发布时长4分多钟的抗疫公益歌曲MV——《我们手拉手》。自2月3—20日,闵行区人民广播电台FM102.7"直播闵行"栏目推出"众志成城战疫情"特别节目,报道闵行区社区一线的战疫故事、防控动态和感动人物,35期完整版内容后被整理成访谈合辑在"今日闵行"App发布;推出"武汉·声音日历"节目,由驰援武汉的上海医护人员真实记录下自己的所见所闻、所感所想,说出自己的故事,此节目可在"今日闵行"App专题栏目收听收看。此外,融媒体中心在"今日闵行"App推出"同心战疫在行动"党员亮牌活动,广大党员用户可以选择形象、宣言,创建和转发专属的"中国抗疫"海报,为"战疫"加油。

(二) 广泛征集意见建议,构建疫情防控共同体

闵行区融媒体中心充分发挥传统媒体和新媒体的不同优势,建立市民意见征集系统,为构建疫情防控共同体起到了积极作用。其在"今日闵行"App、"上海闵行"微博分别推出问题建议收集专窗和专栏,在FM102.7闵行人民广播电台开设24小时自动录音热线电话,在"今日闵行"官方微信上开设"健康登记"和"战疫中来"菜单,为市民提供精准科学的防疫信息和健康服务。市民提出的问题、建议由融媒体中心及时整理,报给各委办机构、街镇单位处理。"今日闵行"微信公众号还发起了"你最关心疫情防控中哪类问题"的投票,针对市民投票反映最关心的口罩预约难题,融媒体中心及时在融媒体客户端开通口罩预约服务。此外,3月8日,"今日闵行"App首页上线"战'疫'中来315消费者建议意见直通车",该平台直接对接区消保委,助力调解疫情期间各类消费纠纷。

(三) 盘活区内各项资源,创新公共服务举措

除了16个区统一开设的服务项目外,闵行区融媒体中心结合实际情况创新服务举措,为广大市民解决生活、复工、在线教育等诸多难题。

第一,为中小学网课录制提供场地与技术支持。为保证广大中小学生停课不停学,上海市教委组织1 000多名优秀教师开发、录播课程。闵行区承担了1—5年级语文网课(共648课时)录制任务。为此,闵行区卫健委、区疾控中心专门出台了针对融媒体中心的消毒保健方案,以确保网课录制的卫生安全。闵行区融媒体中心还充分利用区内教育资源丰富的优势,联合七宝中学及闵行区实验小学,在"今日闵行"App上推出"七宝中学家校课堂"和"蒙蒙正

正的多彩宅家课堂"系列课程,为家庭教育、孩子心理疏导提供帮助。

第二,发起"我把春天送给你"大型公益行动,促进区内全面复工复产复市工作。该活动由闵行区融媒体中心、区经委、区投资促进中心、区市场监管局、区财政局、区工商联、南虹桥公司、南滨江公司等联合发起,通过全媒体平台助推,为广大企业和市民送政策、送服务、送岗位、送产品、送机会。闵行区融媒体中心和区人社局合作,在"今日闵行"App服务版块专门上线"社保知音'疫'线直通车"栏目,设置"在线招聘"云端口,市民可直接点击参与2020年春风行动线上招聘会。此举不仅能让诸多求职者及时获取最新信息,解决疫情期间企业用工短缺难题,还促进就业公共服务平台完善,提升劳动力资源的匹配度。"政策e课堂"通道上线了一系列网络直播课程,解读相关政策,帮助广大劳动者保障合法工作权益。此外,"今日闵行"官方微信也及时发布各政府部门、委办机构的公益服务信息,为企业、市民解读区内重大惠企复工政策。

第三,推出景点在线预约系统,促进旅游恢复。为确保游客错峰游览,七宝老街安全有序地开园复市,古镇公司与闵行区融媒体中心、东方网合作推出在线预约系统,以控制实时客流量。3月19日,区融媒体中心发布微信文章《七宝老街下周一(3月23日)正式开放,今起网上预约、限流进入!攻略在此》,并在"今日闵行"App同步上线"七宝老街景点在线预约"通道,采取实名制分时预约制度。市民点击该服务入口进行预约申请,提交通过即可凭预约码、随申码进入。

R13　上海市奉贤区融媒体中心建设发展调研报告

一、相关区情简介

奉贤区地处上海南部,南临杭州湾,北枕黄浦江,东与浦东新区接壤,西与金山区和松江区毗邻。全区总面积733.38平方千米,辖有8个镇、3个街道,136个居民委员会、175个村民委员会。① 至2018年年末,奉贤区户籍总人口为53.87万人,常住人口115.20万人。②

境内水陆交通便捷,航空、港口、铁路、公路、内河"五龙汇聚",区位优势明显。浦南运河横亘东西,金汇港纵贯全境;公路铺展成网,公路设施总里程1456.9千米,形成十纵六横公路网络;跨越黄浦江交通,有奉浦大桥、闵浦二桥、虹梅南路—金海路越江隧道和西渡轮渡口,轨道交通5号线南延伸段和全市首条BRT快速公交线路建成通车,建设中的闵浦三桥等工程将畅通奉贤与市区的连接。③

依托区内涵盖美容护肤品、香水、日化用品、保健品、生物医药等多个门类的产业集群,2015年年底,奉贤区正式提出"东方美谷"概念,将优越的自然禀赋与坚实的美丽健康产业基础有机整合,打造一个东方美丽健康产业的"硅谷"。目前东方美谷已成为奉贤地方产业名片和上海市美丽健康产业的核心承载区。

---

① 《上海市行政区划情况统计表》(截至2019年12月31日),上海市民政局网站2020年1月7日,https://mzj.sh.gov.cn/MZ_zhuzhan34_0-2-6/20200519/MZ_zhuzhan34_43817.html,2020年3月7日。
② 《走进奉贤城区·概况1.3·人口》,上海市奉贤区人民政府网站,https://www.fengxian.gov.cn/shfx/subzjfx/#001001002,2020年3月7日。
③ 《走进奉贤城区·概况1.1·地理环境》,上海市奉贤区人民政府网站,https://www.fengxian.gov.cn/shfx/subzjfx/#001001002,2020年3月7日。

近年来,奉贤在经济发展和结构转型方面发展较快,不断优化"1+1+X"的产业结构。第1个"1"即美丽健康;第2个"1"为新能源和新材料,现在重点发展新能源网联汽车;"X"则是四新经济和战略性新兴产业。奉贤积极培育和引进北斗产业和新能源汽车产业为代表的战略新兴产业。2019年8月24日,奉贤区宣布启动南上海"未来空间"建设,"使之成为与上海自贸区新片区联动的新高地、长三角协同发展的新舞台和前沿产业集群的新载体"。[①]

二、融媒体中心建设的基本概况

(一) 发展历程

奉贤区媒体融合起步较早。2014年4月25日,奉贤区互联网新闻信息服务中心正式成立并揭牌,标志着该区在全市率先形成报纸、广播电视、新媒体的宣传格局。[②] 奉贤区互联网新闻信息服务中心是上海市首家区级新媒体运行管理机构,于2013年10月投入试运行。该中心隶属于奉贤区人民政府新闻办公室,承担着"上海奉贤"门户网站、奉贤网、《奉贤手机报》、"上海奉贤发布"政务微博、微信等区级新兴媒体的日常运营和维护,基层单位新兴媒体的推进和奉贤区内网络舆情监测工作。

在上述实践基础之上,2019年6月28日,奉贤区融媒体中心挂牌成立,为区委宣传部下属的正处级事业单位。

(二) 组织架构

成立以后的奉贤区融媒体中心设有一个全媒体采访部,共有20多名工作人员,以及4个编辑部,分别为音视频编辑部、纸媒编辑部、两个新媒体编辑部即微信微博编辑部和网站App编辑部。

(三) 平台布局

目前,奉贤区融媒体中心媒体的主要平台有报纸、广播电视台、网站、微信

[①] 李荣:《沪郊启动南上海"未来空间"建设:接纳新兴产业发展》,新华网2019年8月24日,http://www.xinhuanet.com/2019-08/24/c_1124916552.htm,2020年3月7日。
[②] 网信中心:《奉贤区互联网新闻信息服务中心今日成立》,上海市奉贤区人民政府网站2014年4月25日,https://www.fengxian.gov.cn/shfx/subywzx/20140425/002001_b4401442-dffd-43f8-94bb-1796e2be0a4e.htm,2020年3月7日。

公众号、微博号、抖音号、客户端等。

《奉贤报》是中共奉贤区委机关报,1956年5月16日创刊。该报为8开两版,初为5日刊。《奉贤报》为赠阅发行,发放对象主要为奉贤区内的党政机关、事业单位、各街镇居民等。除了线下纸质版以外,《奉贤报》数字报平台也能看到其完整内容。

一直以来,上海郊区媒体结构特别是广电系统比较独立完善。奉贤区广播电视台目前拥有国家广电总局颁证许可的电视频道(48CH)与广播频率95.9 MHZ。奉贤广播电视台节目体量庞大,广播日均播出量长达16.5个小时,电视播出则长达17个小时。奉贤人民广播电台95.9频率命名为"阳光959",频率内容定位为"资讯+音乐+服务"。2016年3月,奉贤人民广播电台阳光959频率正式上线阿基米德网络平台。

奉贤电视台主打电视新闻栏目"奉视新闻""贤城说事""滨海纪事"。"奉视新闻"是奉贤广播电视台最早开设的栏目,每天一档,时长15—18分钟,以时政新闻为主。2013年,奉贤电视台开设民生新闻栏目"贤城说事"。"'梦圆古华 爱满贤城'大型公益活动,是奉贤电视台每年的重点活动之一。'贤城说事'开播以后,每年9—11月的圆梦行动成了节目的重点,每年行动中的近100个梦想通过栏目组的牵线搭桥,全部得以实现。在为市民圆梦的同时,一些感人的、励志的梦想也以新闻的形式在节目中播出。这些梦想一经播出就引起了市民的关注以及共鸣,在圆梦行动成功的同时也打响了'贤城说事'栏目的名气。"[1]

奉贤区最早的新媒体实践开始于手机报。2011年元旦,《奉贤手机报》和奉贤网正式开通。它们分别由中国移动公司和上海东方网提供支持,奉贤报社、奉贤电视台分别承担奉贤手机报和奉贤网的内容采编任务。

《奉贤手机报》分设"时政要闻""镇区动态""社会新闻""生活百事""消费娱乐"5个版块。它具有"快、新、精"的传播特点,是奉贤区信息发布、引领舆论、服务百姓的一个重要平台。2013年10月区网信中心试运行,《奉贤手机报》归并该中心。同年,《奉贤手机报》发行范围扩展至各部门、各单位副科级干部,达到近4000人的订阅数。[2]"2014年7月1日起,手机报开始在'上海奉贤新媒体管理平台'集中采集稿件,组建了由各区委办局、各街镇社区等64

---

[1] 杨鸿志、卫强:《新闻品牌栏目的打造——〈贤城说事〉栏目创新分析》,《声屏世界》2014年第1期。
[2] 张敏、顾佳丽:《精心办报开门办报,小报大作为》,《奉贤报》2013年3月25日,第2版。

家单位组成的信息员队伍。"[1]

奉贤网(http://www.fengxiannet.com/)以打造区内最大的"网络社区"为目的,设有以下几个主要版块:"奉贤要闻""人文奉贤""产城文化""乐游奉贤""吃在奉贤""我行我摄""热点关注""民生百事"等。

目前,"上海奉贤"微信公众号推送频率为每天3次,推送信息条数15—20条。"上海奉贤"菜单页设置"政务大厅""融奉贤""疫情咨询"3个版块,详情如表13-1所示。

表13-1　　　　　"上海奉贤"官方微信菜单详情页

版块	栏目	备注
政务大厅	一网通办	上海市政府网站(市级政务服务平台)
	信息公开	上海奉贤区人民政府门户网站政府信息公开链接
	区长网上办公	链接至上海奉贤区长网上办公网页
	督察	中国政府网国务院"互联网+督察"平台
	便民服务	上海奉贤区人民政府门户网站便民服务链接
融奉贤	奉贤报	"奉贤报"数字报
	奉贤电视	奉贤电视台直播链接
	号内搜索	新榜·号内搜
	就业券	上海奉贤7月23日发布文章《奉贤"就业券"怎么领,这条微信说清楚了!》
疫情咨询	疫情举报电话	上海奉贤1月30日发布文章《奉贤区各街镇、旅游区防控疫情电话大全!收藏!》
	风险防控监管系统	技术支持:上海互联网软件集团
	实施疫情信息	"丁香园"全球新冠病毒最新实时疫情地图链接
	疫情建议征集	奉贤区新冠肺炎疫情防控工作问题意见征集系统

注:由于"上海奉贤"微信公众号内容持续更新,该表仅反映截至2020年8月的微信菜单布局。

"上海奉贤发布"官方微博以上海市级区内新闻资讯为主,也会对时下热门话题内的图文或视频微博进行转发及搬运。

"美谷奉贤"App是奉贤区融媒体中心重点打造的平台,这一客户端由东方网提供技术支持。除以上端口之外,奉贤区融媒体中心也在探索入驻网易号、澎湃号等各类媒体平台。

---

[1] 姜洛:《热爱新闻事业,做快乐的小兵》,《奉贤报》2017年11月7日,第12版。

三、人事改革与创新

(一) 人员队伍建设

奉贤区融媒体中心现有员工 100 人左右,事业编制相比合并前略有减少,同时增加了 10 个企业编制。据介绍,针对媒体人才紧缺和流动性强问题,一方面奉贤区融媒体中心积极争取区里人才引进政策的支持,为吸引优秀人才尽可能提供有竞争力的福利;另一方面不断创新强化现有人才队伍建设,探索人才激励和市、区两级人才流动机制。

奉贤区融媒体中心计划每年选派 10 名左右优秀记者、编辑、主持人、技术人员等,分赴中央广播电视总台、解放日报社等中央和地方主流媒体跟班学习;每年选派 3 名以上骨干记者、编辑、主持人、技术人员等前往复旦大学等高校进行培训。此外,依托市委宣传部智库优势举办新闻宣传专题培训班,逐步将奉贤区融媒体中心打造成为全区宣传干部的培训基地。[①] 2019 年 9 月 23 日,奉贤区融媒体中心与中国传媒大学共同举办"上海市奉贤区融媒体与文化建设专题培训班",邀请学者和业界专家联合授课,通过专题讲授、现场教学、实践演练等环节对 32 名来自上海市奉贤区各单位的宣传业务骨干进行为期 3 个月的培训。2019 年 12 月 18 日,奉贤区新闻办和奉贤区融媒体中心联合主办舆论宣传和媒体建设培训班,多名资深业内人士为各镇、街道、社区、开发区宣传干部以及区融媒体中心全体干部职工讲解实践案例,提升业务技能。[②]

此外,奉贤区融媒体中心还不断探索"开门办媒体",与市级媒体在党务、业务方面开展多方共建合作。2019 年 12 月 26 日,上海人民广播电台与奉贤区融媒体中心签署共建协议,未来共同深入挖掘奉贤区改革创新、城市建设、民生保障等方面的典型素材,制作优质内容,形成多方位传播效应,并推动建立人才交流和数字共享平台。[③]

[①] 金鑫:《上海 16 个区级融媒体中心全部建成》,中国新闻出版广电网 2019 年 9 月 19 日,https://www.chinaxwcb.com/info/556473,2020 年 3 月 8 日。
[②] 爱看奉贤:《奉贤区举办舆论宣传和媒体建设培训》,搜狐网 2019 年 12 月 18 日,https://www.sohu.com/a/361314678_170632,2020 年 3 月 8 日。
[③]《上海人民广播电台与奉贤区融媒体中心签约共建写好新时代城市发展"上海方案"、乡村振兴"中国样式"!》,上海奉贤发布网易号 2019 年 12 月 27 日,http://dy.163.com/v2/article/detail/F1D8ECQB0514BN8F.html,2020 年 3 月 8 日。

(二) 绩效分配改革

在绩效考核方面,奉贤区融媒体中心实行"三七分":70%为量化考核,综合不同平台发稿量评定分数;30%为各个管理层对员工的稿件质量考核,尽可能做到公平合理。据中心负责人介绍,原有报社、广播电视台、网站3家单位媒体绩效考核方案都不同,因此,融合以后的新型绩效考核方案还需要解决如何对管理层进行考核、不同部门之间的绩效如何分配等难点问题。截至调研之日,奉贤区融媒体中心绩效考核的整体方案还没出台。

中心负责人表示,未来将在政策允许的范围内探索适当的企业化运作,对各类新聘人员进一步用活用好事业编制和企业编制。

四、流程再造与技术支持

(一) 流程再造

奉贤区融媒体中心成立后,聚焦于打造中央厨房,力求达到"一次采集、多种生成、全媒传播"。负责人表示,和传统生产流程相比,融合再造后的生产流程对人员统筹调度、选题策划能力提出了更高的要求。为此,奉贤区融媒体中心未来将重点招聘擅长深度策划的新媒体人才,逐步实现所有媒体平台"策、采、编、发、评"全业务流程一体化。

(二) 技术支持

遵循"统一标准体系、统一技术平台、统一安全防护、统一运营维护监管"建设要求,上海市委宣传部通过购买东方网服务的方式建设上海区级融媒体中心市级统一技术平台。东方网为16个区级融媒体中心提供两个对内工作用的客户端:"融采编"工作客户端用以支持全媒体采编工作;"融上海"管理客户端用以监测数据、评析传播效果等。[1]

奉贤区融媒体中心现阶段平台建设还面临一些技术难题:一是把控直播有难度。截至调研之日,奉贤区融媒体中心"美谷奉贤"客户端尚未开通直播端口,主要受制于相关技术人才的不足。二是目前事业单位人员待遇有限,较

---

[1] 徐世平:《县级融媒体中心建设的上海方式》,《网络传播》2020年第2期。

难吸引和招聘市面上优秀的技术人才。三是缺乏针对客户端特色服务内容的开发。目前"美谷奉贤"App主要接入了"一网通办"等市级服务，要完全实现区内特色服务功能仍有一定难度。

五、核心平台——融媒体客户端建设

"美谷奉贤"App是奉贤区融媒体中心全新打造的移动客户端，2019年6月28日正式上线。它以"新闻＋政务＋服务＋N"为定位，深度整合报刊、广播电视与新媒体等媒体资源，并融合区域内生活、教育、交通等服务，致力于打造移动化、平台化、服务化新型主流媒体。

"美谷奉贤"设有"政务""视频""融媒""服务"和"我的"5个版块。具体页面设置如表13-2所示。其中，"政务"版块设置"我要问政"窗口，市民不仅可以向上海信访部门投诉以及给区委领导信箱、区长信箱、委办局、街镇写信，还能在线给国务院互联网＋督察提交问题和建议；"政策解读"窗口外链至上海奉贤官网政策解读栏目，提供对就业、租赁住房、乡村振兴等相关重要政策的详细解读；"政务信息"主要实时发布奉贤区天气预报信息、拟征地告和行政部门各类公示。此外，市民可在"热门推荐"入口预约政府办事，查询办事状态、查看产业办理流程和排队情况。"视频"版块内容全部来自于奉视新闻节目。"融媒"版块共设置"推荐""奉贤区新时代文明实践中心""政务""抗击疫情""未来空间""美谷""民生""经济""创建""圆梦"9个栏目以及"读报纸""看电视""听广播""微矩阵"4个窗口。"读报纸"窗口发布电子版奉贤报，"看电视"播出内容为奉视新闻和滨海纪事完整版视频，"听广播"连接到蜻蜓FM上海奉贤广播电台节目。现有的"微矩阵"整合发布"奉城镇""跃动金海""生态海湾""和润西渡""金彩庄行微报"等街镇微信公众号内容。"服务"版块主要分为"奉贤特色服务""热门服务""生活服务""教育服务"和"交通服务"5大类，提供文娱、健身、旅游、天气、教育入学、医疗卫生、交通道路、食品安全、公积金、医保、社保等信息查询便民服务。多以接入市级服务平台为主，区内特色服务目前多为地址和电话信息整合发布。"我的"分为"我的积分""消息中心""我的评论""我的收藏""我的邀请码""我的浏览记录"等。

表 13-2　　　　　　　　　　　"美谷奉贤"App 设置一览

版块	栏目		版块	栏目
政务	热门推荐	预约办理	服务	文化娱乐（图书馆、电影院地址和电话）
		办件查询		出门游玩（特色景点、旅行社地址、电话）
		产业办理		体育健身（健身房、体育场地址、电话）
		排队情况		健康医疗（医院、社区卫生地址、电话）
	我要问政	国务院互联网+督察		教育机构学校地址、电话
		区委领导信箱		公共服务生活服务热线
		区政府领导信箱		就业服务
		委办局信箱		奉贤空气
		街道镇信箱		公积金查询
		人民建议征集		医保查询
		投诉受理信箱		社保查询
	政策解读			发票查询
	政务信息			生活服务
视频				教育服务
	推荐	设读报纸、看电视、听广播、微矩阵 4 个端口		人口服务
				交通服务
融媒	奉贤区新时代文明实践中心		我的	我的积分
	政务			消息中心
	抗击疫情			我的评论
	未来空间			我的收藏
	美谷			我的邀请码
	民生			我的浏览记录
	经济			
	创建			
	圆梦			

注：由于"美谷奉贤"App 内容持续更新，该表仅反映截至 2020 年 8 月的 App 布局。

六、年度特色内容

(一) 融入"东方美谷"和"未来空间"奉贤品牌建设

2015年奉贤推出"东方美谷"区域产业品牌,以上海奉贤全域为依托,承载美丽健康相关产业。根据奉贤区《2018年区政府重点工作安排》,未来要抓好市区两级产业政策落地,打造上海先进制造业重要承载区、上海大健康产业核心承载区;实施质量强区战略,强化奉贤品牌建设,打造"国家商标品牌创新创业(东方美谷)基地"。2019年8月24日,奉贤区南上海"未来空间"建设宣布启动。建设南上海"未来空间"是奉贤区抓住上海自贸区新片区发展机遇、服务长三角一体化的重大创新举措。

"东方美谷"和"未来空间"的发展是奉贤政府近年来重点工作。发挥主流媒体优势,为打响"东方美谷"和"未来空间"品牌提供配套的宣传服务既是奉贤区融媒体中心建设的一大任务,也是奉贤区融媒体中心建设的重要方向。奉贤区委书记庄木弟先后于2019年4月22日和24日明确提出"要做好融媒体建设的物理平台和网络平台,打响'东方美谷'和汽车'未来空间'两大品牌,形成融媒体时代传媒新产业,推动融媒体建设迈上新台阶"[1];"推动融媒体中心建设和东方美谷、汽车'未来空间'有机结合,引领融媒体产业在奉贤集聚。"[2]奉贤区融媒体中心紧密结合"东方美谷+未来空间"区内两大重点发展方向,在客户端开设"美谷""未来空间"栏目。栏目发布内容主要围绕产业转型提升、品牌与企业入驻、政策红利、人才引进等方面。未来奉贤区融媒体中心将重点探索开展综合服务,进一步服务好区内企业和市民。

(二) 组织品牌公益活动,巩固基层主流舆论阵地

奉贤区融媒体中心组织丰富多彩的文化、公益活动,线上线下联动吸引民众广泛参与,打造传播品牌扩大区级融媒体中心的影响力。2019年奉贤区以

---

[1]《奉贤区要求加快媒体融合发展壮大主流舆论阵地》,上海市人民政府网站2019年4月22日,http://www.shanghai.gov.cn/nw2/nw2314/nw2315/nw15343/u21aw1380626.html,2020年3月12日。

[2]《探索媒体融合发展的新路　朱咏雷调研区级融媒体中心建设(庄木弟、王霄汉出席)》,上海奉贤区人民政府网站2019年4月27日,https://www.fengxian.gov.cn/shfx/subywzx/20190427/002002_900e4bd2-d716-4b9e-a873-d4193b973554.htm,2020年3月12日。

"贤城红歌赛"线下活动为抓手,打造"东方美谷杯贤城红歌赛"IP品牌。"贤城红歌赛"获得区内64所中小学的支持,超过150位同学走进奉贤区融媒体中心,进入FM95.9直播间参加比赛直播。[①]

奉贤区融媒体中心注重发挥自身优势,通过大力开展公益活动为广大民众提供媒体服务。奉贤区通过"党委引领、政府搭台、市场运作、社会参与"方式,持续开展"东方美谷 风雨彩虹——圆梦行动在贤城"主题活动,发现、解决政策覆盖不到和政策解决不了的特殊人群困难,帮助那些渴望发展进步的求进者实现梦想,让更多市民共享发展成果。奉贤区融媒体中心立足民生,以"圆梦行动"品牌公益活动为引领,及时跟进报道区内温暖感人的圆梦故事,宣传政府的圆梦政策,弘扬圆梦精神。贤城红歌赛、圆梦行动等区内优质媒体活动增强了奉贤区融媒体中心的影响力,推进培养城市文化,巩固基层主流舆论阵地。

七、抗击新冠肺炎疫情中的突出表现

2020年新冠肺炎疫情期间,上海16个区级融媒体中心联合东方网在各融媒体客户端上线"抗击疫情 上海在行动"抗"疫"服务聚合类新媒体产品,涵盖了口罩在线预约、上海定点发热门诊导航、上海本地疫情通报等功能。这些服务直击痛点,深入民心,对接疫情之下市民的切实需求。除联合开设的项目外,奉贤区融媒体中心结合区情,在抗击新冠肺炎疫情中还有以下几个特色表现。

(一)权威报道及时跟进,做好疫情相关舆论引导

自疫情发生以来,奉贤区融媒体中心迅速在"美谷奉贤"App上增设"抗击疫情"栏目,及时通报上海市疫情防控消息,发布教育、企业复工、公共交通等与百姓密切相关的资讯,讲述奉贤区抗疫的动人故事。

针对市民迫切关心的问题,奉贤区融媒体中心疫情期间第一时间在多平台发布权威官方信息,对不实信息进行辟谣解释,防止网络谣言干扰视听而引

---

① 潘之妍:《"东方美谷杯"贤城红歌赛总决赛在实验中学举行》,上海市奉贤区人民政府网站2019年9月23日,https://www.fengxian.gov.cn/jyj/001/20190923/001001_e34e3762-b9b9-4eb0-a8c9-f7967f6b34b.htm,2020年3月12日。

起恐慌。例如：官方微信公众号2月1日发布的《别抢了！双黄连大半夜卖断货，上海药物所专家回应；网友：乖乖在家最重要》，2月4日发布的《［辟谣］奉贤一住户因喷洒酒精消毒引燃房屋？假的！》，2月6日发布的《［辟谣］南桥集贸市场确诊1例关门了？假的！！！》，2月9日发布的《警方辟谣："多起人员藏后备箱进入上海被查"不实》，2月11日发布的《非沪籍不列入新增病例？上海医疗队物资被盗？都辟谣了！》，2月13日发布的《上海学校开学推迟到5月1日？假的！高考会否延期？教育部回应→》等文章。

此外，奉贤区融媒体中心还开设了"战'疫'日记""战'疫'故事"等专题，真实记录驰援武汉的奉贤区医护人员们在一线奋战的点滴，报道区内防疫抗疫工作中志愿者、医护工作者、社区工作人员的先进事迹，宣传推广街镇社区的防疫经验。中心运用多媒体手段全方位展示区内各企业、街镇抗疫图景，先后转载发布《暖心发布｜唱响这首〈我们的答案〉，守护最美的青村，永远青春，永远平安！》《"我们 都在"东方美谷集团抗击新冠疫情纪实短片》《各街镇居民唱起来！疫情时刻，金海街道用歌声为武汉加油，传递出他们的心声》《〈奇迹是你〉｜奉贤95后青年用原创歌曲"声"援一线》等音视频文稿，传播众志成城、共克时艰的正能量。

（二）开发疫情防控监管系统，加强区内公共服务供给

奉贤区融媒体中心借助信息化手段打好社区防疫战，2020年2月5日，"上海奉贤"微信公众号菜单页疫情咨询版块上线"奉贤区监管防控系统"。该系统由奉贤区科委组织上海互联网软件集团有限公司研发[1]，包括"疫情上报""疫情线索提供""非重点地区来沪登记表""重点地区来沪登记表""居家观察"和"口罩预约"，后又接入上海随申码"新冠肺炎公共服务平台""防控疫情 上海在行动"新冠肺炎实时动态查询等功能。这一系统充分满足了区内市民在特殊时期的信息和服务需求，并极大调动其积极性，共同参与防疫阻击战。及时汇集、分析信息也为区内职能部门科学部署防疫工作、改进防控细节提供重要决策支持。

在征集新冠肺炎疫情防控工作问题建议方面，奉贤区融媒体中心与区

---

[1] 《奉贤区疫情监管防控系统正式上线》，上海市人民政府网站2020年2月5日，http://www.shanghai.gov.cn/nw2/nw2314/nw2315/nw17239/nw17240/u21aw1424825.html，2020年3月14日。

12345沟通协调,初期采用数据跨网络导入导出的方式,实现系统之间半自动化对接,及时高效地处理和反馈群众需求。

此外,奉贤融媒体中心还及时为区内企业、民众提供诸如口罩预约登记、农产品直销等服务信息。"上海奉贤"微信公众号先后发布《不想出门买菜?买不到菜怎么办!奉贤提供地产农产品直销→》和《线上买菜攻略第2波名单来了!奉贤蔬菜合作社联手提供地产农产品直销→》等文章,公布由奉贤区农业农村委选取的具备直销社区能力的农产品合作社、各蔬菜园艺场名单以及相关套餐,有需求的街镇、村居委、企事业单位和居民可以根据公布的微信二维码进行购买;合作社直接配送上门,确保疫情期间各家庭、单位的食物供应,减少居民出门感染的可能性。此外,中心还发布《通知|@奉贤区全体企业,口罩来了!快来填报复工复产复市口罩需求单》《@奉贤企业,第三批口罩预约开始了!快来填报口罩需求单》等文章,为区内企业预约口罩提供详细指导说明,保障企业安全有序复产。

R14　上海市宝山区融媒体中心建设发展调研报告

一、相关区情简介

宝山区位于上海市北部,总面积293.71平方千米,地处黄浦江和长江的交汇点,作为上海的"水路门户",海运连接164个国家和地区的400多个港口,集装箱的吞吐量占上海港的70%以上,海运联运和内河航运发达,陆路形成了铁路、轨道交通、高速公路等四通八达交通网络。至2019年年末,全区辖友谊路、吴淞、张庙3个街道,杨行、月浦、罗泾、罗店、顾村、大场、庙行、淞南、高境9个镇。全区有104村、731个村民小组;共有382个居委会。截至2019年底,全区常住人口总数为204.43万人。[1]

宝山临江靠海,交通便捷,加之长三角地区对钢铁需求量大,为宝山发展钢铁工业提供了条件。1978年12月宝钢建厂后开始加速发展,自1993年以来,以钢铁为代表的制造业使宝山成为传统工业区。近年来,为适应上海整体产业结构调整,宝钢部分产能搬离上海,但金融和生产性服务业以及各类研发和设计项目被保留了下来,宝山转型成"新宝钢",也助推了传统吴淞工业区的转型发展。[2]

与此同时,宝山区借助通江达海的地理优势,逐渐转型为以邮轮经济为特色的现代化滨江新区。自21世纪以来,国际邮轮产业逐步东移,宝山区持续建设吴淞口国际邮轮港。2008年12月,吴淞口国际邮轮港开工建设,成为上

---

[1] 宝山区人民政府:《2019宝山区国民经济和社会发展统计公报》,"上海宝山"政府门户网站2020年4月1日,http://xxgk.shbsq.gov.cn/article.html?infoid=4a94e8ea-a8af-4dc1-902b-cd9b6f566a64,2020年9月25日。
[2] 东方卫视:《上海宝钢部分产能已搬离宝山转型造"新宝钢"》,人民网2014年4月29日,http://sh.people.com.cn/n/2014/0429/c134768-21102640.html,2020年9月25日。

海国际邮轮港的重要组成部分。2011年10月15日,吴淞口国际邮轮港正式开港。此后3年内,吴淞口国际邮轮港成为亚洲第一的国际邮轮母港,5年问鼎全球前四。近年来,依托邮轮经济的区位优势,6千米的宝山滨江地区也在致力于打造生态绿化带。目前,宝山邮轮已成为中国老工业基地转型发展的金字招牌和上海国际航运中心建设的重要版块之一。[①]

二、融媒体中心建设的基本概况

(一) 发展历程

宝山区在组建融媒体中心之前没有成立区新闻宣传中心,而是直接将宝山区广播电视台、《宝山报》和上海宝山政府门户网站等媒体平台合并成宝山区融媒体中心。

从2019年8月中旬开始,宝山区区委常委、宣传部部长每周都会召集区内报、台、网三家媒体共同商议组建融媒体中心的具体工作。此外,还先后邀请了中国传媒大学、复旦大学等高校专家、上海电视台业务骨干以及多地电视台台长为员工开展培训,为组建融媒体中心做了充分的业务准备。

2019年7月29日,宝山区委常委会审议通过了《关于建设宝山区融媒体中心的实施方案》;8月2日,宝山区融媒体中心建设动员会召开;9月16日,宝山区融媒体中心作为全市第2批成立的融媒体中心正式挂牌;9月18日,宝山区融媒体中心成立大会召开,区委书记、区长等四套领导班子共同宣布融媒体中心成立。

(二) 组织架构

成立后的宝山区融媒体中心设立了"两正四副"的领导架构,同时设立了6个分中心,具体组织架构如图14-1所示。

除了负责传统新闻生产的部门之外,党政管理分中心负责组织及办公室相关工作,技术保障分中心负责广播电视等重资产的管理和维修,政务数据分中心负责原政府网站相关业务,活动拓展分中心负责各类线上线下活动的开

[①] "上海宝山"微信公众号:《知史励行话宝山丨上海吴淞口国际邮轮港——亚洲第一国际邮轮母港》,澎湃新闻2020年7月26日,https://www.thepaper.cn/newsDetail_forward_8464016,2020年9月25日。

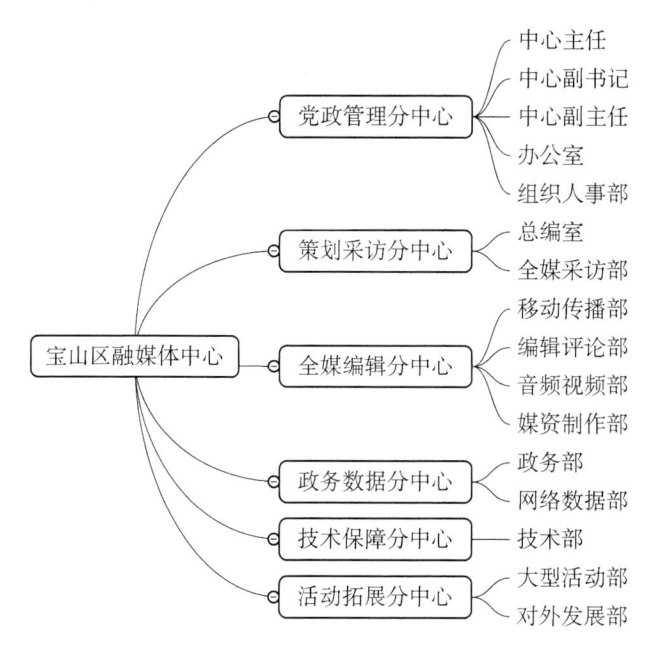

图 14-1　宝山区融媒体中心组织架构

展及融媒体中心的对外发展工作。

需要指出的是,宝山区融媒体中心并不是以原广播电视台或原报社为主体建立的,而是在政府门户网站的基础上建立起来的,这与其他区不同。其政务数据分中心是将原政府门户网站的所有内容整建制对接后形成的部门,同时也包括市级"一网通办"中宝山频道内的政务数据、政务信息公开等内容。宝山区政府门户网站在政务和服务两方面的实力较强,且区内所有委办局和街镇的政务新媒体都由门户网站运营和管理,这为融媒体中心的建设打下了坚实的基础。

（三）平台布局

目前,宝山区融媒体中心形成了"报、台、网、微（两微）、端"为一体的融媒体矩阵。

《宝山报》创刊于 1988 年 9 月 20 日,至今 32 年来多次改版升级,成为一份全方位聚焦宝山经济社会发展的区级党委机关报。

在广播电视方面,宝山人民广播电台建于 20 世纪 50 年代,成立之初是有线广播,1987年为适应农村城镇化需求改为无线广播,1995年确定宝山人民广播电台的调频为96.2兆赫。1988年6月,国家广电部批准宝山电视台成立,1988年7月1日开始试播。

2001年,宝山区广播电视台成立,实现了"广播""电视"两台合一的运营模式①,初步将广播和电视两大媒体平台整合,在共享资源的同时也为新闻内容生产提供了便捷。

2016年3月23日,宝山人民广播电台与北京星歌传媒合作,打造出不少高质量的节目,如"宝山新闻""滨江故事""百姓连线""与法同行""少儿广播台"等。这些节目在融媒体中心建设初期可作为存量节目,并根据不同端口特性上传至各平台,丰富各平台的内容。

2019年,全区IPTV用户数达33.4万户,比2018年增加5.4万户,数字电视线路覆盖全区74万户,比2018年增加1万户,全区覆盖率达100%。2019全年广播电台共制作各类新闻宣传报道7 340余条,选送上海电视台、上海人民广播电台播出419条。②

在"两微"平台建设上,2012年2月17日,"上海宝山发布"官方微博开通。截至2020年9月4日,"上海宝山发布"官方微博共发布84 315条微博,粉丝数达78万。从市委网信办对区政务新媒体的考核数据来看,自宝山区融媒体中心成立后,其微信与微博的总传播力和总影响力较成立前有明显上升(如图14-2所示)。2020年1月,宝山区政务新媒体传播力更是达到了全市第一。

值得一提的是,宝山区在微博建设上十分出色。新浪微博政务微博外宣榜月榜数据显示:自2015年该榜单成立至今,"上海宝山发布"官方微博每期都能进入全网政务类微博前100名,且排名和影响力长期处于全网靠前水平。自2019年9月中旬宝山区融媒体中心成立以来,"上海宝山发布"官方微博的综合排名情况持续上升。2019年12月,"上海宝山发布"官方微博更是达到了全网排名第一的位置。

"宝山汇"App是融媒体中心成立后全新打造的新闻客户端,融合了区广播电视、报刊、网站、新媒体等资源,旨在为宝山市民提供权威新闻资讯和便捷综合服务,这一客户端由东方网提供技术支持。

---

① 《那个全宝山人民最熟悉的好声音,你还记得吗?》,"上海宝山"微信公众号2016年3月24日,https://mp.weixin.qq.com/s/nvFuJkWtaAooc935lKkJkQ,2020年9月25日。
② 资料来源自历年《宝山区国民经济和社会发展统计公报》。

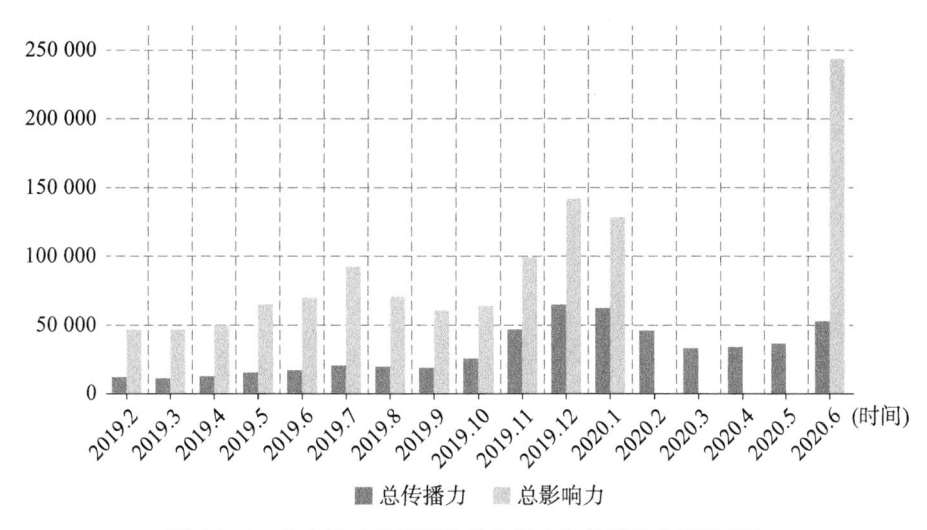

R14 上海市宝山区融媒体中心建设发展调研报告 / 193

图 14-2 宝山区政务新媒体总传播力与总影响力情况示意

注：数据缺失代表当月未进入榜单前 10；"政务新媒体"指该区的微信和微博两者。
资料来源：上海市网信办政务新媒体传播影响力评估平台。

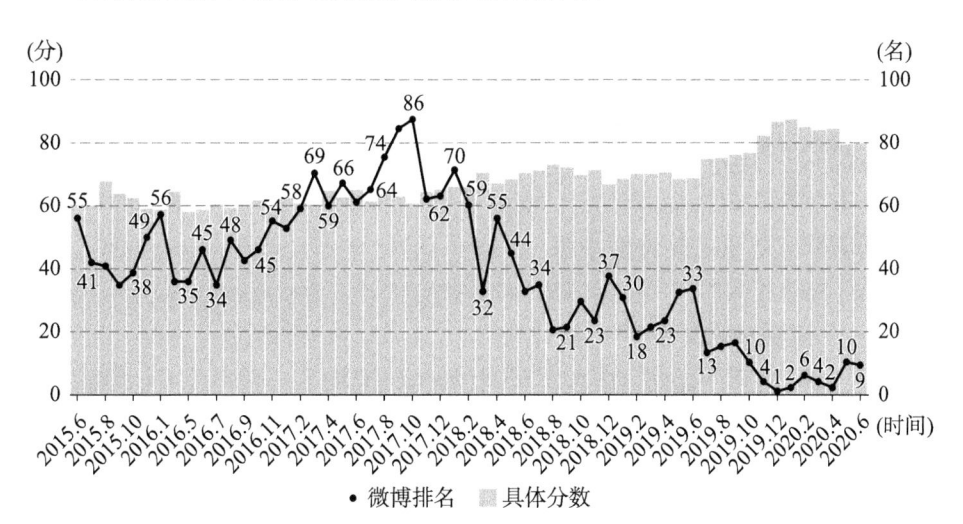

图 14-3 "上海宝山发布"政务微博外宣榜每月微博排名情况示意

注：数据缺失代表当月未进入榜单前 100 名。
资料来源：政务微博外宣榜。

除了客户端外，宝山区融媒体也积极入驻其他新媒体平台。截至 2020 年 7 月 10 日，宝山区融媒体中心已开通"上海宝山"企鹅号、"上海宝山"网易号、

"上海宝山"人民号、"上海宝山"头条号和"上海宝山"上观号。

2019年3月19日,宝山区融媒体中心开通了"上海宝山"抖音号。截至调研之日,由于融媒体中心建设尚处于初步阶段,抖音号以播放原宝山广播电视台专题部和电视台的往期新闻节目为主。截至2020年7月10日,"上海宝山"抖音号共获159.4万个赞,共有9.4万名粉丝,发表作品713件。

三、人事改革与创新

(一) 人员队伍建设

宝山区融媒体中心的编制数量有121个,是原三家媒体单位编制数量的总和。据负责人介绍,中心在组建过程中没有出现人员流失现象。

负责人表示,员工观念和能力的深层次融合是一个漫长的过程,短时间内要想所有采编人员都转型成全媒体人才不太现实,但是其中一部分能力比较突出的采编人员可较快实现转型,从而带动其余员工逐步转型,是较为可行的途径。

在人才培训方面,早在2017年4月,宝山区就将区内所有委办局的新媒体平台进行整合,组建了政务新媒体矩阵,并且明确了内部的供稿机制和通联机制。当时,宝山区会不定期聘请高校专业教师为区内媒体采编人员培训,帮助完善和更新知识结构,搭建经验交流的平台,这为日后融媒体中心探索相关人才培养模式提供了参考思路。

(二) 绩效分配改革

由于处于建设的初步阶段,截至调研之日,宝山区广播电视台、报社和政府网站三家单位的财政尚未整合在一起,办公场所也尚未合为一体。此外,具体的绩效考核方案还没有出台,仍然按照广播电视台、报社和网站三家单位分开考核。

成立后的宝山区融媒体中心属全额拨款的事业单位,其绩效总量是固定的,这为其分配拉差增加了难度。负责人认为,全额拨款的事业单位想要做到绩效拉差、优劳优酬不太容易,融媒体中心的工作性质和内容与其他朝九晚五、做五休二的事业单位不太相同,如果只能拿出总体绩效的10%左右来拉开差距,难以对员工起到明显的激励作用。因此,未来如何优化绩效考核方案,对员工既形成有效保障,又体现出足够的激励,这是区级融媒体中心建设能否顺利进行的关键。同时,负责人表示,全额拨款的事业单位属性至少保证了中心没有经营压力,从而能够将精力专注于为市民提供有质量的新闻资讯及生活服务上。

此外,在2017年,当时区内所有委办局和街道镇的媒体平台都必须与政府门户网站对接,政府门户网站则负责对该媒体矩阵进行管理和考评,宝山区融媒体中心成立之后就接手了这一任务。具体考核方式为:每周对区内媒体平台进行排名,从两方面打分:一是这些区内媒体账号自身的影响度和传播力;二是它们被区级媒体录用的新闻内容的影响度和传播力。这样的指标相对客观公平,并且能够鼓励区内各媒体平台持续主动地向区级融媒体中心提供优质新闻内容。

四、流程再造与技术支持

(一)流程再造

宝山区融媒体中心成立后,重新划分了部门架构,再造了内容生产流程。目前统一使用的媒体技术平台汇聚了"策、采、编、发、云、评"六大主要功能。其中,"汇"即线索的汇聚;"策"即策划,由总编室负责;"采"即采访,将原报、台的采访人员整合起来,成立全媒体采访部;"编"即编辑,主要面向包括微博、微信、电视台、广播台、报纸、客户端、网站和抖音号这8大平台。

具体的业务流程主要分为10个步骤(如图14-4所示)。第一步线索汇聚,将全网热点、区域热点、任务下发、信息报送、用户爆料等各方面的线索统一汇聚在一起;第二步选题策划,确定每日选题和重点选题,确定发布的媒体类型,待选题审核后发布任务;第三步明确每个采访任务所涉及的相关部门和人员,了解这个采访任务的资源需求与选题相关的所有内容;第四步采访报道,注重移动采编,报道采写完成后选择适合的推送平台和稿件类型,将采访素材整理后选择报道提交;第五步筛选报道库内的报道,确定当天需要推送的

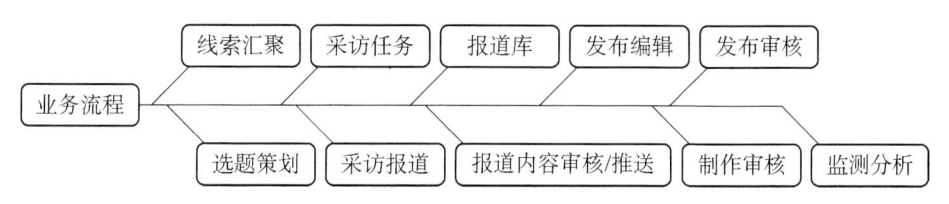

图14-4 宝山区融媒体中心业务流程示意

内容并将其锁定;第六步报道内容审核、推送和选用;第七步发布和编辑,包括模板、内容、样式的选择,新媒体和社交媒体统一制作分发、直播管理等;第八步制作审核,包括新媒体、广播电视和纸媒的内容审核;第九步发布审核;第十步监测分析,即对新媒体传播效果的监测,同时也需及时将广电报刊的新媒体发布素材及成片入库以作二次利用。

上述内容生产流程与传统新闻生产有所不同,在选题策划上打破了条线之间选题的制约。融媒体中心成立以后,每条新闻只需派一队人马外出采写,采集的素材提交至报道库共享,节约了人力和采集成本;而在内容发布过程中也会对其进行审核及后期的传播效果分析,保证了内容生产前期、中期、后期整个环节的效率和质量。

从业务关系上来说,一线采编主要由策划采访分中心和全媒体编辑分中心负责(如图14-5所示);策划采访分中心主要负责线索汇聚及采访报道;完成的稿件上传至稿件库后,由全媒体编辑分中心根据稿件内容和性质选择适合发布的平台。

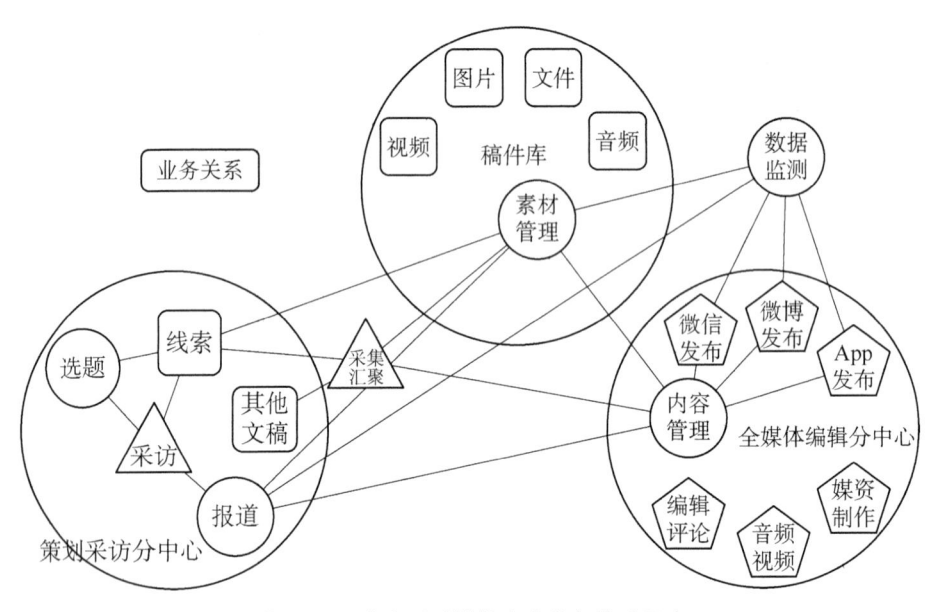

图14-5 宝山区融媒体中心业务关系示意

(二) 技术支持

在技术方面,宝山区融媒体中心设立了技术保障分中心,有专门的技术人员负责中心各类设备的检测和维修。

宝山区融媒体中心内部的融媒体指挥与操作系统、"融采编"工作客户端、"融上海"管理客户端,以及"宝山汇"App均由东方网提供技术支持,完成开发后东方网会有专门的联络人员进行回访。由于区内技术人员有限,目前宝山区融媒体中心主要还是依靠东方网的技术人员来解决和维护客户端的相关问题。

五、核心平台——融媒体客户端建设

"宝山汇"App是宝山区融媒体中心全新打造的融媒体移动客户端。客户端的推广目前线上和线下同步进行。线下主要在公交车站、地铁车站做传统的地推和广告;线上主要通过客户端中"圈子"的功能与"上海宝山"微信公众号联动发起各种小活动吸引用户注册,例如领券、早读打卡、宝山秋景展示等,参与小活动兑换的都是较为实用的奖品。

"宝山汇"App内容建设主要分为"帮""办""看""听""我"5个版块(如表14-2所示)。具体而言:

"帮"主要聚焦便民服务,将宝山区政府门户网站内所有的公共服务对接进客户端,同时融媒体中心也做了不少本地化服务的尝试,例如宝山游轮、宝山文化活动查询、宝山天气查询等。

"办"涉及政府政务公开、个人和企业办事服务功能等,将原政府网站信息公开和咨询服务纳入其中,同时还开设了专门面向企业提供服务的企业"管家"小宝功能。

"看"下设18个栏目,涵盖区内政务、时政、民生、科普、自然等新闻资讯,通过电视新闻视频、深度图文报道、现场活动直播、专题活动参与等方式向市民传递区内各类活动信息。其中几个栏目的设置较有特色:一是"深度",提供比短消息更有深度的长篇新闻报道;二是"专题",将同类资讯汇集成专题对外呈现;三是"人物",以人物传记的形式,在全区范围内宣传"最美宝山人",其职业涵盖教师、医生、艺术家等;四是"美图",以图片的形式展示宝山优质的旅游资源和丰富多彩的特色活动,是宝山对外展示的窗口;五是"活动",包括区内抽奖、演播室录祝福、微电影(短视频)大赛展播互动活动等。

"听"将宝山区广播电台内的音频节目分门别类地拆分到这一版块中,不仅便于市民反复收听和收藏,也很好地解决了郊区广播的地域限制,打破了时、空、地局限,使这些有特色的自办节目得到更广泛的传播。

表 14-1　　　　　　　　　"宝山汇"App 设置一览

版块	栏目		
帮	帮你找	找学校	
		找工作	
		找宾馆	
		找景点	
		找餐厅	
		找医院	
		找养老	
	帮你查	邮轮服务查询	
		文化活动查询	
		宝山天气查询	
	各类服务	生活服务	
		教育服务	
		人口服务	
		交通服务	
办	企业"管家"小宝		
	个人办事与企业办事		
	在线咨询、在线预约、排队情况		
	依申请公开	决策公开	
		执行公开	
		管理公开	
		服务公开	
		结果公开	
	信息公开		
看	圈子	最新	
		热门	
		圈子	
	频道	推荐	乘邮轮
			在线问

续表

版块	栏　　目			
看	频道	推荐	矩阵群	社区通
				街镇园区
				重要机构
				委办局
		要闻		
		视频	短视频	
			宝山新闻	
		直播		
		专题		
		民生		
		党建		
		清廉	新闻动态	
			党纪法规	
		教育		
		深度		
		法治	法制建设	
			新法速递	
		健康		
		文娱		
		科普		
		人物		
		美图		
		读报		
		活动		
听	宝山新闻			
	少儿广播台	缤纷校园		
		多彩童年		
		好书推荐		
		才艺小舞台		

续表

版块	栏　　目
	百姓连线
	滨江故事
我	

由于"宝山汇"App内容持续更新,该表仅反映截至2020年8月的App布局。

六、年度特色内容

(一)注重"圈子"社群孵化,打造宝山版"朋友圈"

"宝山汇"App中的"圈子"类似于微信朋友圈,市民在其中可发布图文信息,分享生活点滴,还可以按兴趣和所属街镇选择想加入的圈子,人气较高的圈子以及热门内容也会上榜展示。

融媒体中心也会在"圈子"内不定期举行线上活动。例如,借助《唐人街探案3》主演来宝山花园城电影发布会现场的契机,邀请市民在"圈子"内留言,点赞数前2名可获得见面会入场券,但凡参加活动的市民都可以获得电影体验券;在"圈子"内分享与宝山秋天有关图文,其中被选中的优秀作品将会被编辑成文在公众号内展示。

市民们在"圈子"里能够充分互动,其中精彩纷呈的活动及小奖品能够增加用户使用黏性,从而使得粉丝社群得以逐步孵化和建立起来,这样的设计对于融媒体中心来说是一个创新。

(二)为市民与企业提供一站式便利服务,满足多元化需求

区级融媒体中心建设的任务和目标之一是为市民提供本地化的便民服务。"宝山汇"App不仅接入了东方网打造的便民服务统一模板,还新增了政府门户网站中的"帮你找"和"帮你查"功能,可实现在线找工作、找学校、找宾馆,同时提供邮轮服务和宝山天气的查询。

在公共文化服务方面,"上海宝山"微信公众号内按月发布区内各街镇的志愿服务项目,包括活动的具体内容、时间、服务对象和人数、活动地点等,以及相关负责人的联系方式,供市民查询。

除了便民服务之外,宝山区融媒体中心还推出了面向企业的服务。"一网

通办"宝山频道中的"特色栏目"——企业"管家"小宝被整体接入客户端内,其中内含22类共138个主题式服务套餐。申请人要办成"一件事",只需在"主题式菜单"上选择对应栏目,系统将会通过在线引导式提问进行情形判断,自动列出所需办理的相关审批事项、审批部门、审批流程、申请样表、所需材料等内容,实现一次性告知,进一步优化了区内营商环境。

(三) 宝山社区通:打造基层社区治理新模式

作为全国社区创新治理的样板,宝山"社区通"是基于移动互联网,以居村党组织为核心、以居村委会为主导、以城乡居民为主体,相关各方广泛参与的党建引领社会治理网上平台。

最初的"社区通"是依托微信平台搭建的,目前宝山区融媒体中心已经打通了微信端"社区通"与移动客户端"社区通"的数据对接。负责人表示,这个过程克服了很大的技术难关,因为在从微信跳转至移动客户端的过程中需要保障"社区通"内用户的数据安全。宝山"社区通"的内容架构如表14-2所示:

表14-2　　　　　　　　宝山"社区通"内容架构

版块	栏	目
首页	疫情防控	口罩预约
		个人行程上报
		疫情线索上报
		寻求帮助
		居家隔离上报(社区健康管理)
	大调研	
	我爱宝山	
	乡约宝山	乡村振兴
		农家集市
	社区公告	社区公告
		居务公开(办事指南)
	左邻右舍	身边事
		互助
		闲置物品

续表

版块	栏目	
首页	党建园地	网上组织生活
		双报到双报告
		好党员好支部
	议事厅	议题
		项目
		公约/倡议
	社区服务（试点）	
	物业之窗	物业服务
		业委连线（试点）
	警民直通车	公安新闻
		警方提示
		警民互动
邻居	交流群	
	信箱	
	家庭医生	
	垃圾分类	
	小区群	
服务	琴棋书画	
	美食厨艺	
	亲子活动	
	学习培训	
	旅游摄影	
	休闲娱乐	
	运动健身	
	心理咨询	
	诗词歌赋	
	戏曲舞蹈	

续表

版块	栏 目	
服务	家政维修	
	公共法律服务	
	其他	
我的	社区事务	我的身边事
		我的议事项
		我的互动
		我的问题
	社区配置	社区绑定
		邻居黑名单
		响应敲门
		二维码
	居委在线	居委成员
		社区民警
		技术支持
		物业服务
	其他	收信箱
		发信箱
		购物车
		闲置物品
		服务站点
		收藏
		预约
		活动

用户点击"宝山汇"App内的"社区通"入口后,需扫描所在社区的二维码,通过身份验证后才可进入系统,获取点对点的在地信息服务。在"社区通"内,各小区之间实行封闭式管理,每一个小区都是独立的,非本区市民不能进入"社区通",也无法查看内部任何信息,做到了对用户隐私和数据的保护。

据负责人介绍,截至调研之日,"社区通"内有大约65万用户,600个居委会和300个村委会。在宝山"社区通"内,用户可以及时了解所在村居委的村务公开、集体资金使用情况、物业管理相关情况,还可以在"议事厅"内对小区各方面的建设在线讨论并提出意见,相关负责人了解情况后会第一时间处理。这一模式有效地促进了市民共同参与小区建设,提高了社区自治共治的能动性。

同时,"社区通"也为用户提供了诸多本地社区服务,如社会卫生服务中心对口家庭医生团队的相关情况、区内农产品的售卖,以及包括琴棋书画、美食厨艺、亲子活动、公共法律服务等12个类别在内的各项服务。

为面向区内民众普及"社区通"的使用方法,宝山区融媒体中心还开设了专场培训会。"社区通"的开设,将"最后一公里"的地域范围从区一级缩小至街镇一级的"最后一百米",是融媒体中心助力城市精细化管理的一大创新。

七、抗击新冠肺炎疫情中的突出表现

2020年新冠肺炎疫情期间,上海16个区级融媒体中心联合东方网在各融媒体客户端上线"抗击疫情 上海在行动"抗"疫"服务聚合类新媒体产品,涵盖了口罩在线预约、上海定点发热门诊导航、上海本地疫情通报等功能。这些服务直击痛点,深入民心,对接疫情之下市民的切实需求。除联合开设的项目外,宝山区融媒体中心结合区情,在抗击新冠肺炎疫情中还有以下几个特色表现。

(一)广泛征集素材,讲好基层抗疫故事

疫情期间,宝山区融媒体中心积极动员市民力量,通过各种形式征集基层抗疫素材,对外展示宝山人的抗疫风采。例如,宝山区融媒体中心在区内向民众广泛征集疫情期间的日常生活视频。两个多月里,收到了各类视频素材500多条,剪辑制作了宝山首部公众创作的抗疫影像纪实片《2020·春》,并在宝山电视台"宝山纪实"栏目播出,其中95%以上的视频素材都来自宝山的普通市民,且大多数素材是用手机拍摄的。

疫情期间,融媒体中心鼓励市民在"圈子"晒出小区的出入证并邀请其分享疫情期间发生在身边的暖心事和感人"金句"、在家随手拍的照片和视频等,凡是通过"圈子"分享日常生活的市民都有机会获得小礼品。

(二) 制作抗疫文艺宣传作品，在线展播凝心聚力

2020年2月，"上海宝山"微信公众号上推出了由宝山区文化和旅游局和融媒体中心共同出品的原创歌曲《非常阳光》，展现区内战斗在抗疫一线的工作人员的风采。同月，中心也推出了《宝山战"疫"十二时辰》，近3分钟的短片展示了从早上6点到晚上10点坚守在不同岗位上的工作人员真实工作情况。该片在网上热播，好评不断。

在微信推文《宝山战"疫"，我看不见你的脸，但我想说"你很美"》中，戴着口罩的区医务青年工作者、区疾病预防控制中心人员、社会卫生服务中心医务人员、居委工作人员和社区干部、工业公司及保洁人员、区志愿者的工作身影都有所呈现，同时该推文也以H5的形式传播。

(三) 各类媒体平台协同"作战"，抗疫报道亮点频现

宝山区融媒体中心依托各媒体平台精心制作和发布了诸多优质的抗疫新闻报道，依托"两微一端"，多角度呈现疫情相关内容。

同时，宝山区电视台和宝山广播电台也在疫情报道中亮点频现。宝山区电视台制作了不少反映防疫一线工作人员的电视作品，其中《宝山有个好邻居 捐赠口罩送上门》《公路返程增幅明显 道口实行人人必检》《援鄂护士姜华：奋战一线迎来"最特别的生日"》等7条新闻被上海电视台新闻综合频道"新闻坊"栏目采用。宝山人民广播电台根据国家卫建委编写的疫情防控指南推出系列宣传小短片《新型冠状病毒防疫真相大揭秘》，也从2020年2月4日起全天候滚动播出。

(四) 直击疫情出行难痛点，全媒体直播"云赏花"

受疫情影响，今年春季大部分市民不能外出观赏春花。为此，宝山区融媒体中心于3月底在顾村公园以及宝山其他赏花处开展了"宝山春光，樱你而美"——2020宝山区融媒体中心"云赏花"全媒体直播，市民们可以进入"宝山汇"App、上海宝山门户网站和看看新闻网任一入口观看直播，也可在微信公众平台内观看回放。

除了在线赏花以外，主持人还在直播中现场连线了当时仍身处武汉的宝山援鄂医疗队员，让他们也能看到家乡的樱花；罗泾十字挑花绣娘们制作了绣有援鄂医疗队员名字的挑花胸针，希望他们回来后能亲手送到其手中。整个直播活动内容丰富，以在线赏花为切入点，展现了区内医护人员的抗疫风采，起到了良好的传播效果。

R15　上海市静安区融媒体中心建设发展调研报告

一、相关区情简介

2015年，上海原闸北、静安两区"撤二建一"，合并建立新静安区。全区总面积37平方千米，常住人口107万，下辖13个街道1个镇，267个居委会，1个村委会。①

静安区地处上海市中心，与6个区相邻，市场环境高效开放，交通信息便捷，总部经济、楼宇经济、外向型经济发展显著。2019年，静安区"亿元楼"达到75幢，其中"月亿楼"9幢，楼宇经济实现税收总收入439.01亿元，占全区税收总收入的62.44%。②恒隆广场、嘉里中心、梅龙镇广场、中信泰富广场、久光百货、芮欧百货等高端商厦林立。区内产业门类齐全，现代服务业、高端金融业发达。静安区汇聚了上海市最高能级中央商务区之一的南京西路街区、大宁和南京西路两大市级商圈以及曹家渡和苏河湾两个区级商业中心。③

静安区是上海人口老龄化程度最高的区之一。据上海市民政局发布的2019上海百岁寿星数据信息及百岁寿星榜，静安区每10万人中拥有百岁老人

---

① 区地区办：《静安概览·区划情况》，上海市静安区人民政府网站2019年6月21日，http://www.jingan.gov.cn/jagl/jagl.html，2020年5月15日；《上海市行政区划情况统计表》（截至2019年12月31日），上海市民政局网站2020年1月7日，https://mzj.sh.gov.cn/MZ_zhuzhan34_0-2-6/20200519/MZ_zhuzhan34_43817.html，2020年5月15日。

② 区政府办公室：《静安区人民政府工作报告》（2020年1月），上海市静安区人民政府官方网站2020年1月15日，http://www.jingan.gov.cn/xxgk/016001/016001001/20200115/432335de-57bf-44c3-a426-5f1d2c6fc581.html，2020年5月15日。

③ 区发展改革委：《静安概览·经济发展—产业特色》，上海市静安区人民政府网站2020年3月27日，http://www.jingan.gov.cn/jagl/006003/006003003/jaglmoreinfo.html，2020年5月15日。

数为25.4人,绝对数达235人,居于全市第3位。①

静安历史文旅资源丰富,集聚了著名的沪上观光胜地静安寺、中共"二大"会址等将近100处重要革命历史遗址遗迹,以及"静安戏剧谷""咖啡文化节""爵士音乐节"等诸多亮点文化品牌。近年来,以环上大国际影视产业园区、静安文化创意产业集聚带、威海路文化传媒街、现代戏剧谷等为代表的文创产业影响力不断增强。在社会服务方面,静安区持续推进"15分钟体育生活圈"建设;持续深化"十分钟公共文化圈"建设,着力完善"三级公共文化服务网络",并整合专业院团、社会机构、文化名人、文化志愿服务等多元优质的文化资源,实施"十百千万"文化配送工程。②

静安区媒体资源众多,拥有上海报业集团等媒体集团,市级媒体和商业媒体的集聚一定程度上对区级媒体的传播造成覆盖效应。

二、融媒体中心建设的基本概况

(一)发展历程

2013年以前,静安报社与静安电视台分别为差额拨款的正科级事业单位,均可在政策允许的范围内开展经营性活动,如刊登专版、拍摄专题片等。2014年静安报社和电视台两家单位合并,成立区新闻中心,核定为全额拨款的副处级事业单位,内部设立5个科室,包括办公室、报纸采编部、电视采编部、新媒体部、技术支持部。2019年9月16日,静安区融媒体中心成立,为区委宣传部下属的全额拨款的公益一类事业单位,主要负责区内新闻宣传、舆论引导,向社会提供政务和民生服务,搭建社区信息枢纽。

(二)组织架构

静安区融媒体中心成立了采访部、编辑部、专题部、产品部、运营部、技术部、办公室7个部门,同时又形成4个灵活的工作事业群:总编室、内容生产事业群、发展运营事业群、保障支持事业群。就市区范围来看,其部门数量相对

---

① 市民政局:《2019上海百岁寿星数据信息及百岁寿星榜发布》,上海市人民政府网站2019年10月14日,http://www.shanghai.gov.cn/nw2/nw2314/nw2315/nw18454/u21aw1406499.html,2020年5月15日。
② 区文化和旅游局:《静安概览·文化服务》,上海市静安区人民政府网站2020年3月30日,http://www.jingan.gov.cn/jagl/006004/006004005/jaglmoreinfo.html,2020年5月15日。

较多。"工作事业群"的架构也比较特别,这种做法可以在明晰各部门、各岗位职责的基础上加强部门、人员的联动。总编室是融媒体中心的"中央厨房",对各部门的每日运营情况进行检测和调度。

在"内容生产事业群"中,采访部将全部采访力量整合起来统一调度,视选题难度、员工技能水平合理分配采发任务。编辑部下设平面媒体部、电视媒体部、新媒体部,日常负责近20个媒体平台的内容加工、把关工作。专题部围绕区内阶段性重点工作,制作新闻专题产品。

特别值得一提的是"发展运营事业群"旗下的"产品部"和"运营部"。这两个部门在区级(尤其是市区)融媒体中心里是比较少见的。因为自身体量小、人员经费有限,很难负担起这两个部门的有效运转,但它们对互联网时代的融媒体中心而言意义重大,要推进客户端建设工作,组建一支优秀的产品团队必不可少。静安区融媒体中心产品部招聘经验丰富的专业人才,负责"上海静安"App的整体工作;运营部则承担融媒体中心的运营和外联工作。中心每年落实专项经费,用于支持升级迭代和运营推广工作。此外,区内商务文旅资源独特丰富,"上海静安"App的运营空间相对比较大。

在"保障支撑事业群"中,技术部负责日常技术保障工作,包括维修维护基础硬件设施、监视机器设备运转等。办公室负责行政、员工培训、绩效考核等保障工作。

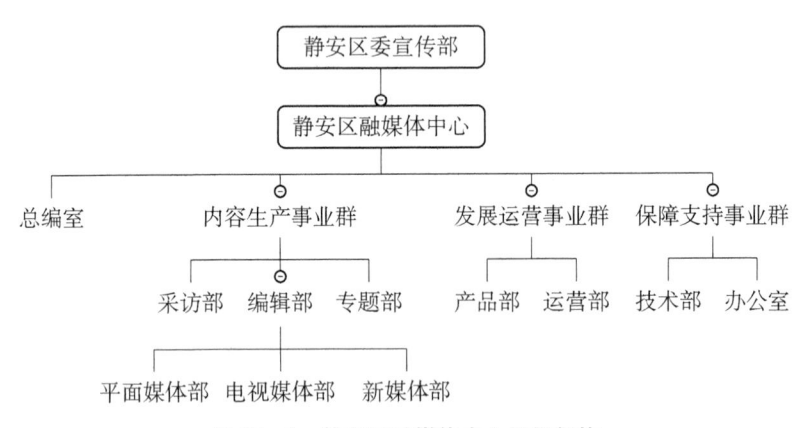

图15-1 静安区融媒体中心组织架构

(三)平台布局

静安区融媒体中心目前的媒体平台包括:《静安报》,电视新闻节目"静安新闻",2012年开通的"上海静安"政务微博,2014年3月1号开通的"上海静安"微信公众号,2019年5月注册的上海静安抖音号以及2019年9月16日上线的"上海静安"App。

《静安报》是由静安区委宣传部主办的刊物,赠阅发行,每周刊发两期,每周二、周五各一期。《静安报》还与区内街镇、社区进行宣传合作,由《静安报》承接一些街镇报编辑、印刷工作,但其记者不负责采访任务,稿件全部由街镇自行提供。2019年,静安区融媒体中心与《新闻晨报》达成战略合作伙伴关系,完成报纸改版任务。

作为上海中心城区,静安区没有独立的广播电视台。"静安新闻"借由上海电视台七彩戏剧频道,每晚8点在行政区范围内插播半小时节目内容,东方有线用户可调至该频道收看。此外,静安区融媒体中心还向上海广播电视台"新闻坊"栏目供稿,这拓宽了静安区融媒体中心电视新闻的传播渠道,也促进其不断提升新闻水准。在SMG融媒体中心举行的2020年度通联工作会议上,静安记者站荣获SMG融媒体中心2019年度"新闻坊"先进集体荣誉称号。[1]

在新媒体方面,"上海静安"微信推送周一至周五每日3次,每次3条,双休日每日3次,每次两条。目前微信菜单设有"大调研""矩阵""办事服务"3个版块,具体栏目设计和内容详情如表15-1所示。

表15-1　　　　　"上海静安"官方微信菜单详情页

版块	栏目	备注
大调研	工作动态	上海静安门户网站静安大调研链接
	案例	上海静安门户网站静安大调研链接
	大数据	包括调研概况、调研地图、走访进展、居民诉求、问题跟踪、调研日历6个通道
矩阵	微信矩阵	24个委办局、14个街镇、38个重要机构
	微博矩阵	4个委办局、5个街镇、6个重要机构
	静安报电子报	
	静安有线新闻	上海静安门户网站链接
	直播静安	上海静安门户网站链接

---

[1] 静安区融媒体中心:《[喜报]又是全奖项覆盖!静安记者站斩获SMG融媒体中心2019年度各类新闻奖项》,上海市静安区人民政府网站2020年4月30日,http://wap.jingan.gov.cn/xwzx/002020/20200430/a62bcf8f-12c8-41e0-a06b-9a04969fa173.html,2020年5月18日。

续表

版块	栏目	备注
办事服务	一网通办 生活服务 信息公开 升学教育 督查	上海市政府网站（市级政务服务平台） 静安政务大厅（多区内服务） 上海静安微信发布升学教育信息汇总 中国政府网国务院"互联网＋督查"平台

注：由于"上海静安"微信公众号内容持续更新，该表仅反映截至2020年8月的微信菜单布局。

截至2020年8月，"上海静安"官方微博粉丝数量46.9万，该微博内容以上海市级新闻资讯为主，也会对时下热门话题相关图文或视频微博进行转发。

静安区人民政府网站的"融媒体中心"版块下细分了"今日静安""媒体话静安""新闻发布会""专题新闻""在线访谈""视频静安""看看静安""静安报""静安微信""静安微博"等栏目。公共服务分成"生活在静安""工作在静安""投资在静安""旅游在静安""便民直通车""便民提示""便民问答"栏目，其中如"生活在静安"和"便民直通车"会具体到社区服务预约。总体而言，网站服务多以信息查询和部门通知发布为主。

"上海静安"App是静安区融媒体中心全新打造的平台，由市级统一技术平台东方网开发。截至2020年9月20日，"上海静安"客户端已经拥有近39万用户，超过静安区常住人口数量的1/3。[①]

除了以上平台外，静安区融媒体中心还入驻了人民号、网易号、澎湃号、上观号等各类媒体平台。

三、人事制度改革与创新

（一）人员队伍建设

区级融媒体中心的新型组织架构和全方位平台布局对人员队伍提出了新的要求。静安区融媒体中心专门成立了区融媒体中心建设专项改革工作领导

---

① 静安区融媒体中心：《[融媒动态]静安区融媒体中心与你共度的十个时代瞬间》，学习强国上海学习平台2020年9月20日，https://article.xuexi.cn/articles/index.html?art_id=8925006049760788421&source=share&study_style_id=feeds_default&share_to=wx_single&study_share_enable=1&study_comment_disable=1&ptype=0&item_id=8925006049760788421O，2020年9月20日。

小组，在绩效考核、人才引进、区校合作等方面进行改革创新。

静安区融媒体中心采访部和编辑部员工年龄结构基本以1985年以前出生的"80后"为主，一线采编人员中还有"60后"，总体年龄偏大。造成这种状况的原因除了薪资待遇以外，还有区级媒体平台相较于市级或商业化平台而言吸引力不足，尤其是在媒体资源密集的中心城区，区级媒体平台很难成为年轻人才的首选。即便选择，也多为过渡，甚少长期坚持。为此，静安区融媒体中心重点发挥事业编制对人员队伍建设的作用。截至调研之日，中心已由先前的35个事业编制扩充到65个，通过上海市事业单位统一考试进行招聘。

此外，静安区融媒体中心还以派遣制吸纳和保留新进入媒体单位的人才与部分因超龄无法参加事业编制考试的优秀员工，部分派遣制员工通过实践考察和事业单位考试后可转为编制内员工，充分发挥了派遣制的人才蓄水池功能。这可以在一定程度上提升员工队伍的专业性和稳定性，同时能够逐步优化员工年龄梯队结构。融媒体中心负责人表示，2020年将完善职业晋升机制：一是在融媒体中心内部推行首席制，设置融媒体中心专项"首席津贴"，鼓励首席新闻工作者不断出精品；二是积极争取打通员工职称评定通道。由此，区级融媒体中心就有可能提升对优秀人才的吸引力，也能激发现有采编人员的工作热情，促其不断提高专业水平。

（二）绩效分配改革

为了配合采编人员队伍建设，静安区融媒体中心就薪酬和绩效激励进行了改革。中心在财政全额拨款内拿出5%用以年底的人员考核。目前技术部与办公室工作人员维持既定工资水平，不参与该年底核心评选。截至调研之日，静安区融媒体中心试运营如下薪酬方案：根据不同平台的任务与要求初步核定人员基本工作量，执行一种岗位一种考核方式，分别考核记者、摄像、编辑制作、排版人员等。文字记者采取"25＋1＋1"考核方式，记者须向"上海静安"App后台、电视采编报送25条新闻，再加上1篇1800字深度稿件和1则记者见闻；摄像完成直播静安的拍摄任务以外，若在"上海静安"App上发布视频，可视阅读量、浏览量等指标数据获得额外奖励，以鼓励摄像人员转型，从"大屏"走向"小屏"，从"横屏"走向"竖屏"，不断适应全屏拍摄要求。目前静安区融媒体中心内部一周通报一次数据排名，给予新闻作品平台排名前10的记者相应奖励。

据中心负责人介绍，未来计划将月度绩效提高10%，即把原来基础性绩效和奖励性绩效的"六四开"（基础性绩效60%和奖励性绩效40%）转变为两者

"对半开",即50％基础绩效根据人员职级、年资保底分配,另外包括年终奖在内50％的奖励性绩效用于提高人员积极性。总的来说,静安区融媒体中心通过制定细化的考核标准,体现"移动优先"的原则,同时也尊重不同媒体平台的用户特征,以完成整体采编队伍向移动媒体的业务转型,尽可能实现多劳多得,按照个人工作能力、综合素质等进行绩效评价,达到一种员工和岗位相匹配的状态。和以前相比,静安区融媒体中心一个显著的不同即核心平台融媒体客户端建设,这一互联网平台除了聚合中心生产的"海量"内容以外,也离不开各项新技术的支持、运营活动的推广。所以除了采编人员需要转型以外,还需要通过优化绩效分配发挥部门间协同效应。

四、流程再造与技术支持

(一)流程再造

2014年静安新闻中心成立后,报纸与电视采编业务仍处于分离状态。2015—2017年,随着原静安区与闸北区合并,静安区新闻中心对原分属两区的记者进行了条线整合与重新分配,并且合并了某些个人的条线业务,例如区委统战部与区政协办公室业务联系比较紧密,这两个单位的采编任务由一名记者负责。2019年静安区融媒体中心成立后,特别建立了"一条业务脉络""三大会议制度"。

"一条业务脉络"即坚持移动优先原则,贯通"策、采、编、发"一体化流程,由总编室统筹调度,加强新闻宣传的深度策划;筛选确定有价值的新闻选题后,"派单"给融媒体记者采编;编辑部做好平台内容审核。"三大会议制度",即一月一次中心月度例会、每日一次编前会和每个平台的工作例会,以确保消息的有效沟通,把每个人的职责落实到位。

此外,中心负责人表示,2020年静安区融媒体中心将创新采编机制,与区委宣传部下属新闻办合作对接各政府部门,加强与委办局的联动。中心将根据政府部门年度新闻报道的重点月份提前安排新一年的策划任务和采编计划,以便融媒体中心记者全程参与记录新闻,挖掘多角度新闻故事,及时报道一手权威消息。

这样的业务流程充分凸显了不同组织架构的角色定位,更加适应互联网传播规律。全中心可以统一策划选题、综合信息资源,在坚持移动优先的基础上兼顾不同媒体平台传播要求,打破原有部门之间的壁垒,灵活调度人员,有效提高新闻生产效率。更重要的是,它还加强了与其他单位的联动。区级融媒体中心在很大程度上能够将原有区级媒体资源集中起来,通过和其他部门合作策划选题、设计活动,利用诸如 H5、直播等新型方式提升与市民的交流互动,改变过去传播能力总体较弱的局面。

(二) 技术支持

业务流程的再造、平台各类应用功能的实现都需要新技术的投入。和以往区级媒体不同,融媒体中心除了保证传统渠道(广播、电视)的播出安全外,需要的技术还包括"策、采、编、发"流程支持和 App 在线服务运转两大块。前者主要针对媒体从业人员的操作需求,要求能够在统一平台完成资源汇聚、稿件策划分发、稿库关键词检索等多项任务;后者更多涉及区内各单位数据的融合与智慧城市运行大数据的对接、与市民的交互等,是一个更复杂的系统工程。

遵循"统一标准体系、统一技术平台、统一安全防护、统一运营维护监管"的建设要求,上海市委宣传部通过购买东方网服务的方式建设上海区级融媒体中心市级统一技术平台。东方网为 16 个区级融媒体中心提供两个对内工作用的客户端,即"融采编"工作客户端和"融上海"管理客户端。[①]

据介绍,2020 年静安区融媒体中心将进行硬件设施建设,建立统一指挥大屏,完善"一次采集、多种生成、全媒传播"的运作模式。截至调研之日,静安区融媒体中心负责人表示其主要面临以下几个难题:一是技术型人才的稀缺,中心已有的传统技术人员难以完全达成融媒体技术要求,然而事业单位人员经费紧张,较难吸引和招聘社会上优秀的技术人才。二是区级融媒体中心统一平台建设起步不久,当前"融采编"工作客户端等技术系统还处于不断调试优化的过程中,尚未完全实现对融媒体记者的赋能。信息采集、新闻库检索、不同媒体形态稿件的后台编辑上传功能有待完善,融媒体记者难以真正感受和借助平台数据优势,提高出稿效率和质量。三是针对客户端特色服务内容的开发有限,目前该版本融媒体客户端更多地采取接入区内已有服务和"一网通办"等市级服务的方式,东方网在助力"上海静安"App 实现其区内特色服务功能方面仍有一定难度。

为此,静安区融媒体中心提出,计划今后在政策允许的前提下通过购买服务的方式与第三方技术公司合作,在此基础上与东方网技术平台对接全部数据,如购买新华社(区)县级融媒体中心专线服务,利用其现场云资源、"媒体大脑"的技术支撑以及全要素立体化的配套服务培训等,实现素材同步回传,提高媒体人员的技术操作能力,优化媒体采编业务。

[①] 徐世平:《县级融媒体中心建设的上海方式》,《网络传播》2020 年第 2 期。

五、核心平台——融媒体客户端建设

"上海静安"App 是静安区融媒体中心全新打造的融媒体移动客户端,分为"政务""周边""新闻""服务"和"我的"5 个版块。具体页面设置如表 15-2 所示。

表 15-2 "上海静安"App 设置一览

版块	栏目		版块	栏目	
政务	六大信箱	政策解读	新闻	头条	
	网上公示	重大决策信息公开专栏		要闻	
	网上评议	重大项目建设批准		社区	
	网上征集	基层政务公开标准化试点		专题	
	行政规范性文件	上海市环保督察专栏		直播	
	建议提案办理情况	信息公开目录		短视频	
	政府公报	依申请公开		图集	
	财政公开	政务信息			
周边	社区周边	党建	服务	静安体育	
		白领		静安文化	
		文化		上海政务服务好差评	
		文明			
		养老		场景服务	
		健康		我的家	办事情
		事务		有保障	要开店
		司法		带孩子	生病了
				便出行	去哪玩
	周边活动	多发布活动信息,分类标注"活动""电影""报名""展讯""演出""体育""预告"等	我的	我的足迹	
				我的评论	
				我的邀请码	
				系统设置	
				我的浏览记录	

注:由于"上海静安"App 内容持续更新,该表仅反映截至 2020 年 8 月的 App 布局。

"政务"主要整合了上海静安政府官方网站的内容,基本覆盖"信息公开""政务服务""咨询信访"等所有一级栏目内容,让市民可获得较为全面的政府资讯。"周边"分成2个栏目,置顶滚动头条及时更新静安区大小活动的信息。"社区周边"栏目分为"党建""文化""文明""事务"和"司法"等8个子栏目,包括上海静安区各街道社区文化中心、卫生服务中心、白领驿家、老年人助餐服务点、居家养老服务中心、社区志愿服务基地、街镇公共服务法律工作站等地址和电话。"周边活动"栏目则发布各类赠票福利、活动报名、招聘通知等信息,为市民提供一手活动资讯。

"新闻"包括"头条""要闻""社区""专题""直播""短视频""图集"7个栏目以及"不忘初心牢记使命""壮丽70年""热烈庆祝中华人民共和国成立70周年""匠人记忆""加油!脱贫攻坚""静安新形象""静安最美家庭""面对面新时空We课""党的十九届四中全会""第二届中国进口博览会"10个专题。"头条"栏目滚动发布静安近期重大新闻活动和新闻主题宣传。例如,2019年为庆祝新中国成立70周年,静安区融媒体中心自发策划"静安同声颂祖国,邀你来打CALL"活动;2020年8月为响应国家光盘行动号召推出的"制止餐饮浪费行为、培养节约习惯"报道合集等。滚动头条下列"融媒号""学四史""福利社""短视频"和"赢积分"5个入口。"直播"栏目主要转载"上海静安"微信公众号的"直播静安"栏目内容,多为图文+视频形式,少数转载上海静安网易号,直播视频可直接观看;短视频为上海市静安区官方抖音号"Hi!静安"发布内容。

"服务"汇聚包括本地服务和场景服务,本地服务包括"静安体育""静安文化"和"上海政务服务好差评",场景服务版块中的端口多对接"一网通办"等市级服务平台。

六、年度特色内容

(一)激活体育资源,打响"静安体育"城市名片

静安区融媒体中心深挖线下资源,为广大市民提供本地化特色服务。静安区融媒体中心和区体育局合作,设置"静安体育"端口,提供这一全市首创的"静安体育公益配送"服务。在静安工作、生活、学习的市民均可领取体育公益配送券,到线下指定场馆健身运动可享受20—80元不等的优惠。用户点击"静安体育"后可跳转至微信小程序"静安体育"公益配送界面,可在"场馆"版块查询公益场、羽毛球、篮球、游泳、射箭等各类体育场馆的详细地址及营业信息。疫情期间静安体育公益配送项目还特别增加了居家运动专栏,广大市民宅在家也能乐享健身,体验私教线上课程,充分满足市民健身锻炼需求。"静安体育公益配送"服务定点单位既有公共体育场馆,也有符合条件的社会经营性体育场所,但它和完全市场化的体育场馆、健身 App 不同,静安体育公益服务的配送管理过程引入了经工信部中国信息通信研究院认证的可信区块链系统,可以保证用户数据的安全,实现对配送资金的有效监管。[1]

(二) 把握静安"两白"人群特点,定制开发便民服务

静安区融媒体中心牢牢把握静安"两白"(白领和白发老人)的人群特点,定制开发便民服务,在"上海静安"App 专门设置了白领、养老、健康等周边服务。静安区近年来不断完善居家养老服务体系,打造六位一体的"乐龄生活圈",推进"老年宜居社区"建设。"养老"服务整合了区内乐龄老人助老服务以及老年人助餐服务点、老年人日间服务中心、居家养老服务中心、养老机构/长者照护之家、综合为老服务中心详细信息,市民可以查询就近街道服务机构地址。"白领"服务对接线下"白领驿家"建设,它是上海市静安区委、区政府打造的公益性、服务型载体,按照白领不同的爱好、趣缘和需求,整合各类资源,为区内白领搭建一个互动、互助的交流平台。

(三) 依托特色商旅和文化资源,上线"赠票"福利和打造积分商城

融媒体中心强调依托特色商旅文化资源,打造富有静安气质的传播平台。鉴于静安区地处上海市中心,区内高端商业云集、文化品牌丰富,"上海静安"App 特别设置"周边"版块及时发布区内各类活动资讯,满足市民文化消费需求。这些活动资讯发布常常伴随着赠票、线上预约报名等福利,如:《内含福利‖99 年前的静安,你看过吗?》,文末注明 App 用户截止日期前编辑文字"静安人文游+姓名+手机号码+收件地址"发送给"上海静安"官方微信后台即可参与随机加湿器抽奖活动;《送票!做观众,当导演,这部戏怎么演,由你定!》,赠送 10 张即兴剧票等。

新闻版块的"福利社"端口充分利用政务、社会等多方资源,为市民提供各

---

[1] 黄竞竞:《静安在全市首创"静安体育公益配送"服务》,上海市静安区人民政府网站 2019 年 3 月 8 日, http://www.jingan.gov.cn/xwzx/002020/20190308/d52dcb4b-bfd6-422a-a303-6982d4ff7011.html,2020 年 5 月 20 日。

种"静安福利",包括音乐会电影赠票、新书分享会、名医坐诊报名等,如:2019年11月21日发布的《抢福利!送票80张!带你去听一场交响乐》,2019年11月16日的《冰雪奇缘》全国首展赠票、2019年10月11日的KIDSWEAR免费观摩席位放送等。此外,"上海静安"App还推出积分商城,用户通过评论、转发等获取相应积分,达到一定数额可前往商城兑换礼品,包括话费充值、印有静安区融媒体中心标识的产品等。需强调的是,区级融媒体中心的抽奖、报名、积分等并非商业性的活动,而是一种盘活本地服务资源的手段。

(四)加强与各部门的联动协同,吸引市民参与活动

静安区融媒体中心通过组织丰富多彩的活动,吸引了各街镇市民关注,提升媒体传播力、影响力。例如,为庆祝中华人民共和国成立70周年,静安推出"同声颂祖国——市民朗读之旅"主题活动,组织14个街镇市民参与视频录制,在融媒体客户端上线当天推出配套活动,动员市民广泛关注并参与投票。2019年9月16—30日,"上海静安"App活动主页面总访问量超过15万;2019年10月17日,静安区融媒体中心与区委党史研究室合作,以发布新书《静安相册:70年70个瞬间》为契机,推出App在线答题赢话费活动;2020年8月,"上海静安"App上线"静安区群众最喜爱的'十佳'红色文化宣传员、'十佳'红色文化项目"网络投票活动,市民可下载"上海静安"App进入活动页为候选人和候选项目投票。而参与在线投票的市民不仅可获得100分"上海静安"客户端用户积分,在"上海静安"用户商城兑换相应物品,还有机会参与限量纪念品抽奖活动。加强同各单位的联动协同,加强与市民的互动是静安区融媒体中心发展的重要举措,这可以充分提高人才、信息、资源的综合利用效率,打造独具特色的静安宣传品牌,实现宣传效果的最大化。

七、抗击新冠肺炎疫情中的突出表现

2020年新冠肺炎疫情期间,上海16个区级融媒体中心联合东方网在各融媒体客户端上线"抗击疫情 上海在行动"抗"疫"服务聚合类新媒体产品,涵盖了口罩在线预约、上海定点发热门诊导航、上海本地疫情通报等功能。这些服务直击痛点,深入民心,对接疫情之下市民的切实需求。除联合开设的项目外,静安区融媒体中心结合区情,在抗击新冠肺炎疫情中还有以下几个特色表现。

(一) 开通建议征集渠道,与区 12345 对接数据形成业务闭环

2020 年 2 月 19 日,"上海静安"微信公众号发布《实用!静安区"疫情防控工作意见和建议征集"入口开通啦!建议、线索可以这样上报》一文,同时在"上海静安"App 开通"新冠肺炎疫情防控工作问题建议征集"入口。市民可以直接点击阅读原文或打开"上海静安"App 首页进入问题建议征集系统,上报周边防疫措施不到位的问题,反映自身切实需要,并对有关部门、单位防控工作提出建议。"静安区经过多轮沟通、数据对接,实现区级融媒体中心与区 12345 的业务闭环,群众通过静安融媒客户端提交的意见建议可直接通过数据接口传送至区 12345 系统,按流程进行后续处理。"①

(二) 多管齐下,保障企业有序复工复产

楼宇经济是静安区主要经济支柱之一。为保障疫情期间楼宇企业安全有序复工,2020 年 2 月 13 日,"上海静安"微信公众号与"上海静安"App 同步开通"静安区楼宇企业复工网上申报"通道。企业和市民可以在线申报,交由职能部门在线审批,保证全程"无接触"办理,杜绝感染风险。2 月 18 日,静安区融媒体中心在官方微信公众号上发放《新型冠状病毒肺炎疫情影响下静安区企业发展情况的调查问卷》,及时了解企业面临的困难及诉求,为区政府内部研判、决策和提升企业服务提供依据。

此外,"上海静安"微信号及时更新发布各街镇口罩线上预约方式以及静安区企业口罩预约消息。3 月 9 日"上海静安"App 上线企业口罩预约系统,切实保障区复工企业口罩需求。

(三) 做好疫情科普和防控报道,上线全科全能免费公益课程

静安区融媒体中心在"上海静安"App 专题栏目推出"战疫防控,科学抗击""坚决打赢疫情防控阻击战""记者直击上海堡垒""战疫一线""名医话养生防控疫情特别节目"等系列内容,全方位报道防疫工作,展示普通人生活状态和企业复产状况,讲述坚守抗疫一线的基层单位工作人员、社区志愿者们的动人故事,切实做好防疫科普宣传和市民心理疏导工作。为保证疫情期间广

---

① 看看新闻,《各区建议征集平台:回应百姓呼声 助力疫情防控》,上海市静安区人民政府网站 2020 年 2 月 26 日,http://www.jingan.gov.cn/xwzx/002007/002007002/20200227/ccdc90da-a562-4d64-a6f2-7a4bbdad7ba8.html,2020 年 5 月 20 日。

大学生停课不停学,融媒体中心在"上海静安"App上线腾讯企鹅辅导在线课堂系统,提供全科全能免费公益课程学习。

(四)"云逛街潮我看",直播带动"无接触"消费

静安区内商场众多。自新冠肺炎疫情发生以来,线下商业运行受到较大冲击。为促进消费经济复苏,静安区融媒体中心联合静安商务委、CGCGirls Collection共同打造"云直播"模式。2020年4月25日、26日,每天10—22时,多位人气偶像与时尚主播前往区内12家大型商场逛街直播。市民可以登录"上海静安"App直播间,足不出户逛商场,并参与直播整点抽奖活动。[1] 主流媒体参与云端带货,在带动"无接触"消费模式、提振消费信心方面发挥了积极作用,充分响应上海四大品牌建设中的"上海购物"号召。

此外,为促进消费回补和释放内需潜力,上海市人民政府首次举办了"五五购物节",各区结合实际制定了特色活动方案。其间,16个区级融媒体中心充分发挥宣传优势,助力区内特色商街、商业企业开展营销活动。"上海静安"微信公众号在"五五购物节"期间推送70余篇热点报道,总阅读量高达52万。线上报道为线下消费成功引流。据统计,仅5月1—5日,南京西路商圈销售额达5.03亿元,约占全市近百个商圈销售额的1/5。[2]

(五)对接"脱贫攻坚"战略,直播助农

新冠疫情期间静安区融媒体中心推出静安直播间,带领市民云逛商场,直播促消费效果显著;随后静安区融媒体中心和《新闻晨报·周到》联合推出"一起撑消费"系列直播。"云逛街潮我看""一起撑消费"直播累计吸引52万以上用户。静安区融媒体中心开展扶农助农服务,通过线上直播推销农产品。2020年4月29日开设上海静扶实业有限公司专场,该公司农特产品全部来自静安区扶贫协作、对口支援地区及其他贫困地区,市民可以在线观看农产品下单选购。直播间的抽奖福利不仅提升了内容生产与传播的有效性,也为广大

---

[1]《静安·带你购|2020云逛街潮我看倒计时还有2天!!!》,"上海静安"客户端2020年4月23日,https://www.shmedia.tech/app_ja/ja_tt/20200423/a80dbf5a209a4c65b020af7be10297d6.html,2020年5月27日。

[2] 静安区融媒体中心:《[融媒动态]静安区融媒体中心与你共度的十个时代瞬间》,学习强国上海学习平台2020年9月20日,https://article.xuexi.cn/articles/index.html?art_id=8925006049760788421&source=share&study_style_id=feeds_default&share_to=wx_single&study_share_enable=1&study_comment_disable=1&ptype=0&item_id=89250060497607884210,2020年9月20日。

市民推介了可靠安全的农特产品购买渠道,还帮扶了贫困地区的农户。2020年7月,静安区融媒体中心直播团队远赴静安对口支援地区——云南文山州进行网络帮扶直播,一个半小时的直播里人气值超4.5万。

R16 上海市崇明区融媒体中心建设发展调研报告

一、相关区情简介

崇明区陆域总面积1 413平方千米,占上海陆域面积近1/5,主要由崇明、长兴、横沙三岛及环绕在周围的浅滩、沙洲组成,滩涂资源丰富。其中,崇明岛地处长江入海口,是世界上最大的河口冲积岛,也是继台湾岛、海南岛之后的中国第三大岛,全岛三面环江,一面临海,素有"长江门户""东海瀛洲"之称。[①]

崇明区辖城桥镇、堡镇、新河镇、庙镇、竖新镇、向化镇、三星镇、港沿镇、中兴镇、陈家镇、绿华镇、港西镇、建设镇、新海镇、东平镇、长兴镇16个镇,新村乡、横沙乡2个乡,78个居民社区,269个行政村,区政府驻城桥镇。截至2019年年底,崇明区户籍人口67.8万人。[②]

崇明区因水而生,因水而兴,有着天然的地理优势,区内有大量珍稀动植物资源,尤其是鸟类品种繁多。其中最值得一提的是,崇明东滩鸟类国家级自然保护区,其湿地面积占比40%,是亚太候鸟迁徙的重要停歇地。1998年晋升为国家级自然保护区,2002年被列入国际重要湿地。基于此,21世纪初,上海提出崇明生态岛建设理念。2016年9月,上海决定举全市之力支持崇明建设"世界级生态岛"。2020年,崇明区计划实施涵盖环境保护、乡村振兴、花博筹办、生态产业、社会民生、基础设施等方面的100个重大生态项目建设,以助

[①] 上海市崇明区人民政府:崇明概况,"上海崇明"政府门户网站2020年8月20日,http://www.shcm.gov.cn/cmmh_web/html/shcm/SHCM_ZJCM_CMGK/List/index.htm,2020年8月25日。
[②] 上海市崇明区统计局:《2019年崇明区国民经济和社会发展统计公报》,"上海崇明"政府门户网站2020年4月14日,http://www.shcm.gov.cn/cmmh_web/uploadpath/xxgk/c136a2f3-8df2-4067-bab6-0917e89dea20..pdf,2020年8月25日。

推世界级生态岛的建设。[1]

借助近几年世界级生态岛的建设热潮，2018年4月9日，崇明区获得2021年第十届中国花博会承办资格，这也是首次在岛屿上、乡村中、森林里举办的花博会。为办好2021的花博会，崇明区将花卉产业列为区级重点扶持产业，把它作为生态岛建设的重要组成部分，不断加大投入力度，作为带动农业、休闲旅游业发展的基础工程。[2]

二、融媒体中心建设的基本情况

（一）发展历程

2017年4月，崇明区将区广播电视台和区新闻中心两家单位合并，成立了崇明区新闻传媒中心，负责运营"上海崇明"微信公众号和"上海崇明"官方微博。崇明区新闻传媒中心是区委宣传部下属的副处级全额拨款事业单位，设有办公室、总编室、栏目部、广播电视新闻部、报刊部、广告活动部、技术运行部、外宣和新媒体部、网络舆情部、有线网络部和财务室11个机构。2019年9月16日，作为上海第2批成立的融媒体中心，崇明区融媒体中心成立。

（二）组织架构

据相关负责人介绍，崇明区融媒体中心内设影视制作部，通联部等部门。截至调研之日，中心的具体组织架构还未完全确定。

值得一提的是，崇明区融媒体中心成立后专门设立了通联部，主要负责与乡镇的对接。2020年中心准备尝试选择两个乡镇成为融媒体中心的乡镇工作点，由融媒体中心为其提供技术支持和设备采购，乡镇明确2—3人专门采集当地新闻素材，与融媒体中心保持紧密联系，日后融媒体中心也能对其进行体制上的管理。据负责人介绍，这一举措的目的是进一步整合乡镇媒体资源，使其成为融媒体中心建设的左膀右臂。

成立通联部是受20世纪80年代广播站的启发，当时每个郊区内的乡镇和行政村都配备一个区广播站的分站。随着媒体形态逐渐多元化，各郊区的

---

[1] 史博臻：《迈向世界级生态岛，上海崇明正在做什么？今年100个重大生态项目》，文汇报2020年3月2日。

[2] "最美花桥"微信公众号：《[重磅]2021年上海崇明花博会到底多厉害!》，美篇网2018年12月3日，https://www.meipian.cn/1s0ofkq9，2020年8月25日。

广播站纷纷取消。目前崇明区除了有线电视之外,还有几个乡镇保留了有线广播,这也是融媒体中心成立通联部的前提条件。

(三) 平台布局

目前,崇明区融媒体中心的发布平台主要有《崇明报》、崇明区广播电视台、"上海崇明"微信公众号、"上海崇明"官方微博、"上海崇明"App 等。据负责人介绍,此次崇明区融媒体中心的成立,并没有将政府门户网站整合进来,目前该网站还是由崇明区行政服务中心运营。

关于政府门户网站的运营,各区做法并不相同。例如,宝山区融媒体中心的建立原本就是以政府门户网站为核心主体,考虑到日后便于工作开展和平台建设,宝山区融媒体中心便选择将网站整建制并入中心内部;同样选择将政府门户网站并入的还有虹口区融媒体中心,但其仅负责更新网站上的新闻资讯。

1994 年 1 月 1 日,《崇明广播电视周报》正式发行,1995 年更名为《崇明报》。目前,《崇明报》一周出版两期,融媒体中心成立后,数字版崇明报也可在"上海崇明"客户端内查看。

在广播电视方面,1956 年 4 月 1 日,崇明县有线广播站正式开始播音。1993 年 7 月,"崇明电视台"正式对外呼号,体制与广播合二为一,崇明县广播电视台就此诞生。2004 年,在区县台电视节目摄、制、播、控以及广播节目录制播出中,崇明台率先全部实现数字化。2008 年开始实施有线电视家家通工程。

在"两微"平台的建设方面,2012 年 2 月 23 日,"上海崇明"官方微博开通。截至 2020 年 8 月,"上海崇明"官方微博粉丝数达 16.3 万人。2013 年 9 月 17 日,"上海崇明"官方微信公众号开通。

从市委网信办对区政务新媒体的考核数据来看,自崇明区融媒体中心成立后,其微信与微博的总影响力相较成立前有明显的上升(如图 16-1 所示)。2020 年 2 月,崇明区政务新媒体总传播力排名第 8,总影响力排名第 5。

除"上海崇明"微信公众号外,崇明区融媒体中心还注册了"一见青梅"微信公众号,后者主要用于记录融媒体中心内媒体人的日常工作,向外界展示新闻报道背后的故事。

2018 年 2 月 1 日,"上海崇明"App 正式上线。"上海崇明"App 是融媒体中心成立后全新改版升级的新闻客户端产品,融合区内电视、报纸、广播等资源,是崇明区新闻资讯的集散地。

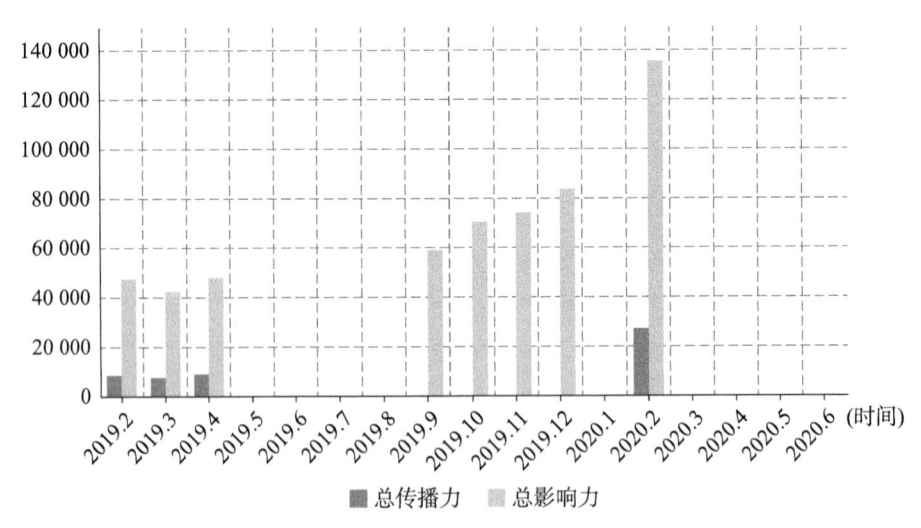

图 16-1　崇明区政务新媒体总传播力与总影响力情况示意

注：数据缺失代表当月未进入榜单前10；"政务新媒体"指该区的微信和微博两者。
资料来源：上海市网信办政务新媒体传播影响力评估平台。

除客户端平台外，崇明区融媒体中心也入驻了抖音号、上观号、人民号等平台。截至2020年8月，"上海崇明"抖音号已发布1200个小视频，获1178.2万个赞，42.2万名粉丝。崇明区融媒体中心抖音平台的建设效果显著，与其天然的地理优势和丰富的旅游资源分不开。

三、人事改革与创新

（一）人员队伍建设

据负责人介绍，在改革过程中，崇明区融媒体中心人员流失很少，基本属于平稳过渡。原崇明区新闻传媒中心有90个编制，融合前实际在岗的有80人，其中约30人属编制外，融媒体中心成立后增设了20个编制，目前编制总数为110个。

截至调研之日，崇明区融媒体中心记者约有60多位。负责人认为，对融媒体记者而言，最重要的是具备媒体融合的理念。全媒体记者培养应有所侧重，要将中心所有记者都转型为全媒体记者，无论是从个人能力还是从工作安排上来说都不太现实。所以，先挖掘和培养一部分业务能力强、思维活跃的年轻记者进行转变是较为可行的做法。

在人员队伍建设上，负责人表示目前中心所遇到的难题集中在以下三点：一是记者编辑向全媒体人才转型程度还比较有限；二是面向员工的各类培训还不够到位，员工的知识结构和技术掌握程度比较有限；三是在与高校开展深度合作方面还需进一步加强。负责人表示，与高校共建实习基地提供了一种互相交流的机制，一方面高校内的优质人才资源能助力融媒体中心的建设，同时通过互相交流和培训的机制，中心员工的业务能力和理论知识也会得到提升；另一方面高校学生也可以考虑以中心为样本开展更深入的课题研究和实践调研，将理论应用于实践。

（二）绩效考核创新

由于整体绩效的变动涉及部门调整及采编流程的重组，也涉及工作内容与考核标准的重新制定，想要设计一套科学合理的绩效考核方案并非易事。截至调研之日，崇明区融媒体中心还是按照原新闻传媒中心的考核办法进行绩效考核，负责人表示2020年将建立一个全新的绩效考核体系。

未来中心绩效方案的制定原则是尽量向一线采编部门倾斜，具体思路为：中心首先从总体绩效中拿出一部分，在年终分配绩效时对一线采编部门统一分发；同时，考虑到除日常采编工作外，一线采编部门有时还需负责部分创新项目，工作量相对于其他部门来说更大，且采编人员多为拔尖人才，应给出部分项目的奖励。对此，中心也面向一线采编部门制定了项目经理制的考核办法，在年终以项目奖的形式来体现其工作价值。

四、流程再造与技术支持

（一）流程再造

截至调研之日，在崇明区融媒体中心内部，所有的采编人员还是以成立前原来所属部门的工作为主，即报纸记者主要负责文字稿件，电视记者主要负责视频稿件。

在此基础上，崇明区融媒体中心设立了每日编前会制度，将负责不同条线的编辑聚集在一起，根据当天不同新闻线索的实际需求重新组合和搭配临时采访小组，构成"传统＋小组"的形式。这种形式使得采编团队的人员配置更为灵活，可根据不同新闻线索的实际需求调整安排，于融媒体中心而言节约了人力、物力,于记者而言也更能发挥工作的能动性。

同时,崇明区融媒体中心也对记者的采访设备进行了升级,投入了约100万的资金用以采购轻便化的移动采访设备,这些设备可直接与微信和客户端连接,满足记者编辑们即采即编即发的需求。

(二) 技术支持

在技术方面,崇明区融媒体中心内部的融媒体指挥与操作系统、"融采编"工作客户端、"融上海"管理客户端均由东方网提供技术支持。负责人表示,新办公大楼建设完成后将成立技术部,专门负责与东方网进行客户端和媒体操作系统上的技术对接工作。

"上海崇明"App的开发和搭建早在融媒体中心成立之前就已经由当时的崇明区新闻传媒中心开发上线。融媒体中心成立以后,"上海崇明"App又进行了一次升级,并且开始与东方网进行新闻数据和宣传素材等方面的对接。

五、核心平台——融媒体客户端的建设

"上海崇明"App是崇明区融媒体中心全新升级的融媒体移动客户端,作为"新闻+政务+服务"的融媒体服务平台,为市民提供各种各样的便捷生活工具,同时也实时播报本地新闻,从突发新闻到时事热点、本岛趣闻、精彩视频等。

"上海崇明"App分为"首页""拍客""禾视频""直播"和"我的"5个版块,具体内容架构如表16-1所示。

表 16-1　　　　　　　"上海崇明"设置一览

版块	栏　　目		
首页	推荐	崇明报	
		电视台	崇明新闻
			专题节目
			各地频道
		广播台	简介
			节目

续表

版块	栏　目		
首页	推荐	抖音号	
		微信矩阵	乡镇
			委局公司园区
			重要机构
		政务大厅	决策公开
			执行公开
			管理公开
			服务公开
			结果公开
			政民互动
		一网通办	个人办事
			法人办事
			公共服务
			在线预约
		生活资讯	交通服务
			社保服务
			生活服务
		就业	
		热线	公众服务电话号码、常用电话、紧急电话
			全国国家机构监督、投诉、抢修、举报电话
			全国通信机构服务电话号码
			全国银行客户服务电话号码
			快递公司客服电话
			保险客服电话
		防疫建言	
		文明实践	预约服务
			需求征集

续表

版块	栏目		
首页	推荐	文明实践	实践中心全景展示
			微心愿
			实践服务管理中心
	频道	要闻	
		岛事	
		文旅	文创
			民宿
			美食
			景点
		教育	公示公告
			招生考试
			政策解读
			微信矩阵
		笔坛	热点文章推荐
			推荐作者
			入驻作者
			最新文章
		花博	
		视界	文宣片
			专题片
		专题	党建
			创城
			其他
拍客			
禾视频			
直播			
我的			

注：由于"上海崇明"App 内容持续更新，该表仅反映截至 2020 年 8 月的 App 布局。

"首页"开设了"推荐""要闻""岛事""文旅""教育""笔坛""花博""视界"和"专题"9个栏目。

此外,融媒体中心还在移动客户端开设了融媒矩阵,将区内各单位的微信平台对接,便于市民查找。同时,原《崇明报》、崇明人民广播电台、崇明电视台的相关内容也在客户端内有所呈现。其中值得一提的是,崇明电视台内的节目设置并不是将区内新闻剪辑成单个小视频呈现,而是涵盖了区内新闻、电视台专题节目和各地频道三个部分,市民可通过查找具体日期精准定位当天新闻。

在提供服务方面,"上海崇明"App将市级"一网通办"部分服务在对接进客户端的基础上还提供了诸多本地化服务,如e乘巴士购票预约、水电燃气缴费、影视排片、轮渡时刻表等,满足本地居民的日常生活所需。

六、年度特色内容

(一)视频与直播"双管齐下",打造崇明"新视界"

打造主题宣传片视频,重视市民的视听感受,是崇明区融媒体中心内容生产的一大特色。视频形式丰富了区内资讯的呈现方式,客户端内的"禾视频""文宣片"和"专题片"对外展示崇明区内热点活动、旅游景点、优秀人物、特色美食等。

崇明区融媒体中心有着强大的视频制作团队。2018年崇明区融媒体中心采编中心专题组的出片量为40部,2019在原组员不变的情况下,出片量高达100多部。2020年4月,由崇明区融媒体中心出品的《航拍上海》崇明篇荣获上海市第十五届"银鸽奖"广播影视类(航拍)二等奖。

此外,优秀的视频作品在"上海崇明"微信公众号内也有所呈现:"崇明话小姐姐"系列用方言介绍本地文化生活与习俗;"崇明美食"系列介绍本地美食的历史渊源和做法,唤起崇明人的回忆;"人物"系列聚焦各领域有故事的崇明人;"崇明文旅"系列展示区内的优质文旅资源。

从客户端到微信公众号,崇明区融媒体中心在各媒体平台策划了涵盖本地人日常生活、传统文化、旅游资源等多个主题视频合集,全方位打造崇明区对外展示窗口。

除了视频,直播也是一大亮点。崇明区融媒体中心利用抖音直播平台和"阿基米德"移动客户端图文直播平台联合进行了多场直播。2020年5月,中心在上述两个平台联合推出了主题为"崇明初夏云郊游"的直播活动；6月，又推出了直击中小学生重返校园第一天的"花开疫散，快乐归来"主题直播活动。

(二) 玩转线上带货平台，助力区内农业产业发展

崇明区积极通过抖音直播平台开展各类直播带货活动，宣传与销售区域内优质商品，增加其知名度。为便于直播带货，崇明区融媒体中心特地开设了"直播崇明"抖音号。

崇明区融媒体中心在上海"五五购物节"期间举办了两次直播活动，市民在线上购买崇明优质农产品能享受优惠，直播过程中还有互动送礼、限量送等福利。值得一提的是，两场直播不仅都邀请到了区领导现场"带货"，且所出售的商品都是区内特色农产品和区内企业的本土产品。崇明区内的不少农户也开始通过线上直播平台出售自家的农产品，让崇明的特产走出崇明。

崇明区融媒体中心主办的这些直播带货活动促进了本地产业的发展，有助于打造以"直播＋电商"为新业态的产业集群。

(三) 紧抓文旅特色产业资源，提供吃喝玩乐一站式服务

崇明区具有丰富的文化旅游资源，融媒体中心也紧抓区域特色，依托媒体平台大力推广和发展文旅产业，在客户端内开设"文化""民宿""美食"和"景点"4个便民功能，为游客提供涵盖吃住行玩的查询功能，在提高区域知名度的同时也扩大了客户端的用户范围。

同时，"上海崇明"微信公众号也会定期以图文形式展现区内旅游资源，其中涵盖乡镇村居各类旅行攻略、春季踏青骑行路线等。此外，专题片形式也被广泛应用。时长1分钟左右的《崇明这么美，你有多久没回来了？》，通过主角的内心独白，向不少漂泊在外的崇明人展现了家乡风貌。

(四) 注重营造文化氛围，讲好崇明本地故事

崇明区融媒体中心非常注重通过媒体平台，营造文化氛围。区内长久以来就有生态文学写作的传统，不少上海市作家协会的优秀成员都来自崇明。基于此，客户端内的"笔坛"栏目依托《崇明报》的副刊"绿岛"，呈现崇明籍作家的文学作品，既提高了本土作者的知名度，也推动和鼓励全民参与文学创作。

此外，崇明区融媒体中心也制作并推出了不少当地手艺人系列视频，传递老物件和老手艺人的匠心和价值。在微信公众平台和抖音平台上，"家乡菜过

年味"系列视频让市民了解到传统本地特色菜品的历史渊源及制作过程,展现了崇明人代代相传的文化传统与悠久历史。

(五)整合资源搭建寻亲平台,凸显媒体社会责任担当

20世纪五六十年代,不少崇明家庭由于贫困等原因将子女送往他乡。自2015年起,每年这些"崇明孤儿"都会来崇明寻亲。由于受到疫情影响,今年的线下寻亲活动无法举办,因此崇明区融媒体中心通过"上海崇明"App、抖音号、微信公众平台等为其搭建"'瀛'你回家云上寻亲平台",让更多人知晓这个群体,助力"崇明孤儿"线上寻亲。值得一提的是,这次寻亲活动为公益项目,融媒体中心不收取任何费用。

在前期,这些"孤儿们"的身份信息由记者和志愿者收集,但缺少有效整合的平台,崇明区融媒体中心于是将包括照片、名字、年龄等寻亲信息整理好,统一呈现在客户端内。同时,"崇明孤儿"及有意愿找寻孩子的崇明家庭也可以在"我要寻亲"菜单上传信息,双向配对的信息发布模式让寻亲信息更加完善。

这一平台体现了区级融媒体中心作为综合信息枢纽的功能定位,提供此类公共服务也凸显了媒体的社会责任感,让融媒体中心更加深入人心。

七、抗击新冠疫情中的突出表现

2020年新冠肺炎疫情期间,上海16个区级融媒体中心联合东方网在各融媒体客户端上线"抗击疫情 上海在行动"抗"疫"服务聚合类新媒体产品,涵盖了口罩在线预约、上海定点发热门诊导航、上海本地疫情通报等功能。这些服务直击痛点,深入民心,对接疫情之下市民的切实需求。除联合开设的项目外,崇明区融媒体中结合区情,在抗击新冠肺炎疫情中还有以下几个特色表现。

(一)联动资源开展线上防疫活动,加强与市民的联系

疫情期间,崇明区融媒体中心联合崇明区教育局开展了"我是抗疫小主播"教育实践活动,面向全区中小学生和职业学校学生征集有关抗疫"逆行者"故事演讲视频和经典伴我来"宅家"诗文朗诵,征集到的优秀作品在融媒体中心各平台上进行展示。这一活动有效地调动起疫情期间宅家学生的积极性,也为他们搭建了展示风采的平台,形成良好的传播效果。

崇明人民广播电台推出的第8期"公益播报志愿者"招募活动也紧密结合疫情防控主题,征集到了来自崇明各行各业12位小伙伴的嗓音,其中有新华医院崇明分院的医生、崇明巴士南东线的乘务员、隧桥养护管理有限公司的员工、新海镇信访办的工作人员、区内的小学生等,他们播报的内容与疫情防控高度相关,并在"上海崇明"微信公众号中展示。

(二)爱心助农,彰显媒体平台效应

受到疫情影响,区内蔬菜种植基地销售情况不佳,种植基地负责人表示愿意向有需要的企业或市民免费捐赠蔬菜。崇明区融媒体中心在了解这一情况后,将此类捐赠信息通过中心内各媒体平台对外发布,不少崇明区外的社区和企业主动联系蔬菜种植基地的负责人,希望在非常时期以爱心团购价购入蔬菜,给予基地支持以渡过难关。

(三)大小喇叭齐上阵,打通宣传防疫的"最后一公里"

疫情期间,崇明区人民广播电台发挥区级"大喇叭"优势,通过滚动播出有关疫情防控音频、通知、公告等内容,将疫情政策及防护知识及时传播到千家万户。此外,也在"9点新闻播报"直播栏目中开通"防疫新型冠状病毒感染肺炎"特别节目,告知市民最新疫情资讯,减少市民因与疫情防控最前方信息之间的不对称而产生的恐慌感,提高市民自我保护意识。

同时,区内乡镇村居也充分发挥农村小喇叭直通基层的优势,将疫情动态不间断地送到村里村外、田间地头。不少志愿者还分别录制了普通话和崇明话两个版本的宣传语音,下乡利用流动小喇叭循环播放内容。

R17　上海市浦东新区融媒体中心建设发展调研报告

一、相关区情介绍

古代的浦东（川沙）是戍卒屯垦的海疆，最早可追溯到南北朝。唐、元、清时先后属华亭县、上海县，曾设川沙抚民厅。辛亥革命时改厅为县，隶属江苏省。中华人民共和国成立后，川沙从江苏省划出，改属上海市管辖。此后，行政区域又几经划并调整。1990年，党中央、国务院决定开发浦东，由此掀开了浦东发展的新篇章。1993年，川沙县撤销，同时将黄浦、杨浦等区的浦东区域划入，正式成立了浦东新区。2009年，南汇行政区域划入浦东新区，标志着浦东开发开放进入了二次创业的新阶段。2019年6月25日，上海市政府加大放权力度，浦东新区被赋予市级经济管理权限。[1]

浦东新区位于上海市黄浦江东岸，地处中国沿海开放带的中心和长江入海口的交汇处。全区总面积1210平方千米，下辖12个街道、24个镇，共961个居民委员会、362个村民委员会。

2019年区内金融业、科技服务业已拉动第三产业快速增长，战略性新兴产业产值占规模以上工业总产值比重预计达到41.5%，全社会研发经费支出相当于地区生产总值的比重预计提高到4.15%。与此同时，5G、人工智能、大数据全面赋能经济社会领域，新兴产业发展也在提速。在经济增长的同时，民众生活品质也同步提升。2019年，浦东新区全社会民生投入增长9.1%，居民人

---

[1]《浦东概况》，上海市浦东新区人民政府网站，http://www.pudong.gov.cn/shpd/about/20161208/008001001_1ce12a09-10aa-4939-b141-d943b1784eb7.htm，2020年6月15日。

均可支配收入预计超过7万元。新增就业岗位11.4万个。[①]

浦东新区"十三五"规划曾明确提出,2020年,浦东经济社会发展目标是基本建成上海"四个中心"核心功能区,即金融中心、航运中心、贸易中心、科创中心。在此目标下,浦东新区不断加强自身建设,2020年浦东将对标"经济总量突破2万亿"的目标,全力实施产业能级、项目投资、功能优势、土地效应、服务效能"五大倍增行动"。

二、融媒体中心建设的基本概况

(一)发展历程

在融媒体中心成立之前,浦东新区就已开始进行媒体融合的初步探索。2015年年底,浦东新区区委宣传部将区政府官方发布平台"浦东发布"微信公众号的日常运营委托给浦东时报社。在区委宣传部的领导下,报社开始由传统媒体向与互联网新媒体结合的融合媒体转型。经过两年多时间,初步实现了"一次采集、多个平台、分类推送"的融媒体生产机制。2017年4月8日,"魔都行囊"融媒体客户端正式上线,集合了"热点""视听""吃货""图说""街头""美文"等16个栏目,已实现了"网上听广播、网上看电视"的基本功能,不仅能够收听和收看直播节目,浦东电视台的"浦东新闻""直击浦东""浦东新脸谱""浦东纪事""创业故事汇""东方艺术长廊""玩购浦东""新左道财门"等节目还可以点播。"魔都行囊"曾拥有用户约2万余人,是今天浦东新区融媒体中心"浦东观察"App的前身[②]。

2019年9月16日,作为上海第二批成立的6家区级融媒体中心之一的浦东新区融媒体中心挂牌成立以后,区内广播、电视、报刊、新媒体等平台实现融合。截至调研之日,融媒体中心部门架构调整刚到位,各个部门基层员工岗位分配正在进行当中。

[①] 《2020年政府工作报告》,上海市浦东新区人民政府网站2020年2月28日,http://www.pudong.gov.cn/shpd/InfoOpen/20200228/014003_1446ac0d-c72e-4c17-9186-f301e367380f.htm,2020年6月15日。

[②] 《关于我们》,浦东新区融媒体中心网站,https://www.pudongtv.cn/lanmuguanli/guanyuwomen/,2020年6月15日。

（二）组织架构

浦东新区融媒体中心成立之后，改变了原先按照媒体类型进行部门划分的方式，直接根据中心开展的业务项目调整了部门架构。融媒体中心共设3个采访部，分别负责市政、经济、民生3大条线的新闻采集，按照垂直领域对内容进行采集，强调了不同版块的专业性，有利于优化内容生产。编辑部主要负责纸媒、广播和电视内容的编辑与发布，把采访部生产的内容根据不同平台的特点进行加工。不同平台的编辑人员组成了一个共同的团队，实现了业务上的融合，更能在二次加工过程中凸显各平台的特色与优势。在"移动优先"的原则下，浦东新区融媒体中心还专门设置了两个新媒体部门，分别负责各新媒体平台的内容生产与内容发布。

（三）平台布局

原浦东新区媒体主要包括1张《浦东时报》、1个覆盖浦东全境的有线电视频道、2个覆盖上海市全境的广播频率以及1个网络电视台。

具体到每个平台，与其他各区不同的是，《浦东时报》是由中国国家新闻出版总署于2008年6月30日正式批准创刊的报纸，国内统一刊号为CN31-0113，由上海报业集团主管主办。在实际运营中，《浦东时报》托管给《解放日报》发行，使用《解放日报》的刊号，此外《解放日报》也会派总编辑来《浦东时报》指导工作。《解放日报》的外派总编长驻浦东新区融媒体中心，并进入中心领导班子。据介绍，融媒体中心成立之前，《浦东时报》版面曾拓展到每份12版，这对于区报来说是比较大的体量，但后来在向新媒体转型的趋势下，缩减为8版。浦东新区人民广播电台有两个频率，分别是FM106.5和FM100.1。浦东新区有线电视台拥有两个频道，每天播出时间达18个小时，现有新闻类栏目"浦东新闻""直击浦东"，人文类栏目"浦东纪事""浦东新脸谱"，财经类栏目"新左道财门""创业故事汇""经济人物访谈录"，时尚类栏目"玩购浦东""东方艺术长廊"等10多档自办电视节目[①]。

新媒体方面，"浦东新区融媒体中心"网站是"浦东网络电视台"网站的升级版，能够实现"网上听广播、网上看电视"等功能。截至2020年8月底，"浦东发布"共发布微博4万余条，粉丝数为43万余，当日阅读数约460万。"浦

[①] 《关于我们》，浦东新区融媒体中心网站，https://www.pudongtv.cn/lanmuguanli/guanyuwomen/，2020年6月15日。

东发布"微信公众号推送频率为每日3次,每次5—6条资讯,公众号内的功能菜单主要包括"微信矩阵""办事大厅""小程序"。其中,"微信矩阵"为浦东新区各委办局、街道(镇)的政务微信媒体平台入口;"办事大厅"内有"就医服务""学区查询""住房租赁网签""图书馆预约""工会服务地图""垃圾混装混运举报""重名查询"等功能;"小程序"里则是"垃圾分类争霸赛""督查""浦通办""送春联"以及针对疫情期间特别设置的"防控问题建议征集"等平台的入口。据中心相关负责人介绍,"浦东发布"微信公众号粉丝数约40万。在上海市网信办每月进行一次的政务新媒体传播影响力排名中,浦东新区政务新媒体总影响力一直位列榜单前10(如图17-1),在融媒体中心成立之后其总传播力、总影响力基本保持上升趋势。

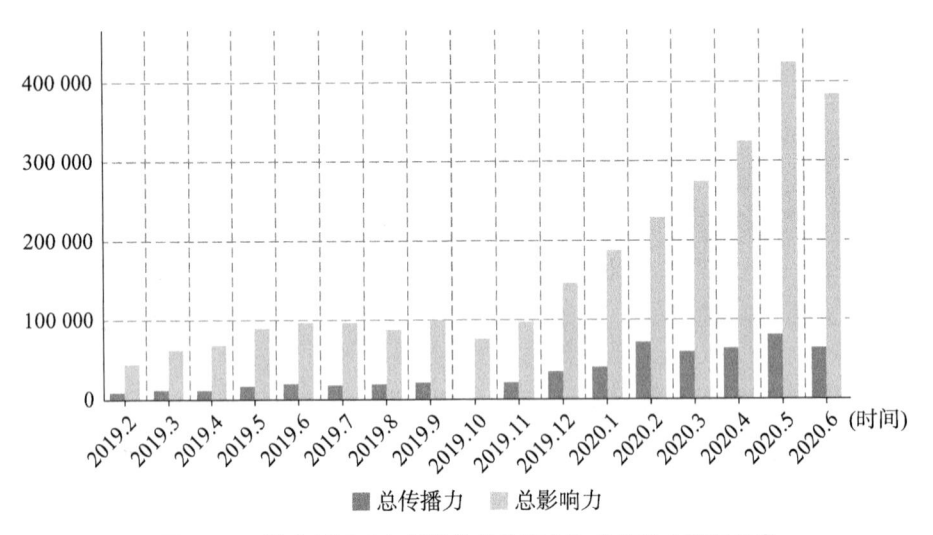

图17-1 浦东新区政务新媒体总传播力和总影响力情况示意

注:数据缺失代表当月未进入榜单前10;"政务新媒体"指该区的微信和微博两个平台。
资料来源:上海市网信办政务新媒体传播影响力评估平台。

"浦东观察"App是浦东新区融媒体中心全新打造的融媒体客户端,和过去主要满足"网上听广播、网上看电视"的"魔都行囊"App不同,"浦东观察"App内所设置的功能可以满足上述所有媒体的收听和收看,真正实现了平台的融合。此外"浦东观察"中的版块设置与功能开发也不仅仅围绕新闻报道,而是加入了若干政务、服务功能,全方位满足用户需求。

三、人事制度改革与创新

(一) 人员队伍建设

与上海市其他区级媒体不同的是,原浦东新区广电、报纸均采取"事业单位企业化运作"模式。企业化运营模式下,事业单位编制内人员比重不大。这样一来,根据新闻出版总署《关于2019年全国统一换发新闻记者证的通知》(国新出发〔2019〕39号)《新闻记者证管理办法》要求,规定只有两类记者可以办记者证,即新闻机构的在编人员和新闻机构的直聘人员。然而浦东新区融媒体中心中大多为第三方聘用人员,不属于以上任一种,难以获得从业资格认证。中心相关负责人表示,如果融媒体中心成立之后能够解决这个问题,则会在一定程度上提升员工的认同感与归属感。

(二) 绩效分配改革

在"事业单位企业化运作"的模式下,部分费用支出由财政承担,其余支出则需由中心自己经营来承担。过去每年浦东文化发展基金均会向浦东新区电视台补贴2600万元作为扶持(2017年起调整为专项资金补贴),不足部分靠自身营收补足。

因为有了经营收入,浦东新区原有区级媒体的绩效分配机制比较灵活。例如,在电视节目制作上全面推行制片人制度,在新闻绩效上推行节目收购制,在经营创收上推行广告风险抵押承包制,等等。此外,还建立了薪酬与绩效连接的人才考核评价体系,实行"优稿优酬""多劳多得",对所有人员按A、B、C、D 4个类别管理,定岗定薪,同工同酬,较大提高了员工工作积极性。据了解,该机制在2009年就已在浦东新区各区级媒体单位实施。

截至调研之日,融媒体中心全新的岗位薪酬细化方案尚未确定,不过负责人表示,计划在原有框架的基础上进行改革,将绩效分配权交给部门,依据人员配置把薪酬划分到各个部门,每个部门再根据稿件的数量、质量进行薪酬的自主分配。

四、流程再造与技术支持

(一) 流程再造

浦东新区原先拥有独立的报、台、网,新闻生产环节与分发环节分离。虽然早已着手整合,但早期的融合程度有限,如新媒体与报纸的融合,仅仅只是将"浦东发布"公众号委托给浦东时报报社进行内容的日常运营。

融媒体中心的成立,打破了原先报纸和广电新闻分开生产、分开发布的流程。依据"一次采集,多次生成"的要求,中心将采访部与编辑部分开设置,采访部专门负责新闻采集工作,具体的发布形式及发布安排则由编辑部决定,既有效避免了采访资源的浪费,也使各媒体的平台特色得以保留。

(二) 技术支持

"浦东观察"融媒体移动客户端最早委托SMG"看看新闻"的技术团队进行开发,移动客户端基础架构同东方网负责的其他区有所区别。融媒体中心成立后,东方网的统一技术平台参与了中心部分数据的运营工作,主要包括内容发布后的数据反馈,以及在微博、微信中通过抓取"浦东"关键词获得的反馈等。据中心相关负责人介绍,东方网还将推出与报业对接的出报系统以及报纸编辑平台,服务于《浦东时报》的编辑出版。待报纸的编辑出版工作对接到东方网平台后,还将建立接口打通广电系统和东方网的平台,方便各个平台的采编人员与东方网进行相关素材的沟通。

截至调研之日,"浦东观察"App开发仍是基于此前SMG的技术团队所提供的框架。融合以前的部分设备以自助服务器的形式托管到了机房,接下来将把这部分所承载的内容上传到云端,包括移动客户端的架构、防护等,线下不会再有主机设备。截至调研之日,"浦东观察"还未与全市统一技术平台完全对接。相关负责人表示,如果用同一个平台便消除了开发难题,只需要把内容统一上传至东方网的平台即可,不用另找团队,但这样一来,形式、内容同质化的问题可能也会被放大。

由于尚未完全接入统一技术平台进行移动客户端开发,中心对技术方面专业人员需求较大。中心拥有自己的技术团队,主要分为广播电视技术保障部和网络维护与发展部,后者主要负责数字出版、移动客户端运营维护等工作,这对技术人才的要求相对较高。融媒体中心希望招聘的技术人员不仅要看得懂代码,还要能将其解释成相应的需求去和第三方进行对接。截至调研之日,部门有1个负责移动客户端、网站数据运营维护的数据主管,还缺少项目架构方面的负责人。

五、核心平台——融媒体客户端建设

"浦东观察"App是浦东新区全新打造的融媒体移动客户端,以"观浦东,察天下"为主题标语,将区内新闻、政务、服务等内容集中在移动客户端中呈现。

"浦东观察"App 分为"首页""政务""服务""全媒体""我的"5 个版块。

如表 17-1 所示,"首页"包括"推荐""自贸区""科创""六大产业""时政""财经""文化""民生""街镇""观点""视频""专题""直播""活动"几个栏目,按照不同的主题分类呈现新闻内容。其中"自贸区""科创""六大产业"栏目聚焦本区特色;"专题"为浦东新区融媒体中心不定期发布的专题新闻内容,如"上海书展·阅读的力量""爱申活 暖新春"等,当下热点专题还会被放在首页更醒目的专题栏中方便用户阅览;"活动"则更多展现了与区内市民日常生活相关的内容,如区内公开课招募信息、文艺演出赠票等信息。

表 17-1　　　　　　　"浦东观察"App 设置一览

版块	栏目	版块	栏目
首页	全媒体矩阵栏	政务	公共服务
	专题栏		走进浦东
	推荐		政务公开
	自贸区		营商环境
	科创		重名查询
	六大产业		学区查询
	时政		住房租赁
	财经		幼儿园地段
	文化	服务	"四史"教育——浦东开发陈列馆
	民生		
	街镇	全媒体	委办局
	观点		街镇
	视频		重要机构
	专题	我的	登录
	活动		个人设置
	直播		清除缓存

注:由于"浦东观察"App 内容持续更新,该表仅反映截至 2020 年 8 月的 App 布局。

此外,首页还设置有全媒体矩阵栏,包括"读报刊""看电视""听广播""看东方""刷微信"几个入口,用户可以在首页进入本区其他媒体平台,如《浦东时报》、浦东电视台、东方财经·浦东频道、"浦东发布"微信公众号来收听、收看新闻。

"政务"版块下设置"营商环境""公共服务""政务公开""走进浦东"几个栏目,点击后可以进入浦东新区人民政府官网的相关内容,为区内市民提供服务。"服务"版块则主要提供"四史教育"场馆服务。移动客户端内提供的政务、服务功能由中心自主开发,因此更针对本区所需资源。

六、年度特色内容

(一)围绕区内重点工作,打造特色内容

2005年6月21日,国务院批准浦东进行全国首个综合配套改革试点。2013年9月29日,中国(上海)自由贸易试验区挂牌成立,按照国务院批准的总体方案,着力推进投资、贸易、金融、事中事后等领域的制度创新。在此背景之下,浦东新区按照高质量发展的要求,统筹推进"五位一体"总体布局和协调推进"四个全面"战略布局,"全力做好稳增长、促改革、调结构、防风险、惠民生等各项工作,努力把浦东建设成为上海服务、上海制造、上海购物、上海文化品牌的核心承载区,勇当新时代全国改革开放、创新发展的标杆"[①]。

由是,"营商环境"就成为"浦东观察"App"政务"版块中的重要内容,其版块不仅能够查询到营商动态与投资政策,还能办理投资服务,包括"法人办事""来华工作居留许可证""信用浦东""企业财政投入申请"等,同时可以查询到办理事务的具体服务中心及服务平台信息。由于若干投资园区位于浦东新区内,"浦东观察"App内也有专门入口能够连接到各投资园区的官网,方便用户查询。此外,"浦东观察"首页还设有"自贸区""科创""六大产业"3个栏目,专门推送相关新闻。

2020年正值浦东开发开放30周年,"浦东观察"设置了"在国家战略的伟大旗帜下"浦东开发开放30周年主题展栏目,并提供了线上导览及语音播报服务,能够充分满足居民线上看展的需求。与之关联的还有"浦东百问"知识

[①]《浦东新区第六届人民代表大会第三次会议关于政府工作报告的决议》,《浦东时报》2018年1月18日,第2版。

竞答、"我要拿大奖"抽奖活动等功能,提升趣味性和居民的参与感。

(二) 独立开发平台,提供较为完备的区内服务

由于是自主开发运营,"浦东观察"App 可以根据自身需求上线个性化功能。其他区融媒体中心的广播电视新闻多为录制上传的音视频,甚少直播,而"浦东观察"App 能够提供电视节目直播,每日早上 7 点到晚上 22 点 30 分的节目均能实时在线收看。此外,"听广播"栏目能够连接到 FM106.5 以及 FM100.1 两个频道,同样能够同步直播收听全天的广播节目,不过目前直播的广播和电视节目都还无法实现回放。

如表 17-2 所示,"政务"版块下设功能由浦东新区人民政府官网提供,版块布局和功能与其他大部分使用统一技术平台功能的区级融媒体中心 App 有所不同。由于其具体功能均依托于发展较为成熟的浦东新区政府网站,因此内容详尽,每一选项均能直接连接到政府网站中的相应菜单,满足用户使用需求。此外,"浦东观察"App 还专门设置了"走进浦东"栏目,用户可以从中全面了解浦东新区的经济发展情况、改革探索历程、重点发展区域、城市建设计划、民生保障措施、发展目标等一系列内容,此外,还可以通过在线查看浦东新区年鉴,获得更为系统而全面的内容。

表 17-2 "浦东观察"App"政务"版块依托平台一览

栏目	具体内容	备注
营商环境	营商动态	浦东新区人民政府提供
	投资政策	
	投资服务	
	投资监管	
公共服务	道路交通	浦东建交委提供
	消费提示	浦东发改委提供
	物业服务	"浦东智慧物业"提供
	就业公告	浦东人资局提供
	教育考试	"浦东教育体育"提供
	求职培训	浦东人资局提供

续表

栏目	具体内容	备注
公共服务	卫生保健	浦东卫健委提供
	文化娱乐	"文化浦东"提供
	便民提示	
	热门服务	上海市政府"一网通办"提供
	服务热线	9个
	便民地图	8大类别
政务公开	决策公开	6项
	执行公开	4项
	管理公开	5项
	服务公开	3项
	结果公开	5项
走进浦东	浦东概况	
	浦东年鉴	2014—2019年
	浦东风貌	
咨询问题	网上咨询	
	回信查询	

政务公开栏目"浦东新区人民政府提供"。

（三）结合区内线下资源，满足民众文化活动需求

浦东新区会场、展馆数量多，能够组织内容丰富的线下活动。浦东新区融媒体中心与部分场馆或相关企业合作，为各类线下活动提供宣传，并为区内市民提供例如赠票、礼品等福利。"浦东观察"App首页的"活动"栏目会发布各类活动招募信息，如中华诗词歌曲专场、"世纪夜猫子"科普夜游活动征文等，介绍活动时间、地点、体验名额等基本信息，用户可以直接在线填写个人信息报名参与。

除了线上参与活动赢取线下福利之外，"浦东观察"App也能为区内市民的线下日常活动提供便利。在公共服务栏目内，有文化娱乐栏目，可以连接"文化浦东"网站，便于了解区内的培训、聚会、电影、赛事、演出、讲座、展览、亲子等主题文化活动的开展情况，并在线进行活动预约或场馆预定。

七、在抗击新冠肺炎疫情中的突出表现

2020年新冠肺炎疫情期间，上海16个区级融媒体中心联合东方网在各融媒体客户端上线"抗击疫情　上海在行动"抗"疫"服务聚合类新媒体产品，涵盖了口罩在线预约、上海定点发热门诊导航、上海本地疫情通报等功能。这些服务直击痛点，深入民心，对接疫情之下市民的切实需求。除联合开设的项目外，浦东新区融媒体中心结合区情，在抗击新冠肺炎疫情中还有以下几个特色表现。

（一）开设新闻专题，多种形式发布疫情相关信息

"浦东观察"App专门设置了"众志成城抗疫情"新闻专题，包含了自2020年4月11日起"浦东观察"发布的所有有关疫情的报道，发布包括每日新增确诊人数通报、上海复工复产最新工作指南、区内抗疫故事在内的重点内容，市民可以通过点赞、评论、转发的方式进行互动与传播。

专题内还包括了纪录片《见证》、图书《查医生援鄂日记》等以疫情为主题的相关作品的一些创作故事，作品中部分内容与本区医院或医生相关，能让市民了解发生在身边的抗疫细节，多视角向读者和观众呈现疫情发展的具体情况。除此之外，还有H5《武汉战疫志》、微电影《开工》等多种形式表现疫情相关内容，能够充分利用融媒体平台，为市民提供多种形式的疫情信息。

（二）设置视频课程专题，提供线上学习频道

"浦东观察"App还在疫情期间设置了两个线上课程专题。一是"战疫情·家校同步公益课"，是由"腾讯企鹅辅导"平台提供的网络课程视频专题，涵盖了从小学到高中全科目的教学课程内容，供各年级学生进行网上学习。不同于市级平台需要实名注册使用的"空中课堂"统一课程，该专题内课程可由学生自主进行选择学习，为疫情期间学生课外学习补充辅导提供渠道和资源。二是"抗疫背后的中国之治"，是由东方网和中共上海市委党校联合推出全媒体系列党课，整个专题共包含"党的领导：防疫阻击战的最大优势""精准防控：防疫中的精细化管理""安心行动：铸就抗疫中的心理安全阀"等9讲视频，分别由中共上海市委党校的9位老师进行讲解。从疫情期间的社会整体

治理、社区基层治理、经济发展问题、市民心理健康问题等不同角度,对抗疫期间的政策、部署进行深入分析和解读,让市民全方位地了解、认识,进而配合、参与防疫工作。

图书在版编目(CIP)数据

上海区级融媒体中心建设发展调研报告.2019—2020年/石力月主编.—上海：上海社会科学院出版社，2020
 ISBN 978-7-5520-3392-2

Ⅰ.①上… Ⅱ.①石… Ⅲ.①传播媒介—发展—研究报告—上海—2019—2020 Ⅳ.①G219.275.1

中国版本图书馆CIP数据核字(2020)第240925号

上海区级融媒体中心建设发展调研报告(2019—2020年)

主　　编：石力月
责任编辑：应韶荃
封面设计：黄婧昉
出版发行：上海社会科学院出版社
　　　　　上海顺昌路622号　邮编200025
　　　　　电话总机021-63315947　销售热线021-53063735
　　　　　http://www.sassp.cn　E-mail: sassp@sassp.cn
照　　排：南京前锦排版服务有限公司
印　　刷：江苏凤凰数码印务有限公司
开　　本：720毫米×1000毫米　1/16
印　　张：16
字　　数：266千字
版　　次：2020年12月第1版　2020年12月第1次印刷

ISBN 978-7-5520-3392-2/G·1036　　　　定价：80.00元

版权所有　翻印必究